BODO STEINMANN

Versuch einer Verzahnung der Geldtheorie mit der Gütertheorie

QUAESTIONES OECONOMICAE

Herausgegeben von Prof. Dr. Hans Besters

Band 5

Versuch einer Verzahnung der Geldtheorie mit der Gütertheorie

Von

Bodo Steinmann

DUNCKER & HUMBLOT / BERLIN

Als Habilitationsschrift auf Empfehlung der
Ruhr-Universität Bochum, Abteilung für Wirtschaftswissenschaft,
gedruckt mit Unterstützung der Deutschen Forschungsgemeinschaft

Gedruckt 1971 bei Berliner Buchdruckerei Union GmbH., Berlin 61
Printed in Germany

ISBN 3 428 02643 8

Vorwort des Herausgebers

Das Problem mangelnder Verzahnung zwischen Geldtheorie und Realtheorie ist so alt wie die Nationalökonomie. Schon die klassische Schule erlebte mit den widerstreitenden Positionen zwischen Banking- und Currency-Theorie einen ersten Höhepunkt in der wissenschaftlichen Auseinandersetzung. Später arbeitete die Neoklassik den Unterschied auch im methodischen Ansatz beider Theoriesparten schärfer heraus. Die Ableitung der relativen Preise wurde in die mikroökonomische Gleichgewichtstheorie, die Bestimmung der absoluten Preise in die makroökonomische Quantitätstheorie verwiesen. Fortan entwickelten sich Reine Theorie und Geldtheorie unverbunden nebeneinander.

Eigenartigerweise war es ein ausgewiesener Geldtheoretiker, der dann die einseitige Verlagerung der ökonomischen Analyse auf die Realtheorie und demzufolge die Zurückdrängung der Geldtheorie einleitete: Mit seiner Theorie der Unterbeschäftigung und der damit verbundenen produktionswirtschaftlichen Reservekapazität gab Keynes seinen Nachfolgern Anlaß, die Berücksichtigung selbständiger Geldeinflüsse auch in der makroökonomischen Analyse für verzichtbar zu halten und somit die Weiterentwicklung der Geldtheorie hintanzustellen. Fortan wurde das Geldangebot als so elastisch unterstellt, daß die Geldnachfrage jederzeit befriedigt werden kann. Selbst die aus durchgängiger (höchstens durch gelegentliche Rezessionen unterbrochene) Überbeschäftigung resultierenden Inflationszyklen der Nachkriegszeit veranlaßten zunächst nicht zu einer Rückbesinnung auf frühere geldtheoretische Erkenntnisse; vielmehr war man davon überzeugt, das Keynessche Instrumentarium gleichsam auch auf die ‚umgekehrte' Situation, auf die Überbeschäftigung, anwenden zu können, und gelangte so zu einem fragwürdigen inflatorischen Gleichgewicht. Die Folge war, daß selbständige Geldeinflüsse auch weiterhin ausgeklammert blieben. Erst in jüngster Zeit ist angesichts steigender Inflationsraten ein gewisser Positionswandel festzustellen.

Auf diesem Hintergrund scheint mir die vorliegende Arbeit in dreifacher Richtung beachtenswert.

In die Analyse werden differenzierte Grenzen monetärer Alimentierung eingearbeitet: Der Verfasser entwickelt ein Drei-Phasen-Schema monetärer Angebotsanpassung in Abhängigkeit von alternativen binnen- und außenwirtschaftlichen Situationen, das im bisherigen Schrifttum kein Vorbild findet. Güterwirtschaftliche (Nachfrage-)Impulse treffen in der ersten Phase auf ein völlig elastisches Geldangebot (was zugleich bedeutet, daß die Aussagefähigkeit der üblichen Realmodelle auf diese Phase beschränkt ist; in der zweiten Phase bewirken sie über Zinsänderungen finanzielle Umdispositionen, die Angebot und Nachfrage einander anpassen, während sie in der dritten Phase auf eine definitive Angebotsgrenze stoßen, die letztlich weder durch Zinsänderungen noch durch sonstige Manipulationen überwunden werden kann.

Sodann werden die in der Analyse zu berücksichtigenden Variablen erweitert: Die Verengung und Einseitigkeit vorherrschender Realmodelle ist hauptsächlich dadurch bedingt, daß die Zahl der Variablen so klein wie möglich gehalten und somit das Niemandsland zwischen Wirtschaftstheorie und Wirtschaftspolitik vergrößert wird.

In der vorstehenden Untersuchung werden hingegen durchgängig sowohl die relevanten güterwirtschaftlichen als auch die geldwirtschaftlichen Größen berücksichtigt. Durch diese realitätsbezogene Ausgestaltung der Analyse wird nicht nur die übliche Beschränkung auf eine Auswahl güterwirtschaftlicher Variablen, in deren Schlepptau sich die monetären befinden, vermieden, sondern auch die Nutzbarmachung der Wirtschaftstheorie für die Wirtschaftspolitik erheblich verbessert, wie das Testbeispiel im letzten Kapitel der Arbeit zeigt.

Schließlich geht es um die Berücksichtigung induzierter Verhaltensänderungen: Die Geschlossenheit moderner Realmodelle wird vielfach dadurch erkauft, daß der Analyse — explizit oder implizit — bestimmte Verhaltensmuster zugrunde gelegt werden, die im Zeitablauf unverändert bleiben. Die mit Aktionen und Reaktionen einhergehenden und damit konstellationsabhängigen Verhaltensänderungen der Wirtschaftenden werden in diesen Modellen übersehen.

Wie ein roter Faden ziehen sich demgegenüber durch die vorstehende Untersuchung die mit Änderungen monetärer Größen verbundenen wechselnden Verhaltensfunktionen. Zwar leidet darunter die formale Eleganz; jedoch dürfte für jeden, der von einer positiven Wissenschaft die Analyse der Wirklichkeit in ihrer Komplexität erwartet, der erhebliche Gewinn an Realitätsbezogenheit höher zu veranschlagen sein.

Die vorliegende Konzeption des Verfassers kann nur als der vorläufige Versuch einer Gesamtschau auf der Basis einer erweiterten makroökonomischen Kreislauftheorie betrachtet werden. Sie läßt jedoch ohne Zweifel erkennen, daß die weitere Entwicklung der Wirtschaftstheorie entscheidend davon abhängt, daß die immer noch einseitige Dominanz der Realtheorie überwunden wird. Das kann kaum durch den derzeitigen ‚Nachholbedarf' an Geldtheorie oder durch deren isolierten Ausbau geschehen; vielmehr müßte das seit fast 40 Jahren vernachlässigte Problem einer Verklammerung der Gütertheorie mit der Geldtheorie wieder ins Zentrum der Forschung rücken.

Bochum, im November 1971 *Hans Besters*

Vorwort des Verfassers

Die Komplexität ökonomischer Einzeltheorien, wie sie als Partialerklärung der noch komplexeren wirtschaftlichen Zusammenhänge benutzt werden, verschleiert oftmals, daß relevante ökonomische Interdependenzen unberücksichtigt bleiben. Mit dieser Kritik soll nicht etwa ein Plädoyer für eine Simplifizierung ökonomischer Theorien begründet, wohl aber die Vermutung geäußert werden, daß die große Tiefe von Partialanalysen bisweilen einen Erkenntniswert vortäuscht, den diese bei der geringen Breite ihres Ansatzes gar nicht haben können.

Vor allem die Tatsache, daß die Geldtheorie lange Zeit neben der Geld*wesen*lehre überwiegend die Bestimmung des Geld*wertes* zum Inhalt hatte[1] und erst in zweiter Linie die *Wirkungen* des Geldes auf den Wirtschaftsablauf abzuleiten versuchte, hat dazu geführt, daß die geldtheoretischen Überlegungen weitgehend in Isolation von güterwirtschaftlichen Theorien erfolgt sind und letztere oftmals unter einem verengten Blickwinkel stehen.

Wenn diese Theorien auch heute nicht mehr — wie die klassische güterwirtschaftliche Gleichgewichtsanalyse und die Quantitätstheorie — in allen Belangen völlig unverbunden nebeneinander stehen (klassische Dichotomie), sondern gelegentlich Bindeglieder aufweisen und Ergebnisse des jeweils anderen Theorietyps als Arbeitshypothese in ihre Analyse einbezogen haben, so lassen solche ‚integrierten' Betrachtungen ohne eine systematische Untersuchung nur lückenhafte und limitierte Aussagen zu.

Auf dem Hintergrund dieses Tatbestandes ist das Anliegen dieser Arbeit vor allem in einer Erarbeitung der zwischen güter- und geldwirtschaftlichem Bereich einer Volkswirtschaft bestehenden Interdependenzen zu sehen.

Die Arbeit wurde im Herbst 1969 abgeschlossen. Daß ihre Publikation erst zwei Jahre später erfolgen konnte, ist auf meine anschließende Verpflichtung an die Universität Kabul zurückzuführen. Das Testbeispiel am Schluß der Arbeit wurde zwischenzeitlich aktualisiert.

---

[1] Vgl. z. B. den Überblick bei *Werner Ehrlicher*, Geldtheorie, in: Handwörterbuch der Sozialwissenschaften, Bd. 4, Stuttgart, Tübingen, Göttingen 1965, S. 231 ff., und bei *Kurt Bienert*, Geldwert als Herausforderung für die Nationalökonomen, Der Volkswirt, 45 (1969), S. 36 ff.

Zu großem Dank verpflichtet bin ich meinem verehrten Lehrer, Herrn Professor Dr. Hans Besters, der die Arbeit initiiert und im Endstadium durch zahlreiche Anregungen zu einer verbesserten Darstellung der Ergebnisse beigetragen hat. Darüber hinaus bedanke ich mich bei Herrn Professor Dr. Artur Woll, Herrn Professor Dr. Rudolf Schilcher und Herrn Professor Dr. Jürgen Pahlke für die kritische Durchsicht vorläufiger Fassungen sowie bei meinen ehemaligen Bochumer Kollegen Herrn Dr. Jan-Peter Wülbern, Herrn Dipl.-Ök. Dietmar Ochs, Herrn Dr. Jochen Tiedtke, Herrn Dipl.-Volkswirt Klaus Bücker und Herrn Dr. Harald B. Giesel für ihre ständige Diskussionsbereitschaft allgemeiner und speziell die vorliegende Arbeit betreffender Zusammenhänge. Mein Dank gilt auch der Deutschen Forschungsgemeinschaft für ihre finanzielle Unterstützung.

Kabul/Afgh., im September 1971

Bodo Steinmann

Inhaltsverzeichnis

Problemstellung

Isolierte Entwicklung von Geld- und Gütertheorie

(1) Während der in den letzten Jahrzehnten vorherrschenden güterwirtschaftlichen Betrachtungsweisen in der Wirtschaftstheorie hat die Geldtheorie ein für die Erklärung ökonomischen Geschehens wenig bedeutsames Eigenleben entfaltet. Gelegentlich ist jedoch in der Literatur auf die isolierte Entwicklung der Geldtheorie, abseits von güterwirtschaftlichen Zusammenhängen, verwiesen worden. So führt z. B. von Hayek bereits in den 30er Jahren für die Theorie im allgemeinen aus: „Eine besonders bedauerliche Wirkung des Herrschens jener Theorie [der Quantitätstheorie, d. V.] scheint mir die bestehende Isolierung der Geldtheorie von den Lehren der allgemeinen oder ‚reinen' ökonomischen Theorie"[2] zu sein. Myrdal bemerkt für die Theorie der Preisbildung: „Es ist eine Eigentümlichkeit aller systematischen Darstellungen der orthodoxen ökonomischen Theorie, daß in ihnen die Geldtheorie mit der zentralen Preisbildungstheorie nicht innerlich verbunden und integriert ist. Die Geldtheorie ist meist nur ein ziemlich loses Anhängsel an die Preisbildungstheorie[3]."

In der jüngsten Vergangenheit finden sich ähnliche Stellungnahmen. So schreibt z. B. Bombach über die Wachstumstheorie: „... letztlich dürfte es unmöglich sein, das Problem konjunktureller Stabilität mit reinen Realmodellen zu lösen. Die Synthese von Wachstums- und Geldtheorie fehlt heute aber noch fast vollkommen[4]." Scheele stellt ähnliches für die Wachstums- und Verteilungstheorie fest[5]. Gurley und Shaw kommen bei Betrachtung der Volkswirtschaftlichen Gesamtrechnung zu dem Schluß: "Preoccupation with national income and product accounts, which largely ignore financial transactions, may have led too many economists to consolidate financial accounts out of economics,

---

[2] *Friedrich A. Hayek,* Preise und Produktion, Wien 1931, S. 4.

[3] *Gunar Myrdal,* Der Gleichgewichtsbegriff als Instrument der geldtheoretischen Analyse, in: Beiträge zur Geldtheorie, hrsg. v. Friedrich A. Hayek, Wien 1933, S. 371.

[4] *Gottfried Bombach,* Wirtschaftswachstum, HdSW, 12 (1965), S. 781. — Vgl. hierzu auch die Untersuchung von *Hanns Abele,* Über geldwirtschaftliche Wachstumsmodelle, Zeitschrift für Nationalökonomie, 30 (1970), S. 125 ff.

[5] Vgl. *Erwin Scheele,* Einkommensverteilung und Wirtschaftswachstum, Tübingen 1965, S. 17 ff.

relegating financial analysis to its own lonely and sometimes not very fruitful course of development[6]."

In modernen Lehrbüchern des internationalen Handels stehen güterwirtschaftliche und monetäre Theorie unverbunden nebeneinander[7] und liefern oftmals unterschiedliche Erklärungen für das gleiche Phänomen, wie z. B. für die Ausrichtung der internationalen Handelsströme.

(2) Die vorliegende Arbeit will einen Beitrag zur Überwindung dieser in der Wirtschaftstheorie — trotz allgemein anerkannter Nicht-Neutralität des Geldes — vielfach vorherrschenden isolierten Betrachtung geld- und güterwirtschaftlicher Zusammenhänge leisten. Sie verfolgt dabei eine doppelte Zielsetzung:

— Zum einen soll eine Basis geschaffen werden, um die bestehende güterwirtschaftliche Theorie auf den Grad ihrer Verzahnung mit der Geldtheorie und damit auf die Breite ihres Ansatzes hin zu überprüfen.

— Zum anderen soll vor allem die Möglichkeit einer unter realistischen Hypothesen vorgenommenen sukzessiven Verklammerung von Güter- und Geldtheorie aufgezeigt werden, die sowohl den Aussagewert der Gütertheorie erhöht als auch eine realitätsbezogene Geldpolitik zuläßt.

(3) Im Zuge der Herausarbeitung von Kriterien zur Einbeziehung der güter- und geldwirtschaftlich bestimmten geldtheoretischen Größen in die Gütertheorie[8] erweist sich eine Umformung der Geldtheorie als notwendig. Um das Hindernis unterschiedlicher methodischer Ansätze von Geld- und Gütertheorie zu überwinden, soll versucht werden, für die Verzahnung eine makroökonomische Analyse der Variablen, die durch sich im Prozeßablauf ändernde Verhaltensweisen bestimmt werden, nutzbar zu machen.

(4) Die Behandlung des Problems erfolgt in drei aufeinander aufbauenden Stufen:

(a) Die *erste Stufe der Analyse* ist der *Gewinnung formaler Kriterien* zur Verzahnung der Geldtheorie mit der Gütertheorie gewidmet. Diese Maßstäbe lassen sich aus den Definitionsmerkmalen reiner Güter- und Geldtheorien, die mit Hilfe eines erweiterten kreislauftheoretischen Ansatzes erzielt werden, ableiten.

---

[6] *John G. Gurley* and *Edward S. Shaw*, Money in a Theory of Finance, 3rd pr., Washington 1964, S. 20.

[7] Vgl. z. B. *Klaus Rose*, Theorie der Außenwirtschaft, Berlin/Frankfurt (Main) 1966[2]; *R. A. Mundell*, International Economics, New York 1968.

[8] Es ist bewußt der Weg der Einbeziehung der geldtheoretischen Größen in die Gütertheorie, und nicht der umgekehrte Weg, beschritten worden, um der Tatsache Rechnung zu tragen, daß das Geld im ökonomischen Prozeßablauf Hilfsfunktion einnimmt.

(b) Die formalen Kriterien lassen erkennen, daß eine Verzahnung der Gütertheorie mit solchen geldtheoretischen Größen erfolgen muß, die sowohl geld- als auch güterwirtschaftlich determiniert sind. Eine *Umformung der Geldtheorie* (der Geldnachfrage und des Geldangebots sowie der daraus resultierenden Geldmenge außerhalb des Bankensektors) in diesem Sinne ist Aufgabe der *zweiten Stufe der Analyse.*

Die Umformung der geldtheoretischen Größen soll gleichzeitig in dreifacher Hinsicht einen Diskussionsbeitrag zur Entwicklung der modernen Geldtheorie liefern:

— Erstens wird die Geldnachfrage — im Gegensatz zum herrschenden Trend der Entwicklung — stärker auf ihre güterwirtschaftlichen Determinanten zurückgeführt, womit die vorherrschende Kassenhaltungstheorie der Geldnachfrage in ihrer Erklärungsrelevanz zwangsläufig zugunsten einer aus der Einkommenstheorie abgeleiteten Ausgabentheorie der Geldnachfrage zurücktritt.

— Zweitens soll durch Entwicklung einer eigenen Geldangebotsfunktion ein Beitrag zur Überwindung der in der Literatur anhaltenden Kontroverse zwischen Banking- und Currencytheorie geleistet werden, indem deutlich gemacht wird, daß beide Theorietypen ihre Bedeutung haben und in Abhängigkeit von der jeweiligen konjunkturellen und außenwirtschaftlichen Konstellation einer Volkswirtschaft gesehen werden müssen.

  Darüber hinaus werden die Determinanten des mechanischen Multiplikatorprozesses durch (sich im Prozeßablauf ändernde) Verhaltensweisen der Geschäftsbanken ersetzt.

— Drittens wird dargelegt, daß die Geldmenge das Ergebnis bestimmter Konstellationen von Geldangebot und Geldnachfrage ist und somit — im Gegensatz zu den Annahmen vieler geldtheoretischer Untersuchungen — den Charakter einer *Variablen* hat, deren Entstehung und Entwicklung erklärungsbedürftig ist.

(c) Das Zusammenwirken der geld- und güterwirtschaftlich bestimmten Größen von Geldnachfrage und Geldangebot zum Zwecke der *Gewinnung materieller Integrationskriterien* ist Gegenstand der *dritten Stufe der Analyse.*

Diese Untersuchung, die von einer Erhöhung der (vorwiegend güterwirtschaftlich bestimmten) Geldnachfrage ausgeht, betrachtet die sich ergebenden Verhaltensreaktionen in zwei — teilweise aufeinanderfolgenden — Stadien:

— Im ersten Stadium des Zusammenwirkens von Geldnachfrage und Geldangebot liegt der Schwerpunkt bei den potentiellen Reaktionen des Geldangebots, die sich aufgrund von Differenzen der jeweils vorherrschenden gesamtwirtschaftlichen binnen- und außenwirtschaftlichen Konstellationen der ökonomischen Variablen in drei verschiedenen Phasen unterschiedlich darbieten. Vordringlich ist die Erklärung der Bedingungen monetärer *Reservekapazität.*

— Im zweiten Stadium des Zusammenwirkens von Geldnachfrage und Geldangebot stehen zum einen Reaktionen der Nichtbanken auf bestimmte Angebots- und Nachfragekonstellationen (Kreditverteuerung und -verknappung) im Mittelpunkt der Betrachtung, während zum anderen Reaktionen der Betroffenen auf Preiserhöhungen, die mit dem Prozeß der Abstimmung von Geldnachfrage und Geldangebot verbunden sein können, analysiert werden.

Als Ergebnis aus der Zwei-Stadien-Untersuchung resultieren materielle Kriterien zur Verzahnung der Geldtheorie mit der Gütertheorie, die an die Stelle der am Ende der ersten Stufe der Analyse gewonnenen formalen Maßstäbe treten können.

(5) Die Arbeit wird — als Testbeispiel für das entwickelte Instrumentarium — mit einer Analyse zur Bestimmung der Wirksamkeit einer kombinierten Notenbank- und Finanzpolitik der BRD in der Rezession 1966/67 sowie der konjunkturellen Überhitzung 1969/70 abgeschlossen.

ERSTE STUFE DER ANALYSE

Gewinnung formaler Kriterien zur Verzahnung der Geldtheorie mit der Gütertheorie durch Erweiterung der Kreislaufanalyse

Erstes Kapitel

Definition von Geld- und Gütertheorie anhand eines Kreislaufmodells

A. Voraussetzungen und Beschreibung der Elemente des Modells

(1) Zur Definition von Geld- und Gütertheorie dient ein Kreislaufmodell, das extrem einfach gehalten ist, um zweierlei unschwer erkennen zu lassen:

— die Charakteristika von Güter- und Geldtheorie,

— die Nahtstellen zwischen beiden Theorietypen und damit die Ansatzpunkte für ihre Verzahnung.

Das Modell, in dem eine offene Wirtschaft mit staatlicher Aktivität betrachtet wird, basiert auf den Sektoren Haushalte *(H)*, Unternehmungen *(U)*[1], Banken *(B)* und Staat *(St)* sowie dem Ausland *(A)*.

Die Sektoren sind durch Einnahmen und Ausgaben in einem Kreislauf miteinander verbunden *(Budgetkreislauf)*.

(2) Da es in einer Periode[2] Einnahmen gibt, die nicht zu Ausgaben verwendet werden, bzw. Ausgaben, die nicht aus Einnahmen von anderen Sektoren stammen, wird der Budgetkreislauf um einen Pol, der aus den einzelnen Sektoren ausgegliedert wird, erweitert.

Es handelt sich um den Geld- und Kreditschöpfungs- sowie Kassenhaltungspol *(K)*[3], der — soweit die Geld- und Kreditschöpfung betroffen ist — aus dem Sektor der Banken abgezweigt worden ist und den im

[1] Auf eine Untergliederung des Unternehmenssektors in Investitionsgüter- und Konsumgüterbereich sowie in Produktions- und Verteilungspol kann in diesem Zusammenhang verzichtet werden.

[2] Unter einer Periode soll hier und im folgenden der Zeitraum zwischen zwei Einkommenszahlungen an die Haushalte verstanden werden.

[3] Von Lagerhaltung, die ebenfalls die Einrichtung eines vom Unternehmenssektor abgezweigten Pols *außerhalb* des Budgetkreislaufs erfordern würde, wird aus Gründen der Vereinfachung abgesehen.

Budgetkreislauf verbleibenden Teil dieses Sektors zu einem reinen Ersparnisumverteilungspol reduziert. Soweit es die Kassenhaltung angeht, ist die Ausgliederung aus allen vier Sektoren des Inlands erfolgt.

(3) Die Schaffung des Geld- und Kreditschöpfungs- sowie Kassenhaltungspols läßt einen *äußeren* Kreislauf entstehen, der zusammen mit dem Budgetkreislauf, dem *inneren* Kreislauf, den *Gesamt*kreislauf ergibt (vgl. Abb. 1).

Der in Abbildung 1 dargestellte Kreislauf ist — von einigen Ausnahmen abgesehen[4] — ein Saldenkreislauf, in den — nach Ausgaben gegliedert — die folgenden Größen eingehen[5]:

Ausgaben / Einnahmen	(H)	(U)	(B)	(St)	(A)	Σ_1	(K)	Σ_2
(H)		Y_U		Y_{St}		H_{01}		H_{02}
(U)	C		${}_KDe$	G	$X-M$	U_{01}	M_U	U_{02}
(B)	${}_zE$ ${}_wE_B$			$(\ddot{U}_B)$	$({}_VDe)$	B_{01}	R	B_{02}
(St)	T_H	T_U	D_{St}			St_{01}	M_{St}	St_{02}
(A)		$(M-X)$	${}_KDe$			A_{01}		A_{02}
Σ_1	H_{10}	U_{10}	B_{10}	St_{10}	A_{10}			
(K)	${}^dL$ ${}_wE_Z$	${}^dL_U$	K	$(\ddot{U}_Z)$				K_{02}
Σ_2	H_{20}	U_{20}	B_{20}	St_{20}	A_{20}		K_{20}	

Abb. 1. Kreislaufmatrix zur Definition von Geld- und Gütertheorie

[4] Eine Saldierung ist immer dann unterblieben, wenn beide Größen im Verlauf der Untersuchung benötigt werden.

[5] Da sich je nach der Stellung des betrachteten Landes im internationalen

Haushaltssektor (H):

C = Konsum

E = Änderungen des ertragsorientierten Finanzvermögens = Sparen ./. (Entsparen + Zinsen auf Ersparnisse) ./. (Bankkredite ./. Tilgung von Bankkrediten). Das Sparen (Entsparen) soll entweder in Form einer Erhöhung (Verringerung) von Zeit- (Termin- und Spar-) depositen ($_{Z}E$) erfolgen oder in Form eines Kaufs (Verkaufs) festverzinslicher Wertpapiere vom Bankensektor ($_{W}E$). Partner beim Kauf (Verkauf) festverzinslicher Wertpapiere können sowohl die Geschäftsbanken ($_{W}E_{B}$) als auch die Zentralbank ($_{W}E_{Z}$) sein.

T_H = Steuern (einschl. Gebühren und Beiträge ./. Transferzahlungen)

L = Änderungen des liquiditätsorientierten Finanzvermögens = Erhöhung der Kassenhaltung (excess demand for money[6]) = Nachfrage zu Kassenhaltungszwecken am Ende einer Periode abzüglich des Kassenbestandes am Anfang der betreffenden Periode.

Die zusätzliche Kassenhaltung läßt sich in eine Erhöhung der indirekten und der direkten Kassenhaltung aufspalten, je nachdem, ob sie sich in einem Anstieg der Kassenhaltung des Haushaltssektors beim Sektor der Geschäftsbanken niederschlägt (Erhöhung der ungenutzten Sichtguthaben) (^{i}L) oder ob sie im Haushaltssektor selbst erfolgt (^{d}L).

Unternehmenssektor (U):

Y_U = Zahlung kontraktbestimmter Einkommen (Löhne und Gehälter einschließlich des Unternehmerlohns für angestellte Unternehmer) sowie ausgeschütteter Gewinne an die (bzw. Gewinnentnahmen der) Haushalte[7]).

T_U = Steuern (einschl. Gebühren und Beiträge ./. Subventionen)

(M—X = negativer Außenbeitrag)

L_U = Änderungen des liquiditätsorientierten Finanzvermögens, unterteilt nach indirekter ($^{i}L_U$) und direkter Kassenhaltung ($^{d}L_U$)

Bankensektor (B):

D = ertragsorientierte Dispositionen gegenüber dem Unternehmenssektor = Nettokredite (Bruttokredite ./. Tilgung) ./. (Sparen ./. Entsparen ./. Zinsen auf Ersparnisse)

Die Nettokredite können in Form von à-Konto-Krediten ($_{K}D$) oder Wertpapierkäufen ($_{W}D$) erfolgen.

Gefüge ein Exportüberschuß, ein Handelsbilanzausgleich oder ein Importüberschuß und je nach der konjunkturellen Situation im Staatssektor ein Budgetüberschuß, -ausgleich oder -defizit ergeben kann, sind sowohl die Konstellationen Exportüberschuß und Budgetdefizit als auch in Klammern die Alternativkonstellationen Importüberschuß und Budgetüberschuß aufgeführt.

[6] Vgl. *Don Patinkin*, Money, Interest and Prices, 2. ed., New York 1965, S. 24. — "By 'amount of excess demand for money' we mean the difference between this amount demanded and the amount of his initial money holdings this Monday morning [at the beginning of the period, d. V.]."

[7] Von Miete und Pacht als ergänzenden kontraktbestimmten Einkommen wird abgesehen; Zinszahlungen kommen in einer Veränderung der Nettoersparnis bzw. der Nettokredite zum Ausdruck.

D_{St} = ertragsorientierte Dispositionen gegenüber dem Staat im Falle eines Budgetdefizits = Nettokredite an den Staat (Bruttokredite ./. Tilgung)

Die Nettokredite an den Staat können ebenfalls in Form von à-Konto-Krediten ($_KD_{St}$) oder Wertpapierkäufen ($_WD_{St}$) erfolgen.

$_KDe$ = Kauf von Devisen in Höhe des Exportüberschusses[8]

K = liquiditätsorientierte Dispositionen[9]

Staatssektor (St):

Y_{St} = Zahlung kontraktbestimmter Einkommen (Löhne und Gehälter einschl. des Unternehmerlohns für angestellte Unternehmer) an den Haushaltssektor[10]

G = Ausgaben des Staates für Güter und Dienste im Unternehmenssektor

($\ddot{U}$ = Budgetüberschuß, der bei den Geschäftsbanken ($\ddot{U}_B$) oder bei der Zentralbank ($\ddot{U}_Z$) gehalten werden kann)

Ausland (A):

$X—M$ = positiver Außenbeitrag

($_VDe$ = Verkauf von Devisen in Höhe des Importüberschusses[11])

Ausgegliederter Pol: Kassenhaltung sowie Geld- und Kreditschöpfung (K):

M = Vermehrung der Geldmenge außerhalb des Bankensektors (Unternehmungen M_U; Staat M_{St}) in Form einer Erhöhung der Bargeldmenge (MB) und des Sichtguthabenbestandes (MS)

R = Vermehrung der Geldmenge im Bereich der Geschäftsbanken durch Zuflüsse an Zentralbankgeld von der Notenbank.

B. Erfüllung der Kreislaufaxiome als Kriterium für das Vorliegen einer Geld- oder Gütertheorie

(1) In dem oben skizzierten Kreislauf können zum einen die Axiome des Gesamtkreislaufs *und* des Budgetkreislaufs erfüllt sein und zum anderen *nur* die Axiome des Gesamtkreislaufs bei unausgeglichenem inneren Kreislauf:

(a) Ausgleich der Kreislaufaxiome des Gesamtkreislaufs *und* des Budgetkreislaufs:

---

[8] Von einem autonomen langfristigen Kapitalimport wird abgesehen.

[9] Zur Aufschlüsselung dieser Größe vgl. S. 105 ff. Sofern es sich bei den liquiditätsorientierten Dispositionen um kurzfristige Auslandsanlagen handelt, sind auch negative Werte denkbar.

[10] Von Miete und Pacht als ergänzenden kontraktbestimmten Einkommen wird abgesehen; Zinszahlungen kommen in einer Änderung der Nettokredite an den Staat zum Ausdruck.

[11] Von einem autonomen langfristigen Kapitalexport wird abgesehen.

Sektoren	Innerer Kreislauf	Äußerer Kreislauf	Gesamtkreislauf
(*H*)	$H_{01} = H_{10}$	0	$H_{02} = H_{20}$
(*U*)	$U_{01} = U_{10}$	0	$U_{02} = U_{20}$
(*B*)	$B_{01} = B_{10}$	0	$B_{02} = B_{20}$
(*St*)	$St_{01} = St_{10}$	0	$St_{02} = St_{20}$
(*A*)	$A_{01} = A_{10}$	0	$A_{02} = A_{20}$

(b) Ausgleich der Kreislaufaxiome im Gesamtkreislauf bei unausgeglichenem inneren Kreislauf:

Sektoren	Innerer Kreislauf	Äußerer Kreislauf	Gesamtkreislauf
(*H*)	$H_{01} \neq H_{10}$	$^{d}L/_{W}E_{Z}$	$H_{02} = H_{20}$
(*U*)	$U_{01} \neq U_{10}$	$^{d}L_{U}/M_{U}$	$U_{02} = U_{20}$
(*B*)	$B_{01} = B_{10}$	K/R	$B_{02} = B_{20}$
(*St*)	$St_{01} \neq St_{10}$	$(\ddot{U}_{Z})/M_{St}$	$St_{02} = St_{20}$
(*A*)	$A_{01} = A_{10}$	—	$A_{02} = A_{20}$

Diese Unterscheidung erleichtert die Definition von Geld- und Gütertheorie und ermöglicht eine klarere Formulierung der Problemstellung:

(2) Unter einer reinen *Gütertheorie* soll eine Theorie verstanden werden, die Zusammenhänge des inneren, des *Budgetkreislaufs* in der Weise erklärt, daß

— eine Datenänderung auf die Variablen des *inneren Kreislaufs* wirkt und deren Änderungen *ohne Einbeziehung der Größen des äußeren Kreislaufs* bestimmt werden,

— die gestörten Kreislaufaxiome durch kompensatorische Änderungen der *Mengen- und/oder Preisvariablen des inneren Kreislaufs* zum Ausgleich kommen (ausgeglichene sektorale Budgets) und

— dabei auftretende Wirkungen von Änderungen der Preisvariablen nur real, d. h. auf die *Größen des inneren Kreislaufs* betrachtet werden.

(3) Unter einer reinen *Geldtheorie* hingegen wird eine Theorie verstanden, die Zusammenhänge des *Gesamtkreislaufs*[12] in der Weise erklärt, daß

[12] Wie aus der Gegenüberstellung hervorgeht, besteht zwischen Güter- und Geldtheorie hinsichtlich ihrer Lokalisierung im Kreislauf insofern keine völlige Kongruenz, als erstere im inneren, letztere aber im Gesamtkreislauf angesiedelt ist. Das liegt daran, daß die Preisvariablen nicht entsprechend ihrer Verursachung aufgespalten und auf beide Kreisläufe verteilt werden

— eine Datenänderung auf die Variablen des *äußeren Kreislaufs* wirkt und deren Änderungen *ohne Einbeziehung der Größen des inneren Kreislaufs* bestimmt werden,

— die gestörten Kreislaufaxiome durch kompensatorische Änderungen der *Größen des äußeren Kreislaufs und/oder der Preisvariablen des inneren Kreislaufs* zum Ausgleich kommen (unausgeglichene sektorale Budgets) und

— dabei auftretende Wirkungen von Änderungen der Preisvariablen nur monetär, d. h. auf die *Größen des äußeren Kreislaufs* betrachtet werden.

(4) Die Definition der Geld- und Gütertheorie macht deutlich, daß in jedem der Theorietypen

— Änderungen bestimmter Größen in ihrer Entstehung *unabhängig von Änderungen der Größen des jeweils anderen Theorietyps* gesehen werden (z. B. Änderung der Nachfrage nach bestimmten Gütern und Faktoren unabhängig von Änderungen der Geldmenge und vice versa);

— mögliche kompensatorische Änderungen aus dem jeweils anderen Bereich *nicht* (Gütertheorie) *oder nur teilweise* (Geldtheorie) zur Erklärung herangezogen werden (z. B. Reaktionen auf Änderungen der Geldmenge werden von Preis-, nicht von Mengenvariablen erwartet);

— wenn überhaupt, nur die Wirkungen der Preisvariablen auf die *Größen des Teilkreislaufs* analysiert werden, in dem die betrachtete Änderung entstanden ist (z. B. real-balance-effect oder real-consumption-effect[13]).

(5) Die reine Gütertheorie verzichtet in allen drei Aspekten auf die Einbeziehung der Änderungen von Größen des äußeren Kreislaufs.

Ein typisches Beispiel ist die güterwirtschaftliche Totalanalyse, die unter Beachtung der vollständigen Interdependenz der Märkte die Preise der einzelnen Güter (und Leistungen) aus den jeweiligen Angebots- und Nachfragegrößen bestimmt und dabei den äußeren Kreislauf nicht in die Analyse einbezieht. Das geht aus den Gesetzen von Walras[14] und Say[15] hervor, nach denen

---

können. Sie sind in vollem Umfang in den Größen des inneren Kreislaufs enthalten.

[13] Vgl. S. 61 ff.

[14] Nach Walras (*Léon Walras,* Elements of Pure Economics, Übers. der ‚edition définitive' [1926] der ‚Eléments d'économie politique pure' v. W. Jaffé, London 1954, Part III) ist der Gesamtwert aller angebotenen Objekte (Geld, Güter) gleich dem Gesamtwert aller nachgefragten Objekte (Geld, Güter).

[15] Nach Say (*Jean-Baptiste Say,* A Treatise on Political Economy, Übers. der 4. A. von ‚Traité d'Economie Politique' v. C. R. Prinsep, Philadelphia 1880

— jede Geldnachfrage auf einem Güterangebot beruht sowie jede Güternachfrage ein Geldangebot voraussetzt und
— eine Geldnachfrage nur getätigt wird, um unverzüglich eine Güternachfrage zu entfalten.

Diese Feststellungen bedeuten nichts anderes, als daß die Nachfrage nach Geld bzw. das Angebot an Geld in jedem Fall als das Spiegelbild des Angebots an bzw. der Nachfrage nach Gütern (mirror-image schedules for money) zu begreifen ist und daß damit von einer Erfüllung auch der Axiome des inneren Kreislaufs ausgegangen wird.

In der Terminologie Neissers[16] entspricht diese Aussage dem Verzicht auf die Einführung einer *reinen* Nachfrage bzw. eines *reinen* Angebots.

Außerdem paßt sie zu der Feststellung von Lange und Patinkin[17], daß die güterwirtschaftliche Totalanalyse zwar die *relativen* Preise (prices in terms of one another) determiniert, während die *absoluten* Preise (prices in terms of the medium of exchange) indeterminiert bleiben, weil einer bestimmten Konstellation von Einzelpreisen, durch die ein Gleichgewicht auf den Gütermärkten repräsentiert wird, eine beliebig große Anzahl absoluter Preisdurchschnitte zugeordnet werden kann.

Auch die klassisch-neoklassische Sparmitteltheorie läßt die Größen des äußeren Kreislaufs außer acht. Für sie ist die Nachfrage nach Geld gegenüber dem Bankensektor auf die nicht durch Selbstfinanzierung zu bestreitenden Investitionsvorhaben des Unternehmenssektors beschränkt, und das Angebot an Geld seitens des Bankensektors resultiert lediglich aus den nicht direkt investierten Ersparnissen der Wirtschaft. Der Zins bringt Sparangebot und Investitionsnachfrage zur Übereinstimmung (Leihfondstheorie).

[repr. 1964], S. 132 ff.) ist das Gesamtgüterangebot der Gesamtgüternachfrage gleich, da Güter nur angeboten werden, um mit dem Erlös ihres Verkaufs andere Güter zu erwerben ("Money performs but a momentary function ...; and when the transaction is finally closed, it will always be found, that one kind of commodity has been exchanged for another." — S. 134), oder, anders ausgedrückt, da Güter nur gekauft werden können, wenn diesem Kauf eine Produktion bzw. ein Verkauf von Gütern vorausgegangen ist. ("Thus, the mere circumstance of the creation of one product immediately opens a vent for other products." — S. 134 f.)

16 Vgl. *Hans Neisser*, Der Tauschwert des Geldes, Jena 1928, S. 13. — „Geld verschafft seinem Besitzer *Kaufkraft*, auch wenn es *nicht* als Folge von Produktion wertgeschätzter Güter entstanden ist, ist also *reine Nachfrage*, während in der geldlosen, reinen Tauschwirtschaft die Nachfrage stets nur von dem Warenbesitzer ausgehen kann, der *gleichzeitig anbietet*." (Hervorhebungen im Original gesperrt)

17 Vgl. *Oskar Lange*, Say's Law: A Restatement and Criticism, in: Mathematical Economics and Econometrics, ed. by O. Lange, F. McIntyre and T. O. Yntema, Chicago 1942, S. 49 ff.; *Don Patinkin*, Relative Prices, Say's Law, and the Demand for Money, Econometrica, 16 (1948), S. 135 ff.; ders., The Indeterminacy of Absolute Prices in Classical Economic Theory, Econometrica, 17 (1949), S. 1 ff.

(6) Für die reine Geldtheorie besteht keine vollständige Analogie zur reinen Gütertheorie. Sie verzichtet nicht in allen drei Aspekten auf die Einbeziehung von Größen des inneren Kreislaufs; als kompensatorische Änderungen zur Erfüllung der Kreislaufaxiome zieht sie zwar nicht die *Mengen*variablen, wohl aber die *Preis*variablen des inneren Kreislaufs heran.

Hierfür ist die Quantitätstheorie des Geldes[18] ein typisches Beispiel, derzufolge — in der hier benutzten Terminologie — eine Änderung der Größen im äußeren Kreislauf (M_U; M_{St}) stattfindet, die ihre kompensatorischen Änderungen zum Ausgleich der Kreislaufaxiome in Preiserhöhungen bzw. -senkungen der Variablen des inneren Kreislaufs erblickt[19].

Die Betonung dieses Zusammenhangs könnte den Eindruck erwecken, als handele es sich bei dieser Theorie um eine ‚mechanistische Erklärung', die einen unmittelbaren Zusammenhang zwischen einer Erhöhung bzw. Senkung der Geldmenge und Preisänderungen in der Weise annimmt, daß zwischen diesen Größen keine Dispositionen der Wirtschaftseinheiten innerhalb der einzelnen Sektoren lägen. Das ist aber nicht der Fall; dieser Theorie liegt vielmehr die Vorstellung zugrunde, daß unter den klassischen Annahmen flexibler Preise, einer in Abhängigkeit von Technologie und Arbeitsbereitschaft maximalen Ausbringung (ausgelastete Kapazität und Vollbeschäftigung der Arbeitskräfte) sowie einer nur zum unmittelbaren Kauf von Gütern und Leistungen ausgeübten Nachfrage nach Geld die Dispositionen der Individuen den Zusammenhang zwischen Geldmenge und Preisniveau nicht verändern werden und diese deshalb zu vernachlässigen sind. Unter diesen Annahmen ergeben sich keine kompensatorischen Änderungen durch Größen des äußeren Kreislaufs, etwa durch die Kassenhaltung. Es ist Amonn zuzustimmen, wenn er behauptet: „Was die Vertreter der Quantitätstheorie meinen, ist ..., daß, wenn mehr Geld in die Hände der Wirtschaftssubjekte kommt, es von diesen ausgegeben wird, daß eine zusätzliche Geldmenge eine zusätzliche Nachfrage zur Folge hat und daß, wenn die zusätzliche Nachfrage nicht durch ein zusätzliches Angebot kompensiert wird, die Preise entsprechend steigen müssen. Was man dagegen ein-

---

18 Die Quantitätstheorie umfaßt inhaltlich eine Reihe von Geldwerttheorien, nämlich „*jede Preis- oder Geldtheorie, welche zwischen der ... Menge des Geldes und den Geldpreisen eine enge Beziehung derart annimmt, daß die Geldvermehrung die Preise steigert, -verringerung sie senkt*". (*S. P. Altmann*, Quantitätstheorie, in: Handwörterbuch der Staatswissenschaften, 3. A., 6. Bd., Jena 1910, S. 1257).

19 Aufgrund der Annahme, daß das Saysche Theorem Gültigkeit habe, wird in der Quantitätstheorie unterstellt, daß sich das Handelsvolumen in Abhängigkeit von vorhandener Technologie und Arbeitsbereitschaft in der Volkswirtschaft auf dem höchstmöglichen Niveau befindet, so daß zu einem gegebenen Zeitpunkt von seinen Änderungen abstrahiert werden kann.

wenden kann, ist, daß diese Annahme ‚falsch' ist, daß sie realiter keineswegs zutreffen müsse, daß die Dispositionen der Wirtschaftssubjekte auch andere sein können, nicht aber, daß dabei die Dispositionen der Wirtschaftssubjekte außer acht gelassen würden, daß es sich um eine mechanistische Denkweise handle[20]."

Es ist in der Tat bemerkenswert, daß von nahezu allen Quantitätstheoretikern[21] erkannt wird, daß der Zusammenhang zwischen Geldmengen- und Preisniveauänderungen indirekter Natur ist und daß nur der Teil der Geldmenge außerhalb des Bankensektors, der zur umlaufenden Geldmenge wird, auf das Preisniveau einwirkt[22].

Eine zwischen der Änderung der gesamten Geldmenge außerhalb des Bankensektors *(M)* und der umlaufenden Geldmenge auftretende Diskrepanz wird jedoch im allgemeinen entweder gar nicht oder aber aus institutionellen Faktoren und festen Gewohnheiten der Individuen erklärt und als eine Konstante behandelt[23].

Auch der zur Beschreibung dieser Diskrepanz eingeführte Begriff der *Umlaufgeschwindigkeit des Geldes*[24] liefert keine Kausalerklärung. Und obwohl er viel zur Verwirrung in der Geldtheorie beigetragen hat[25],

---

20 *Alfred Amonn*, Die Quantitätstheorie in der älteren, neueren und neuesten Literatur, Schweizerische Zeitschrift für Volkswirtschaft und Statistik, 89 (1953)), S. 460.

21 Vgl. z. B. bereits *G. Montanari* (Della moneta trattato mercantile, ed. Custodi, Milano 1804, S. 45, zitiert nach: *A. E. Stadlin*, Die Entwicklung der Quantitätstheorie, Winterthur 1954, S. 12 f.); vor allem aber *John Stuart Mill* (Principles of Political Economy, ed. by W. J. Ashley, repr. New York 1965, S. 496), bei dem es heißt: "Whatever may be the quantity of money in the country, only that part of it will affect prices which goes into the market of commodities, and is there actually exchanged against goods. Whatever increases the amount of *this portion* of the money in the country tends to raise prices." (Hervorhebung vom Verfasser)

22 Die gesamte Geldmenge ist jeweils auf einen Zeitpunkt und die umlaufende Geldmenge auf eine Periode bezogen. Um beide Ziffern miteinander vergleichen zu können, müssen für die gesamte Geldmenge Durchschnittswerte pro Periode gebildet werden.

23 Vgl. dazu die Zusammenfassung bei *Arthur W. Marget*, The Theory of Prices 1938—1942 (repr. New York 1966), Vol. I, S. 290—301; 344—483.

24 Vgl. bereits *John Locke*, Some Considerations of the Consequences of Lowering the Interest, and Raising the Value of Money, in: Works, 11. A., 5. Bd., London 1812 (repr. London 1961), S. 23.

Zur Definition siehe *Knut Wicksell* (Vorlesungen über Nationalökonomie, Theoretischer Teil, 2. Bd., Jena 1922, S. 68): „Die Zeit, welche jedes Geldstück zwischen einem Verkaufe und einem darauf folgenden Kaufe sowie überhaupt zwischen einer Geldeinnahme und einer Geldausgabe ein und derselben Person durchschnittlich in der Kasse zubringt, können wir die duchschnittliche *Ruhezeit* des Geldes nennen, und der umgekehrte Wert dieser Zeitdauer in einer gewissen Zeitperiode, ... als Einheit ausgedrückt, wird dann die durchschnittliche Umlaufsgeschwindigkeit des Geldes sein." (Hervorhebung im Original gesperrt)

25 "... the 'income-velocity of money' is, in itself, merely a name which explains nothing ... the use of this term obscures, I think, the real character of the causation, and has led to nothing but confusion." — *John Maynard Keynes*, The General Theory of Employment, Interest and Money, London

kann er doch der Klärung der Diskrepanz insofern dienlich sein, als er erkennen läßt, daß für diese nicht nur die in einer Periode inaktiven Kassenbestände (also die Geldmenge mit einer Umlaufgeschwindigkeit von Null), sondern auch die durch den Synchronisierungsgrad von Einnahmen und Ausgaben bedingte Ruhezeit der in einer Periode umlaufenden Geldmenge in den Kassen (also die Umlaufgeschwindigkeit der aktiven Kassenbestände) von Bedeutung ist.

Wird die Umlaufgeschwindigkeit auf die gesamte Geldmenge im Durchschnitt einer Periode bezogen, dann bedeutet sowohl eine Aktivierung inaktiver Kassenbestände als auch eine Verringerung der durchschnittlichen Ruhezeit aktiver Kassenbestände eine Erhöhung der durchschnittlichen Umlaufgeschwindigkeit. Wird sie hingegen mit der in einer Periode umlaufenden Geldmenge in Beziehung gebracht, dann bedeutet eine Aktivierung inaktiver Kassenbestände eine Erhöhung der umlaufenden Geldmenge und eine Verringerung der durchschnittlichen Ruhezeit aktiver Kassenbestände eine Erhöhung der durchschnittlichen Umlaufgeschwindigkeit. Entsprechend Umgekehrtes gilt für eine Inaktivierung und Erhöhung der Ruhezeit aktiver Kassenbestände in einer Periode.

Solange jedoch die sowohl auf dem erweiterten als auch auf dem verengten Geldmengenbegriff beruhende Umlaufgeschwindigkeit als konstant angesehen wird und solange auf kompensatorische Änderungen der Mengenvariablen verzichtet wird, gilt der quantitätstheoretische Zusammenhang der Bestimmung von Preisniveauänderungen durch Geldmengenänderungen in ausgeprägter Weise[26].

Diese Theorie läßt sich ohne Schwierigkeiten auf spontane Änderungen der Kassenhaltung[27] ausdehnen, indem diesen die gleichen Wirkungen auf die (absoluten) Preise zugestanden werden wie Geldmengenänderungen: Reduktionen der Kassenhaltung steigern die Preise und Erhöhungen senken sie[28].

1936 (repr. 1964), S. 299. Vgl. auch *Arthur W. Marget*, The Theory of Prices, Bd. I, a.a.O., S. 372.

[26] "To recapitulate, we find then that, under the conditions assumed, the price level varies (1) directly as the quantity of money in circulation (*M*), (2) directly as the velocity of its circulation (*V*), (3) inversely as the volume of trade done by it (*T*). The first of these three relations is worth emphasis. It constitutes the 'quantity theory of money'." (*Irving Fisher*, The Purchasing Power of Money, repr. of 2nd ed. 1922, New York 1963, S. 29).

[27] Als ‚spontan' sollen Änderungen der Kassenhaltung in Anlehnung an den Robertsonschen Begriff des ‚spontaneous lacking or dislacking' (vgl. *D. H. Robertson*, Banking Policy and the Price Level, 2. A., London 1926, [4th pr. 1949], S. 47 ff.) dann gelten, wenn sie nicht durch Geldmengenveränderungen induziert worden sind (induced lacking or dislacking).

[28] „Als ‚autonome' nicht-neutrale Faktoren kommen ..., neben den Geldmengenänderungen ... die ‚spontanen' Hortungs- und Enthortungsakte in Betracht." — *Johan G. Koopmans*, Zum Problem des „neutralen" Geldes, in: Beiträge zur Geldtheorie, a.a.O., S. 271.

Zweites Kapitel

Notwendigkeit einer Verzahnung der Geldtheorie mit der Gütertheorie

A. Bedeutung der fehlenden Verzahnung

(1) Da die Definition von Geld- und Gütertheorie gezeigt hat, daß diese Theorien in ihrer reinen Ausprägung mögliche (kompensatorische) Änderungen der Größen des jeweils anderen Theorietyps außer Ansatz lassen, liegt die Frage nahe, welchen Einfluß dieser von Patinkin[1] als ‚klassische Dichotomie' bezeichnete Tatbestand der Isolierung der Gütertheorie von der Geldtheorie auf deren Erklärungswert hat.

Die fehlende Verzahnung wäre nur dann nicht von Bedeutung, wenn angenommen werden könnte,

— daß sich güterwirtschaftliche Prozesse — d. h. alle Prozesse, die im inneren Kreislauf ihren Ursprung haben, wie (Einzel-)Preisbildung, Einkommensverteilung, Wachstum etc. — unbeeinflußt von den Größen des äußeren Kreislaufs (den geldtheoretischen Größen) vollziehen;

— daß geldwirtschaftliche Prozesse — d. h. alle Prozesse, die im äußeren Kreislauf ihren Ursprung haben, wie Veränderungen des Geldangebots oder der Umlaufgeschwindigkeit des Geldes — keinen Einfluß auf die güterwirtschaftlichen Abläufe haben.

Das Geld müßte m. a.W. *neutral* sein[2]. Das wäre jedoch nur der Fall, wenn sich entweder spontane Änderungen[3] der Größen des inneren

[1] "Classical economic theory postulates two parallel dichotomies: the real and monetary sectors of the economy on the one hand, and relative and absolute prices on the other. In the real sector all economic behavior depends solely on relative prices ..., absolute prices play a role in and are determined by the monetary sector alone." — *Don Patinkin*, The Indeterminacy of Absolute Prices in Classical Economic Theory, a.a.O., S. 1.

[2] Zur Definition des neutralen Geldes vgl. *Johan G. Koopmans*, Zum Problem des „neutralen" Geldes, a.a.O., S. 228: „Neutral ist ... das Geld dann, ... *wenn sämtliche Vorgänge in der Geldwirtschaft dem Idealtypus einer reinen Tauschwirtschaft nach den Gesetzen der Gleichgewichtstheorien entsprechen.*"

[3] Hier soll — in Erweiterung des Begriffs der spontanen Kassenhaltung (Fn. 27, S. 26) — eine Änderung dann als spontan bezeichnet werden, wenn sie nicht durch vorausgegangene Änderungen geld- *und/oder* güterwirtschaftlicher Größen induziert worden ist.

Kreislaufs bei Konstanz der geldtheoretischen Größen vollzögen oder bei Änderungen geldwirtschaftlicher Größen als Kompensation alle Preise proportional verändert würden und zudem diese Änderungen aller Preise keinerlei Einfluß auf die nachgefragten und angebotenen Mengen an Gütern und Diensten hätten[4].

Wenn die eine oder andere dieser Bedingungen erfüllt wäre, könnte auf die Einbeziehung der Größen des äußeren Kreislaufs in güterwirtschaftliche Analysen verzichtet werden. Denn entweder fällt die Einflußnahme auf die Größen des inneren Kreislaufs aus, oder es ergeben sich — falls sie erfolgt — lediglich Verschiebungen in der Rechen*ebene*, nicht jedoch Veränderungen in den Rechen*operationen*. Weder entsteht eine Einflußnahme auf die relativen Preise, noch wirkt sich eine Veränderung des Preisniveaus auf die Angebots- und Nachfragegrößen aus.

An einer Bestimmung der Rechenebene kann aber unter der angenommenen Bedingung, daß die Rechenoperationen davon unbeeinflußt bleiben, für die Erklärung des ökonomischen Ablaufprozesses kein Interesse bestehen. In diesem Sinn ist auch die Behauptung von J. St. Mill zu interpretieren: "There cannot, in short, be intrinsically a more insignificant thing, in the economy of society, than money; ... The relations of commodities to one another remain unaltered by money[5]."

(2) Die oben genannten Bedingungen der Neutralität sind jedoch in der Realität nicht erfüllt:

— Es ist ohne näheren Beweis einsichtig, daß es Fälle gibt, in denen die Änderungen der Größen des inneren Kreislaufs nicht als spontan zu bezeichnen sind, da der *Anstoß* dazu *von den Geldgrößen* ausgegangen ist.

— Die Tatsache, daß geldwirtschaftliche Veränderungen nicht für alle Wirtschaftspläne simultan erfolgen, sondern an einem bestimmten Punkt in der Volkswirtschaft auftreten *(lokale Nicht-Neutralität)*[6] und sich *sukzessive* auf die gesamte Volkswirtschaft ausbreiten

[4] "An additional assumption of the classical system is that the supply and demand functions for real commodities do not depend on absolute prices but only on relative prices. This assumption is equivalent to assuming that the supply and demand functions for real commodities are homogeneous of degree zero in prices." — *Laurence Jay Mauer*, The Patinkin Controversy: A Review, Kyklos XIX (1966), S. 305.

[5] *John Stuart Mill*, Principles of Political Economy, a.a.O., S. 488.

[6] „Da sich die durch die Geldschöpfung entstandenen zusätzlichen Zahlungsmittel nicht von vornherein gleichmäßig auf alle Einkommensempfänger verteilen, sondern zunächst an gewissen Orten massiert auftreten, ergeben sich aus der Vermehrung der Geldmenge besondere Wirkungen, die sich in einer geldlosen Wirtschaft nicht zeigen würden und somit dem Prinzip des neutralen Geldes widersprechen.“ — *Walter Adolf Jöhr*, Die Konjunkturschwankungen, Theoretische Grundlagen der Wirtschaftspolitik, Bd. II, Tübingen - Zürich 1952, S. 466.

(endliche Reaktionsgeschwindigkeit), verbunden mit der Beobachtung *unterschiedlich flexibler Einzelpreise* macht eine gleichmäßige Veränderung aller Preise unmöglich. Es kommt zu Verschiebungen in den Preisrelationen, wodurch sich insbesondere eine Änderung in der ‚Proportion zwischen Konsumgüternachfrage und Produktionsmittelnachfrage'[7], eine Beeinflussung der Einkommensverteilung[8] und eine Beeinträchtigung des Ideals einer ‚konjunkturlosen Wirtschaft'[9] ergeben.

Auch eine proportionale Änderung aller Preise bliebe über *Änderungen des Realwertes der Vermögensbestände* (insbesondere Kassenbestände)[10] nicht ohne Einfluß auf die nachgefragten und angebotenen Güter- und Faktormengen.

Bei verschiedenartigen Gütern ist ein unterschiedliches Verhalten in bezug auf Präferierung des Realkonsums oder der Realkasse zu erwarten, so daß sich die Preisrelationen verschieben werden[11]. Selbst wenn die Betrachtung auf Konsumgüterpreise beschränkt wird, können sich trotz anfänglicher, gleichmäßiger Preissteigerung in der Reaktion bei einzelnen Gütern Preisrückgänge (Vorrangigkeit der Realkasse) oder weitere Preiserhöhungen (Vorrangigkeit des Realkonsums) in unterschiedlichem Ausmaß einstellen.

Daraus resultieren, sofern zwischen den Gütern (Komplementaritäts- und) Substitutionsbeziehungen bestehen, Nachfrageverschiebungen, die — nach Überschreiten einer Reaktionsschwelle — zu einer Umschichtung der Produktion Anlaß geben.

(3) Es ist anzumerken, daß eine Größe des äußeren Kreislaufs bzw. ihre Änderung selbst dann nicht in bezug auf den Wirtschaftsablauf neutral zu sein braucht, wenn sie von anderen geldwirtschaftlichen Größen bzw. ihren Änderungen kompensiert wird, wie Koopmans annimmt, wenn er zusammenfassend erklärt, „daß das Geld solange neutral ist, als die algebraische Summe der Neugeldschöpfungen (+), Geldvernichtungen (—), ‚spontanen' neuen Hortungen (—) und Enthortungen (+) in der Volkswirtschaft in jedem einzelnen Zeitabschnitt gleich null ist“[12].

Eine solche Neutralität kompensatorischer Änderungen wird immer dann nicht zu verzeichnen sein, wenn die *Entzugswirkungen* einer negativen Diskrepanz zwischen zwei Axiomen des inneren und äußeren

---

7 Vgl. *Friedrich A. Hayek*, Preise und Produktion, a.a.O., S. 100.

8 Vgl. *Walter Adolf Jöhr*, Die Konjunkturschwankungen, a.a.O., S. 463.

9 *Johan G. Koopmans*, Zum Problem des „neutralen“ Geldes, a.a.O., S. 345.

10 Vgl. *Don Patinkin*, Money, Interest and Prices, a.a.O., S. 34 ff.

11 Zur Begründung vgl. S. 66 ff.

12 *Johan G. Koopmans*, Zum Problem des „neutralen“ Geldes, a.a.O., S. 278, Fn. 1.

Kreislaufs auf den Wirtschaftsablauf nicht die gleichen sind wie die *Expansionswirkungen* einer gleich großen positiven Diskrepanz (lokale Nicht-Neutralitäten)[13]. Es kann zu güterwirtschaftlichen Verschiebungen kommen, die allein den Veränderungen der geldtheoretischen Größen zuzuschreiben sind, obwohl diese sich gesamtwirtschaftlich kompensieren. Eine solche Wirkung kann nur dann mit Sicherheit vermieden werden, wenn sich die geldtheoretischen Größen ausgleichen, *bevor* Expansions- oder Entzugswirkungen in der Güterwirtschaft eingetreten sind, so z. B. wenn eine Geldmengenerhöhung ohne Veränderung des Zinssatzes in der Spekulationskasse der Wirtschaftssubjekte verschwinden würde (liquidity trap).

B. Möglichkeit einer bloßen Ergänzung von Geld- und Gütertheorie

(1) Zwar wird die aufgezeigte Nicht-Neutralität des Geldes allgemein als Faktum akzeptiert, aber es werden daraus nicht immer die gleichen Konsequenzen gezogen: So wird beispielsweise schon eine Ergänzung güterwirtschaftlicher Theorien um eine Theorie der Preisniveaubestimmung von einigen als möglich, von anderen als zureichend angesehen, um dem Problem der Nicht-Neutralität des Geldes Rechnung zu tragen.

Die Kritiker der Patinkin-Langeschen Dichotomie-Position[14] bejahen die Möglichkeit, die Gütertheorie um eine isolierte Theorie des Geldwertes zu ergänzen, da es sich dabei um eine Verknüpfung von ‚completely consistent and complementary ideas'[15] handle.

Selbst wenn die *Möglichkeit* einer solchen Ergänzung unkritisch unterstellt würde, bliebe die Frage, ob es *zureichend* wäre, beide Theorien zur ‚vollständigen' Erklärung des Geldeinflusses auf den Wirtschaftsprozeß in der aufgezeigten Weise in Verbindung zu bringen.

Amonn, der seine These mit dem Hinweis begründet, daß die Quantitätstheorie das gleiche Erklärungsinstrumentarium benutze wie die Gütertheorie, bejaht diese Frage. „In Tat und Wahrheit ist die Quantitätstheorie nichts anderes als die Anwendung des Prinzips von Angebot und Nachfrage zur Erklärung des Geldwerts und fügt sich insofern ganz organisch in das Gefüge der nationalökonomischen Theorie, im beson-

---

13 Vgl. Fn. 6, S. 28.

14 *W. Braddock Hickman*, The Determinacy of Absolute Prices in Classical Economic Theory, Econometrica, 18 (1950), S. 9 ff.; *Stefan Valavanis*, A Denial of Patinkin's Contradiction, Kyklos, VIII (1955), S. 351 ff.; *José Encarnación*, Consistency between Say's Identity and the Cambridge Equation, The Economic Journal, LXVIII (1958), S. 827 ff.; *Gardner Ackley*, Macroeconomic Theory, 3rd. pr., New York 1968, S. 120 ff.

15 *Gardner Ackley*, Macroeconomic Theory, a.a.O., S. 123. — "There is no inconsistency between the underlying assumptions of Say's Law and the quantity theory so long as every economic agent has a *minimum balance* of zero. This indicates that money *per se* is not wanted."

deren der *Wert*theorie, ein ... Ist man ... zu dieser Erkenntnis gekommen, so wird alles Gerede davon, man müsse die Geldtheorie und im besonderen die Erklärungen des *Geld*wertes mit der allgemeinen nationalökonomischen Theorie und der Erklärung des Wertes überhaupt in organischen Zusammenhang bringen, sinnlos. Es entpuppt sich als gedankenlose Phrase[16]."

Sicherlich ist nicht zu bestreiten, daß der Geldwert von Angebot und Nachfrage abhängt und daß die Quantitätstheorie den Geldwert durch Angebot und Nachfrage bestimmt. Fraglich ist aber, ob die Geldwertbestimmung in der quantitätstheoretischen Form ausreicht, um den Einfluß des Geldes auf den güterwirtschaftlichen Bereich voll zu erfassen.

Mit der Bestimmung des allgemeinen Preisniveaus sind — wie sich aus den vorangegangenen Ausführungen ergibt — die Wirkungen der Größen des äußeren Kreislaufs auf den güterwirtschaftlichen Bereich nur unvollkommen erfaßt; denn eine solche Bestimmung muß sich notwendigerweise auf die Feststellung beschränken, daß lediglich eine Änderung des Preisniveaus den Wirtschaftsablauf beeinflussen könne, während im übrigen angenommen werden muß, „daß, insoweit das Geld die absolute (mittlere) Höhe der Preise *un*verändert läßt, es eo ipso auch *keinen* selbständigen störenden Einfluß auf die Bildung der relativen Preise und Einkommen haben könne"[17].

Dieser Gedankengang vermischt sich des öfteren mit einem zweiten, „der von den Änderungen in den *relativen* Preisen ausgeht und darzulegen versucht, daß — insoweit keine Ursachen ‚von der Seite des Geldes' hinzutreten — die Steigerung oder Senkung einzelner Warenpreise niemals eine Änderung des allgemeinen Preisniveaus auslösen kann, weil eben die einzelnen Preissteigerungen stets von Preissenkungen anderer Güter neutralisiert werden und umgekehrt"[18].

(2) Die Unzulänglichkeit dieses Ergebnisses erweist sich schon an folgenden Überlegungen:

(a) So hat bereits die *Theorie des neutralen Geldes* gezeigt, daß durch eine Änderung der Geldmenge, die bei gleichgerichteter Änderung des Gütervolumens einen gleichbleibenden Geldwert (Preisdurchschnitt) bedingt, Verschiebungen in den Preisrelationen eintreten können. „Wenn wir ... erkennen, daß ... bei stabilem Preisniveau monetäre Ursachen

---

[16] *Alfred Amonn*, Der Begriff des Geldes und das Geldwertproblem, Zeitschrift für die gesamte Staatswissenschaft, 109 (1953), S. 675 f.

[17] *Johan G. Koopmans*, Zum Problem des „neutralen" Geldes, a.a.O., S. 220. Dieses Zitat stammt aus einer Analyse von Argumenten zugunsten der Stabilisierung des allgemeinen Preisniveaus, die von Koopmans abgelehnt werden.

[18] Ebenda, S. 221.

Verschiebungen in der Höhe der einzelnen Preise herbeiführen können, ... so müssen wir auch die fast allgemein herrschende Anschauung aufgeben, daß die Tendenzen nach einem Gleichgewichtszustand nur dann nicht von monetären Faktoren gestört werden, wenn das Preisniveau stabil bleibt, und daß sich die störenden Einflüsse von Seite des Geldes nicht anders bemerkbar machen können, als indem sie eine Änderung des Preisniveaus hervorrufen[19]." Andererseits ist das von der Quantitätstheorie determinierte Preisniveau in der Regel eher das Ergebnis einer bestimmten Konstellation in den güterwirtschaftlichen Größen als die Voraussetzung für deren Entwicklung. So geht aus der *Einkommenstheorie des Geldes*[20] hervor, daß der Geldwert erst das Resultat bestimmter Angebots- und Nachfrageverhältnisse an den Märkten ist, auf deren Erklärung es folglich ankommt.

(b) Weiterhin bietet die Quantitätstheorie keine Ansatzpunkte, die es güterwirtschaftlichen Partialtheorien erlauben, sie sukzessive in ihre Analyse einzubeziehen. Theorien, die von der Sache her auf der Geldtheorie aufbauen müßten — wie *Konjunktur- und Inflationstheorien* —, wissen mit einer Erklärung des allgemeinen Geldwerts wenig anzufangen. Beide Theorien bedienen sich zusätzlicher Elemente — wie z. B. neben der Berücksichtigung von Verhaltensänderungen in Abhängigkeit von Geldwertschwankungen der Aufspaltung der Preise in Investitions- und Konsumgüterpreise einerseits sowie in Preise der Produktionsfaktoren und der Produkte andererseits —, um zu Aussagen über die Verursachung von Konjunktur- und Inflationsentwicklungen zu kommen.

(c) Besondere Bedeutung gewannen die fundierten Einwände gegen die Quantitätstheorie jedoch erst dann, als sich ihre Erfolglosigkeit auch in der *Realität*, und zwar zu Beginn der Weltwirtschaftskrise, erwies und auch erweisen mußte[21], da die Prämissen, unter denen die Quantitätstheorie konzipiert worden war, insbesondere die Vollbeschäftigung, nicht mehr zutrafen.

(3) Damit zeigt sich, daß eine Verzahnung durch den Hinweis auf die Möglichkeit einer *gleichzeitigen Betrachtung* von Geld- und Gütertheorie etwa in der Weise, daß die Gütertheorie die relativen und die Geld-

---

19 *Friedrich A. Hayek*, Preise und Produktion, a.a.O., S. 27.

20 Vgl. *Friedrich v. Wieser*, Der Geldwert und seine Veränderungen, Schriften des Vereins für Socialpolitik, 132 (1909), wiederabgedruckt in: Gesammelte Abhandlungen, Tübingen 1929, S. 193 ff.

21 Das kommt in der Stellungnahme des „Board of Governors of the Federal Reserve System" zum Ausdruck: "Experience has shown ... that (1) prices cannot be controlled by changes in the amount and cost of money; (2) the Board's control of the amount of money is not complete and cannot be made complete." — Proposals to Maintain Prices at Fixed Levels through Monetary Action, Federal Reserve Bulletin, 25 (1939), S. 255.

theorie die dazu gehörigen absoluten Preise bestimmen, keineswegs überflüssig wird. Im Gegenteil ist zu fragen, welche Bedeutung die isolierte Bestimmung des Geldwertes überhaupt haben kann.

Die Theoretiker des ‚neutralen Geldes', die zweifellos am meisten von der Notwendigkeit einer Geld*wirkungs*theorie im Gegensatz zu einer Geld*wert*theorie durchdrungen sind, obwohl sie ihrer Analyse die Fragestellung ‚Wann wirkt Geld *nicht* auf den güterwirtschaftlichen Bereich' anstelle des bedeutsameren Problems ‚Wie wirkt Geld auf die Güterwirtschaft' zugrunde legen, haben auch besonders pointiert die geringe Bedeutung bzw. die Bedeutungslosigkeit der Preisniveaubestimmung hervorgehoben. So schreibt Koopmans: „Sobald ... dieses Preisniveau — bzw. dessen reziproke Größe, der Tauschwert des Geldes — als solches nicht länger in dem Mittelpunkte des geldtheoretischen Interesses steht ..., verlieren sämtliche quantitätstheoretischen Sätze ... zwar nicht an *Richtigkeit*, jedoch um so mehr an *Bedeutung* für die wesentlichen Fragen der Geldtheorie[22]."

Von Hayek geht weiter und erklärt die Bestimmung des allgemeinen Geldwertes sogar für nutzlos und überflüssig und vermutet, „daß die Entwicklung der Geldtheorie in der nächsten Zeit nicht nur davon abgehen wird, einen direkten Zusammenhang zwischen Geldmenge und Preisniveau zu suchen, sondern sogar für die Zwecke der theoretischen Analyse den Begriff eines allgemeinen Preisniveaus völlig über Bord werfen" wird[23].

Zur Beantwortung der Frage, ob eine solche Position ihre Berechtigung hat, bietet die bisherige Analyse keine ausreichenden Anhaltspunkte, wohl aber läßt sie erkennen, daß mit einer Geld*wert*bestimmung der Einfluß der Größen des äußeren Kreislaufs auf den Wirtschaftsablauf nicht zureichend erfaßt werden kann.

(4) Neuere güterwirtschaftliche Theorien gehen — und hierbei handelt es sich um einen weiteren Versuch einer bloßen Ergänzung von Geld- und Gütertheorie — von der Annahme aus, daß die Geldmenge elastisch genug sei, um die güterwirtschaftlich bestimmte Nachfrage nach Geld in jeder gewünschten Höhe zu realisieren.

(a) So lautet etwa eine Bedingung der Wachstumstheorie: "An injection of new money (or dishoarding) must take place every day. Moreover, this injection must proceed, in absolute terms, at an accelerated rate[24]." An der Realisierbarkeit dieser Bedingung bestehen in dieser

---

[22] *Johan G. Koopmans*, Zum Problem des „neutralen" Geldes, a.a.O., S. 262.

[23] *Friedrich A. Hayek*, Preise und Produktion, a.a.O., S. 28.

[24] *Evsey D. Domar*, Essays in the Theory of Economic Growth, 3. pr. New York 1967, S. 92; vgl. auch: *Hans Möller*, Bemerkungen zur Bekämpfung der Wachstums-Inflation, Kyklos, XX (1967), S. 189: „Die Wachstumstheorie hat in den letzten beiden Jahrzehnten einen beachtlichen Aufschwung genommen,

güterwirtschaftlichen Theorie keine Zweifel. Neben einem elastischen Geldangebot aus dem Bankensektor wird mit einem Nettoangebot an Kasse gerechnet.

(b) In der Theorie der Einkommensverteilung, die „die Frage zu beantworten [sucht], wie sich das Produktionsergebnis einer Wirtschaftsperiode auf die Wirtschaftssubjekte oder bestimmte Gruppen von Wirtschaftssubjekten verteilt"[25], wird der monetäre Bereich insofern zur Erklärung benötigt, als sich die gleichgewichtige Verteilung der Einkommen u. U. erst nach Ausnutzung einer Erhöhung der Geldmenge und/oder eines Nettoangebots an Kasse einstellen wird:

„Freilich darf man nicht übersehen, daß Y [das Einkommen] eine reine Geldgröße ist; es kann sehr wohl sein, daß die Wirtschaft sich dabei [bei Erfüllung aller Pläne] im Zustand der Inflation und Überbeschäftigung befindet ...[26]."

Eine Einschränkung findet sich bei Scheele, der die Ergebnisse der Einkommensverteilung unter der Annahme einer ‚auf irgendeine Art und Weise' ausgelösten Kreditbeschränkung und Zinserhöhung modifiziert[27].

(5) Gütertheorien, die mit einer solchen Arbeitshypothese operieren, erweisen sich nicht mehr als *reine* Gütertheorien, wie sie einleitend definiert worden sind[28]. Sie beziehen in ihre Betrachtung monetäre Größen mit ein und unterstellen — von Ausnahmen abgesehen — eine für die güterwirtschaftlichen Transaktionen zureichende Elastizität der Geldmenge[29].

---

so daß man meinen könnte, sie müsse genügend Werkzeuge bieten, um den Inflationsprozeß zu erklären. Daß dies nicht der Fall ist, liegt daran, daß die Wachstumsmodelle ... sich auf die Ableitung eines langfristigen Gleichgewichtswachstumspfades konzentrieren und dabei den monetären Sektor mehr oder weniger ausklammern. In der Regel wird eine ausreichende Flexibilität der Geldversorgung unterstellt, die es erlaubt, sich auf die nichtmonetären Wachstumsprobleme zu konzentrieren."

25 *Klaus Rose*, Theorie der Einkommensverteilung, Wiesbaden, o. J., S. 9.

26 *Erich Preiser*, Wachstum und Einkommensverteilung, 2. A., Heidelberg 1964, S. 24.

27 Vgl. *Erwin Scheele*, Einkommensverteilung und Wirtschaftswachstum, a.a.O., S. 108 ff.

28 Vgl. S. 21 ff.

29 Am Rande sei vermerkt, daß auch die modernen Geldtheorien nicht mehr *reine* Geldtheorien sind, wie es z. B. Quantitäts- und Kassenhaltungstheorien waren, indem bei ihnen die notwendigen kompensatorischen Änderungen im Anschluß an eine Datenänderung unter völliger Nichtbeachtung der Mengenvariablen des inneren Kreislaufs erfolgten.

Ergebnisse oder gewisse Teilerkenntnisse der güterwirtschaftlichen Theorien werden oftmals bei der vorzunehmenden geldtheoretischen Analyse zugrunde gelegt. Das gilt insbesondere für die Theorie des neutralen Geldes. Vgl. z. B. die Unterscheidung der verschieden gearteten ‚warenseitigen' Einflüsse auf das Preisniveau bei *Gottfried Haberler* (Die Kaufkraft des Geldes und die Stabilisierung der Wirtschaft, Schmollers Jahrbuch 1931, S. 1011 ff.), oder die Kritik *Davidsons* (vgl. *Brinley Thomas*, The Monetary

Das entscheidende Problem dieser Erweiterung der rein güterwirtschaftlichen ‚Datenänderung im inneren Kreislauf' zu ‚Datenänderung im inneren Kreislauf bei vollständiger Elastizität der Geldmenge' liegt darin, daß diese einfache Annahme nicht realitätsbezogen genug ist, um eine *differenzierte* Einbeziehung monetärer Größen in die Gütertheorie überflüssig zu machen.

Doctrines of Professor Davidson, The Economic Journal, XLV [1935], S. 36 ff.) an der Wicksellschen Neutralitätsbedingung der Gleichheit von Marktzins und natürlichem Zins. Aber auch bei der Geldwerttheorie wird beispielsweise — bereits bei Hume, in aller Deutlichkeit aber erst seit Keynes — das Ergebnis einer geldtheoretischen Analyse, die die Erhöhung der Geldmenge zum Gegenstand hat, durch Einbeziehung der bestehenden Beschäftigungs- bzw. Angebotssituationen in beschäftigungs- und preiserhöhende Wirkungen differenziert. „Die jüngere Entwicklung der Geldtheorie, die sich bei weiterem Ausbau der kreislauftheoretischen Grundlage in der Fragestellung nun betont der Geldwirkungslehre zuwendet, ist auf der einen Seite dadurch gekennzeichnet, daß sie die einheitliche Abstellung ... auf die effektive Nachfrage als Geldwertbestimmungsgrund durch Berücksichtigung der Determinanten des Geldwertes auf der Angebotsseite zu überwinden versucht; auf der anderen Seite wird die ... Frage, wie sich reale und monetäre Effekte scheiden lassen, weiter verfolgt." — *Werner Ehrlicher*, Geldtheorie, a.a.O., S. 241.

Drittes Kapitel

Zusammenfassung und Ergebnis der ersten Stufe der Analyse: formale Kriterien einer Verzahnung der Geldtheorie mit der Gütertheorie

(1) Als Zwischenergebnis bisheriger Überlegungen ist festzuhalten: Realistischerweise kann nicht von der Neutralität des Geldes ausgegangen werden. Auch das bloße Nebeneinander von Geld- und Gütertheorie in der Weise, daß die Gütertheorie die relativen, und die Geldtheorie die absoluten Preise bestimmt bzw. die Geldmenge elastisch genug ist, um die güterwirtschaftlich bestimmte Nachfrage nach Geld realisieren zu können, ist unbefriedigend und bietet keine ausreichende Erklärung des Wirtschaftsprozesses. Deshalb ist eine Verzahnung der Geld- mit der Gütertheorie unter der realistischen Annahme der Aneutralität des Geldes und der gelegentlichen Unelastizität (im Sinne von Knappheit und Begrenzung) der Geldmenge erforderlich.

(2) Aus diesen Feststellungen ist zu folgern, daß eine güterwirtschaftliche Theorie ihre volle Aussagefähigkeit erst dann erhält, wenn sie

— Datenänderungen und damit verbundene Änderungen der Variablen im inneren Kreislauf unter Einbeziehung *der geld- und güterwirtschaftlich bestimmten Variablen des äußeren Kreislaufs* erklärt bzw. die Auswirkungen von Datenänderungen des äußeren auf die Größen des inneren Kreislaufs in die Analyse einbezieht,

— die gestörten Kreislaufaxiome durch kompensatorische Änderungen der *Preis- und Mengenvariablen des inneren sowie der Größen des äußeren Kreislaufs* zum Ausgleich kommen läßt und

— die Wirkungen eintretender *Preisänderungen* auf die Größen des inneren Kreislaufs nicht nur direkt, sondern auch *indirekt* — d. h. unter Einschaltung der Größen des äußeren Kreislaufs — bestimmt.

Das sind die formalen Maßstäbe einer mit geldtheoretischen Größen verzahnten Gütertheorie. Sie ermöglichen es, bisher vorliegende Integrationsversuche auf ihre Vollständigkeit hin zu überprüfen[1]. Von einer mit geldtheoretischen Größen verzahnten Gütertheorie soll nur dann

[1] Hier ist darauf aufmerksam zu machen, daß sich die Patinkinsche Verzahnung von Wert- und Geldtheorie mit Hilfe des ‚real-balance-effect' nur auf den dritten Integrationsaspekt bezieht.

gesprochen werden, wenn in allen oben skizzierten Bereichen die Geldgrößen in der angedeuteten Weise einbezogen sind.

(3) Es ist die weitere Aufgabe der vorliegenden Analyse, von den gefundenen formalen Maßstäben zu *materiellen Kriterien* zu gelangen. Das soll in zwei Schritten geschehen:

— Der erste Schritt besteht in einer Umformung der Geldtheorie, um sie für die Verzahnung mit der Gütertheorie nutzbar zu machen. Zu diesem Zweck ist bei der Bestimmung der geldtheoretischen Größen vor allem die Frage zu klären, in welcher Weise diese Größen mit denjenigen des inneren Kreislaufs (den güterwirtschaftlichen Determinanten der Preisbildung, des Wachstums, der Einkommensverteilung etc.) bzw. ihren Änderungen verknüpft sind (zweite Stufe der Analyse).

— Der folgende Schritt besteht in einer Analyse des Zusammenwirkens der im ersten Schritt geld- und güterwirtschaftlich bestimmten Größen von Geldnachfrage und Geldangebot, und zwar im Anschluß an eine Erhöhung der Geldnachfrage. Dabei werden in einer Zwei-Stadien-Untersuchung nicht nur die Reaktionen des Geldangebots auf den Anstieg der Geldnachfrage, sondern die Reaktionen der Betroffenen auf bestimmte Angebots-Nachfrage-Konstellationen betrachtet (dritte Stufe der Analyse).

Als Ergebnis lassen sich schließlich die formalen Maßstäbe der Verzahnung der Geldtheorie mit der Gütertheorie in materielle umwandeln. Durch Beachtung der materiellen Kriterien würde eine Gütertheorie ihre Basis verbreitern und ihren Aussagewert erhöhen: Diese Kriterien dürften es ihr gestatten, die geldtheoretischen Größen sukzessive — wie es der Realität entspricht — in ihre Untersuchung einzubeziehen, anstatt sie darauf beschränken, die Ergebnisse einer isolierten Geldtheorie ‚in irgendeiner Form zu berücksichtigen'.

ZWEITE STUFE DER ANALYSE

Umformung der Geldtheorie zum Zwecke ihrer Verzahnung mit der Gütertheorie

Die formalen Kriterien machen deutlich, daß eine Verzahnung der Gütertheorie mit solchen geldtheoretischen Größen erfolgen muß, die *sowohl* geld- *als auch* güterwirtschaftlich determiniert sind. Aufgabe der folgenden Kapitel ist es demnach, eine entsprechende Umformung der Geldtheorie vorzunehmen.

Dabei ist grundsätzlich davon auszugehen, daß die *Geldmenge außerhalb des Bankensektors — als bedeutendste monetäre Größe — bzw. ihre Veränderungen das Ergebnis bestimmter Konstellationen von Geldangebot und -nachfrage bzw. deren Veränderungen sind.* Damit hat sie den Charakter einer *Variablen,* deren Entstehung und Entwicklung erklärungsbedürftig ist, und nicht den Charakter eines *Datums,* dessen Größe und Veränderung beliebig angenommen und an den Anfang einer Analyse gestellt werden kann, wie das beispielsweise in der Quantitätstheorie[2] oder in der Liquiditätstheorie des Zinses sowie in den Gesamtdarstellungen des Keynesschen Systems von Hicks[3], Lange[4] und Modigliani[5] geschieht, die alle von einer exogen vorgegebenen Geldmenge ausgehen.

Eine Erhöhung der Geldmenge außerhalb des Bankensektors *(M)* aber ist durch den Nettoabfluß von Zentralbankgeld aus dem Bankensektor und/oder einen Anstieg der Sichteinlagen der Wirtschaft im

---

[2] In einer Kausalkette mit den Stufen 1. Ursache: (Änderung von) Angebot an und Nachfrage nach Geld, 2. Ergebnis: (Änderung der) Geldmenge und 3. Folge: Änderung der Preise beginnt die Quantitätstheorie auf der zweiten Stufe. Das ist m. E. darauf zurückzuführen, daß bei Konzipierung dieser Theorie eine Geldmengenvermehrung primär durch das Auftauchen neuer Edelmetallmengen und nicht durch Ausweitung des Bankkredites entstanden ist.

[3] Vgl. *John R. Hicks,* Mr. Keynes, and the „Classics"; A Suggested Interpretation, Econometrica, 5 (1937), S. 147 ff.

[4] Vgl. *Oskar Lange,* The Rate of Interest and the Optimum Propensity to Consume, Economica, N.S., V (1938), S. 12 ff.

[5] Vgl. *Franco Modigliani,* Liquidity Preference and the Theory of Interest and Money, Econometrica, 12 (1944), wiederabgedruckt in: Readings in Monetary Theory, 3. A., London 1962, S. 186 ff.

Bankensektor gekennzeichnet[6], eine Verringerung durch einen entsprechenden Nettozufluß an Zentralbankgeld an den Bankensektor und/oder einen Rückgang der Sichteinlagen[7].

Zur Bestimmung dieser Größe muß die Analyse auf die dahinter stehenden Angebots- und Nachfrageströme abstellen. Dabei werden gleichzeitig die übrigen in der Kreislaufmatrix (Abb. 1) aufgeführten Variablen des äußeren Kreislaufs — die liquiditätsorientierten Vermögensanlagen der Privatwirtschaft und des Staates, die liquiditätsorientierten Dispositionen der Geschäftsbanken sowie die Transaktionen der Notenbank mit den Nichtbanken — mitbestimmt.

Was die Art der Umformung der monetären Größen betrifft, so wird einerseits die Geldnachfrage stärker als bisher von den geldwirtschaftlichen Bestimmungsgründen gelöst und auf ihre güterwirtschaftlichen Determinanten zurückgeführt, andererseits eine eigene Angebotsfunktion entwickelt, die sowohl die güterwirtschaftlichen als auch die geldwirtschaftlichen Bestimmungsfaktoren enthält.

Im Gegensatz zur bekannten güterwirtschaftlichen Analyse von Nachfrage und Angebot ist jedoch die Bestimmung der Geldnachfrage und des Geldangebots wesentlich komplexer, weil nicht nur vielfältige und vielschichtige Erwägungen, Verhaltensmuster und Faktoren auf beiden Marktseiten zu berücksichtigen sind, sondern auch geklärt werden muß, welche davon auf der Angebots- und welche auf der Nachfrageseite einzustufen sind. Wenn man davon ausgeht, daß die Geldnachfrage gegenüber den Geschäftsbanken entfaltet und das Geldangebot von den Geschäftsbanken bereitgestellt wird, so bilden die *Geschäftsbanken* den zentralen Standort der nachfolgenden Analyse.

---

6 Es ist zu beachten, daß diese ‚Erhöhung der Geldmenge außerhalb des Bankensektors' nicht gleichzusetzen ist mit einer ‚Erhöhung der umlaufenden Geldmenge'. Erstere umfaßt im Gegensatz zu letzterer auch — bezogen auf eine Periode — die mit einer Umlaufgeschwindigkeit von Null in der Kasse ruhende Geldmenge bzw. die nicht benutzten Sichtguthaben.

7 Zur Begründung der Verwendung dieses engen Geldbegriffs vgl. *Rudolf Schilcher*, Geldfunktionen und Buchgeldschöpfung, Berlin 1958, S. 90 ff.

Viertes Kapitel

Bestimmung der Geldnachfrage des Nichtbankensektors gegenüber dem Bankensektor

Die Geldnachfrage wird von den Unternehmungen und vom Staat entfaltet. Daß die Haushalte nicht als Geldnachfrager auftreten, hängt damit zusammen, daß sie nach dem Verständnis der Wirtschaftstheorie in toto keine Passivsalden zwischen Einnahmen und Ausgaben aufweisen, sich also nicht bei den Geschäftsbanken verschulden. Durch die Verwendung ihrer Einkommen nehmen sie aber Einfluß auf *Geldnachfrage* und *Geldangebot*, und zwar wirken sie über die laufenden Konsumausgaben *mittelbar* auf die Geldnachfrage der Unternehmungen gegenüber den Geschäftsbanken und über die ertragsorientierten Finanzdispositionen (Ersparnisse) *unmittelbar* auf das Geldangebot der Geschäftsbanken ein.

A. Darstellung und Analyse der Determinanten der privaten Geldnachfrage

I. Einleitender Überblick

(1) Für die private Geldnachfrage (${}_pN$), die Geldnachfrage der Unternehmungen, sind folgende Faktoren von Bedeutung:

— Faktoren, die die Höhe der geplanten Ausgaben der Unternehmungen in einer Periode *(Ex)* bestimmen. Diese Faktoren sollen als durch die herkömmlichen Gütertheorien (z. B. durch die Investitionstheorie) determiniert betrachtet werden.

— Faktoren, die die Höhe des von den Unternehmungen aus Einnahmen, die nicht Kredite von den Banken sind, finanzierbaren Anteils der geplanten Gesamtausgaben (${}_EEx$) bestimmen. Hierzu gehören — neben der Höhe des Außenbeitrags *(X — M)* und der Ausgaben des Staates für Güter und Dienste *(G)*, deren Bestimmung hier nicht erfolgt — die Faktoren, die die Aufteilung des verfügbaren Einkommens der Haushalte (${}^vY$) in Ausgaben für Konsum (*C*) und Finanzvermögen (*V*) bestimmen bzw. ändern, wie z. B. die Höhe des in der Gegenwart vorhandenen (Y), des in der Vergangenheit erzielten (${}^pY$) und in der Zukunft erwarteten Einkommens (${}^eY$), das Niveau der tatsächlichen (P) und erwarteten Preise (${}^eP$), der tatsächlichen (i) und erwarteten Zinserträge (${}^ei$) und schließlich der Bestand an Finanzvermögen ($\overline{V}$).

— Faktoren, die den Teil der gesamten privaten Geldnachfrage (${}_pQ$), der von der Zentralbank befriedigt wird (${}_pQ_Z$), bestimmen. Hierbei spielen die Offenmarktoperationen *(OMP)* zwischen der Zentralbank und den Unternehmungen eine entscheidende Rolle. Die Unternehmungen werden ihre Geldnachfrage gegenüber den Geschäftsbanken in dem Maße vermindern, in dem sie sich durch Verkauf von Wertpapieren Liquidität von der Zentralbank beschaffen können.

(2) Im Überblick stellen sich die Bestimmungsfaktoren der privaten Geldnachfrage wie folgt dar:

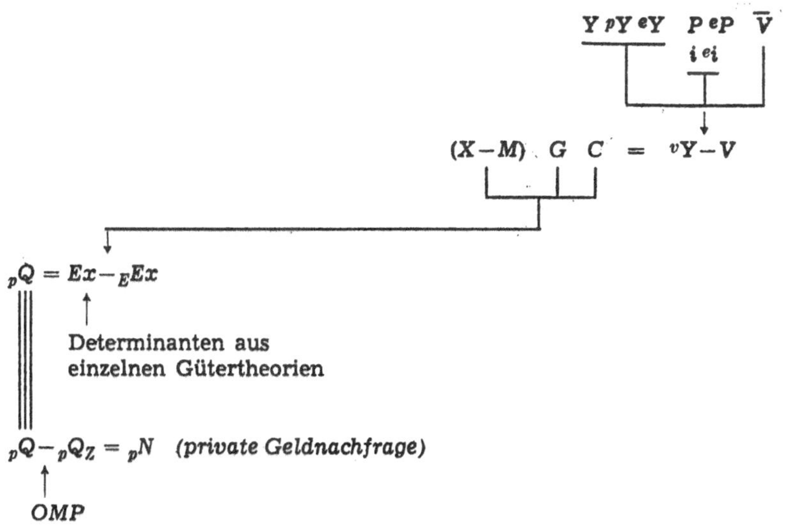

II. Darstellung der Determinanten im Zusammenhang

(1) Der Zusammenhang zwischen der privaten Geldnachfrage und ihren Determinanten soll mit Hilfe eines Achsensystems (Abb. 2) verdeutlicht werden.

Auf den Achsen stehen folgende in Geld ausgedrückte Größen: auf dem negativen Ast der Abszisse die Änderungen des Finanzvermögens der Haushalte *(V)*, auf dem negativen Ast der Ordinate der Konsum der Haushalte *(C)*, der zusammen mit den Ausgaben des Staates *(G)* und einem etwaigen Außenbeitrag (*X—M*) den einnahmefinanzierten Teil der Ausgaben der Unternehmungen (${}_EEx$) ausmacht[1], auf dem

[1] Bei Vorliegen eines Exportüberschusses ergibt sich neben dem aus Einnahmen aus dem Inland finanzierten Anteil der Ausgaben ein aus Einnahmen aus dem Ausland finanzierter Anteil, der über Einlösung der Devisen beim

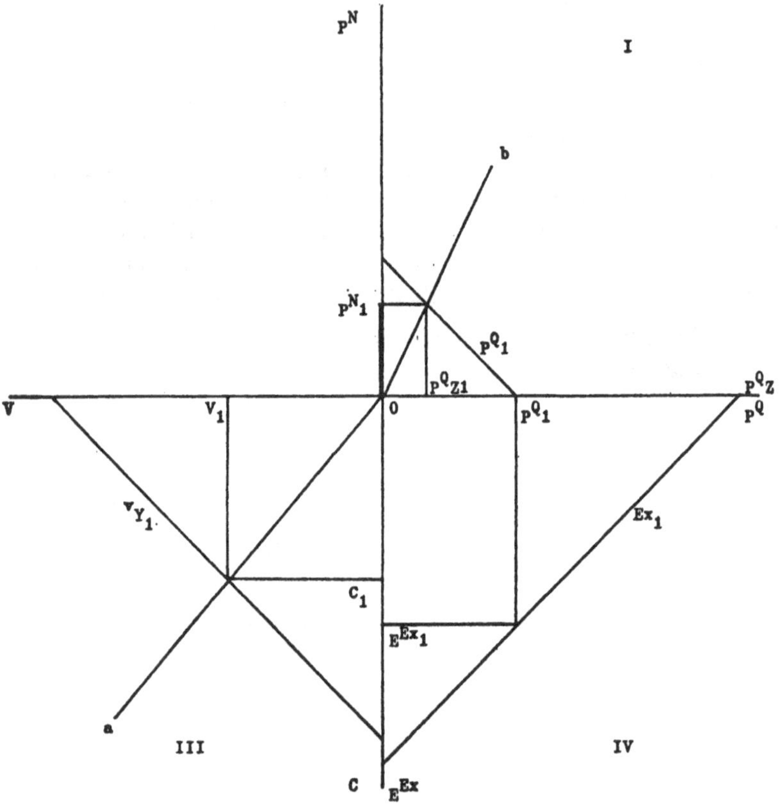

Abb. 2 Darstellung der Geldnachfrage des Unternehmenssektors

positiven Ast der Abszisse die Geldnachfrage des Unternehmenssektors insgesamt ($_pQ$) und der von der Zentralbank befriedigte Teil der Geldnachfrage ($_pQ_Z$) und auf dem positiven Ast der Ordinate schließlich die Geldnachfrage des Unternehmenssektors gegenüber den Geschäftsbanken ($_pN$).

(2) Es empfiehlt sich, die Betrachtung der Abbildung mit der Geraden $^vY_1$ im dritten Quadranten zu beginnen. Diese Gerade gibt das verfügbare Einkommen des Haushaltssektors ($Y - T_H$) wieder, dessen Höhe durch den Abstand zwischen 0-Punkt und den Schnittpunkten dieser

---

Bankensystem die notwendige Nachfrage nach Geld seitens des Unternehmenssektors zur Durchführung der geplanten Ausgaben reduziert.

Andererseits bedeutet ein Importüberschuß eine Erhöhung der Ausgaben, so daß bei gleichbleibenden Einnahmen aus dem Inland der einnahmefinanzierte Anteil absinkt und damit die notwendige Geldnachfrage steigt.

Geraden mit den Achsen gemessen wird. Eine Veränderung in der Höhe des verfügbaren Einkommens kommt in einer Parallelverschiebung der Geraden zum Ausdruck.

Das verfügbare Einkommen wird verausgabt für gegenwärtigen Konsum (C_1) (Verausgabung innerhalb der Periode) und für Änderungen des Finanzvermögens (V_1) (Nicht-Verausgabung für Konsumzwecke innerhalb der Periode) — eine Unterscheidung, die nicht nur für die Geldnachfrage des Unternehmenssektors, sondern — wie noch zu zeigen sein wird[2] — auch für den Geldabfluß aus dem Nichtbankensektor und damit für das Geldangebot des Bankensektors (und die *Realisierung* der Geldnachfrage) von Bedeutung ist.

Die Aufteilung des verfügbaren Einkommens auf diese beiden Ausgabenkategorien wird durch die Neigung der Geraden $0a$ gekennzeichnet. Jeder Punkt auf der ${}^{v}Y_1$-Geraden gibt eine mögliche Aufteilung zwischen den genannten Ausgabenkategorien wieder.

Im vierten Quadranten stellt (Ex_1) die geplanten Gesamtausgaben des Unternehmenssektors dar. Ihre Höhe wird durch den Abstand zwischen 0-Punkt und den Schnittpunkten dieser Geraden mit den Achsen gemessen. Aus den Ausgaben der Haushalte für Konsumzwecke (C_1) und den Ausgaben des Staates für Güter und Dienste (einschließlich eines Exportüberschusses) resultieren die Einnahmen des Unternehmenssektors, so daß sich zusammen mit der Höhe der geplanten Ausgaben der Anteil ergibt, der durch Einnahmen aus laufenden Transaktionen finanziert werden kann $({}_{E}Ex_1)$[3]. Die Differenz zu den gewünschten Gesamtausgaben stellt — läßt man andere Möglichkeiten der Finanzierung außer Betracht[4] — die gesamte Nachfrage nach Geld seitens des Unternehmenssektors $({}_{P}Q_1)$ dar[5].

Durch die Neigung der Geraden $0b$ im ersten Quadranten wird der Teil der Nachfrage, der durch die Zentralbank befriedigt wird $(0{}_{P}Q_{Z1}$ — Kauf von Wertpapieren durch die Zentralbank), abgesondert[6], so daß die stark eingezeichnete Strecke auf dem positiven Ast der Ordinate $(0{}_{P}N_1)$ die Geldnachfrage des Unternehmenssektors gegenüber dem Sektor der Geschäftsbanken darstellt.

---

[2] Vgl. S. 91 ff.

[3] Hierbei wird — da die Determinanten der Aufteilung die gleichen sind wie im Haushaltssektor — davon abgesehen, daß bei Vorliegen einer Nettonachfrage nach Kasse im Unternehmenssektor ein Teil der Einnahmen für liquiditätsorientierte Dispositionen verwandt werden kann.

[4] Vgl. hierzu S. 151 ff.

[5] Wäre ${}_{E}Ex$ größer als die geplanten Gesamtausgaben (Ex), so käme es anstelle der Geldnachfrage seitens der Unternehmungen zu einem Geldangebot an den Bankensektor.

[6] Wenn die Zentralbank keine Wertpapiere kauft, fällt die 0b-Gerade mit dem positiven Ast der Ordinate zusammen.

(3) Für diese Nachfrage entsteht somit folgendes Bild: Sie steigt ceteris paribus mit den geplanten Ausgaben der Unternehmen *(Ex)* und sinkt ceteris paribus mit zunehmendem Anteil der durch Einnahmen aus laufenden Transaktionen $({}_{E}Ex)$ sowie der durch die Zentralbank $({}_{P}Q_{Z})$ finanzierten Ausgaben an den Gesamtausgaben[7].

In Kontenform lassen sich diese Aussagen wie folgt darstellen:

Verfügbare Mittel im Unternehmenssektor

Entstehung	Verwendung
(1) Einnahmen aus laufenden Transaktionen $(C_1 - G, X - M)$ (2) Nachfrage nach Geld $({}_{p}Q_1)$ ⁒ zentralbankfinanzierte Geldnachfrage = *Nachfrage nach Geld gegenüber den Geschäftsbanken* $({}_{p}N_1)$	(1) Geplante Ausgaben (Ex_1)

III. Analyse der Determinanten

(1) Hat die Skizzierung der Stellung der privaten Geldnachfrage gegenüber dem Bankensektor im betrachteten System deutlich gemacht, von welchen Faktoren diese Nachfrage nach Geld abhängt, so werden im folgenden die Determinanten dieser Faktoren analysiert, um Aussagen über Art und Intensität dieser Beziehungen und damit ihres Einflusses auf die private Geldnachfrage machen zu können.

Ausgangspunkt für die Bestimmung der Geldnachfrage ist die Höhe der geplanten Ausgaben im Unternehmenssektor bzw. ihre Veränderung. Ihre Determinanten ergeben sich aus der Gütertheorie; es sind einzelne Größen des *inneren Kreislaufs* bzw. ihre spontanen Veränderungen.

Da es in dieser Untersuchung darum geht, materielle Diskrepanzen zwischen der ‚reinen' Gütertheorie und einer mit monetären Größen verzahnten Gütertheorie herauszuarbeiten, kann in diesem Zusammenhang auf eine Analyse dieser Determinanten verzichtet werden[8].

---

7 Vgl. hierzu die Einteilung der Faktoren zur Finanzierung von Zahlungen bei *Claus Köhler*, Orientierungshilfen für die Kreditpolitik, Berlin 1968, S. 16 ff.

8 Ein Beispiel findet sich auf S. 133 ff.

(2) Die geplanten Ausgaben des Unternehmenssektors werden z. T. aus Einnahmen finanziert. Wie hoch dieser einnahmefinanzierte Anteil ist, der bestimmend auf die Nachfrage nach Geld einwirkt, hängt neben den Ausgaben des Staates für Güter und Dienste (möglicherweise einschließlich eines Exportüberschusses) und neben der Höhe des Einkommens im Haushaltssektor von der Aufteilung dieser Einkommen auf Konsumausgaben (C) und auf Änderungen des Finanzvermögens (V) ab, eine Aufteilung, wie sie in Abbildung 2 durch die Neigung der Geraden 0*a* gekennzeichnet ist. Eine Änderung dieser Aufteilung würde über eine Verschiebung der Ausgaben für Konsum zu Einnahmeänderungen im Unternehmenssektor und damit ceteris paribus zu Änderungen in der Nachfrage nach Geld ($_PQ$) führen[9].

Wie groß der Anteil der gesamten Nachfrage nach Geld ist, der auf die Geschäftsbanken entfällt ($_PN$), ist dann abhängig von der Neigung der 0*b*-Geraden, durch die die Bereitschaft zum Kauf von Wertpapieren seitens der Zentralbank ($_PQ_Z$) dargestellt wird.

(3) Somit sind zur Bestimmung der Determinanten für die private Geldnachfrage gegenüber dem Sektor der Geschäftsbanken erstens die Faktoren zu analysieren, die im Rahmen eines gegebenen Einkommens im Haushaltssektor die (Änderung der) Aufteilung dieser Einkommen in Konsumausgaben und in Änderungen des Finanzvermögens bedingen, und zweitens Anhaltspunkte über die Aktivität der Zentralbank zu finden, durch die Teile der gesamten privaten Geldnachfrage vom Sektor der Geschäftsbanken ferngehalten werden.

1. *Konsumausgaben oder Änderungen des Finanzvermögens*

(1) Zunächst ist als Vorfrage die Bedeutung der Ertrags- oder Liquiditätsorientierung der Vermögensdispositionen für die Alternative ‚Konsum oder Änderungen des Finanzvermögens' zu klären:

(a) Die Gesamtheit der verfügbaren Haushaltseinkommen — im dritten Quadranten der Abbildung 2 durch die Gerade $^vY_1$ symbolisiert — ist für gegenwärtigen Konsum (Verausgabung innerhalb der Periode) und für Änderungen des Finanzvermögens (Nicht-Verausgabung für Konsumzwecke innerhalb der Periode) vorgesehen.

Es kann davon ausgegangen werden, daß die entsprechende Aufteilung der Zuwächse dieses Einkommens von dem Wunsch bestimmt wird, einen bestimmten Lebensstandard hic et nunc zu erreichen und zu erhalten und einen bestimmten Vermögensstand (einschließlich eines bestimmten zukünftigen Lebensstandards) aufzubauen. Die nur auf einer Komponente (Konsum *oder* Änderungen des Finanzvermögens)

---

[9] Eine Änderung der Nachfrage nach Geld könnte auch eintreten, wenn im Rahmen gegebener Einnahmen des Unternehmenssektors eine Nettonachfrage nach Kasse entstehen würde.

basierenden Definitionen können die Gesamtheit der Motive für Konsum- und Vermögensentscheidungen[10] nicht einfangen: Weder reicht es aus zu sagen, daß die Aufteilung durch das Verlangen bestimmt wird, „die Einkünfte so über das Leben zu verteilen, daß stets der gewünschte Verbrauch gesichert ist"[11], noch, daß die Vermögensanlagen das Resultat einer Diskrepanz zwischen tatsächlichem und gewünschtem Vermögensstand sind[12].

Im ersten Fall wird eine Vermögensbildung aus anderen Gründen als zur Erzielung eines gewünschten Lebensstandards in der Zukunft nicht erfaßt, im zweiten Fall eine mögliche Vorrangigkeit der Erhaltung oder Erhöhung des augenblicklichen Lebensstandards vor der gewünschten Vermögensbildung bestritten.

Allgemein läßt sich zunächst soviel sagen: Da die Einkommen der Konsumenten in einem Knappheitsverhältnis zu ihren Wünschen in bezug auf den angestrebten augenblicklichen Lebensstandard und den gewünschten Vermögensstand (einschließlich eines zukünftigen Lebensstandards) stehen, werden sich bei Realisierung dieser Wünsche Konflikte ergeben, aus denen Kompromisse resultieren.

Im folgenden sollen Anhaltspunkte gesucht werden, die die Art dieser Kompromisse bestimmen.

(b) Bei der Analyse der Aufteilung von Einkommen auf Konsum und *ertrags*orientierte Vermögensanlagen sollen Institutionen, Konventionen und Erziehung wegen ihrer kurzfristig kaum bemerkbaren Variabilität als Daten betrachtet werden, d. h. ihr Einfluß auf die diskutierte Aufteilung wird als gegeben angesehen.

Ebenso wird eine sich ändernde Konsum- bzw. Sparneigung im sogenannten Einkommenszyklus nicht in die Betrachtung einbezogen, da Verschiebungen in der Alterspyramide der Bevölkerung gleichermaßen langfristiger Natur sind[13].

---

[10] Vgl. *George Katona*, Psychological Analysis of Economic Behavior, New York, Toronto, London 1951 (repr. 1963), S. 70 ff.

[11] *Hans Peters*, Sparen, Staatslexikon, 6. A., 7. Bd., Freiburg 1962, Sp. 486.

[12] "... savings are the result of a discrepancy between the actual and the desired stock of wealth." — *Alan Spiro*, Wealth and the Consumption Function, The Journal of Political Economy, LXX (1962), S. 339.

[13] Vgl. hierzu *Franco Modigliani* und *Richard Blumberg* (Utility Analysis and the Consumption Function: An Interpretation of Cross-Section Data, in: Post-Keynesian Economics, ed. by K. K. Kurihara, London, 2nd pr. 1962, S. 388 ff.), die den Sparanteil vom Durchschnittseinkommen im Einkommenszyklus abhängig machen. "The common sense of our claim rests largely on two propositions: (a) that the major purpose of saving is to provide a cushion against the major variations in income that typically occur during the life cycle of the household ..., (b) that the provision the household would wish to make ... for retirement as well as for emergencies, must be basically proportional, on the average, to its basic earning capacity, while the number of years over which these provisions can be made is largely independent of income levels" (S. 430).

— Als bedeutendste Determinante für eine mögliche Änderung der Aufteilung ist eine Erhöhung oder Verringerung des gegenwärtigen Einkommens *(Y)*, entweder absolut[14] oder relativ, d. h. bei gleichzeitiger Verschiebung in der Einkommensverteilung[15], anzusehen. Hierbei spielt allerdings die Höhe des in der Vergangenheit erreichten Einkommens *(^{p}Y)* (previous peak income) eine modifizierende Rolle[16], die insbesondere bei Einkommenssenkungen — bzw. bei Einkommenserhöhungen, denen Einkommenssenkungen vorausgegangen sind — zum Tragen kommt.

Auch die Höhe der zukünftig erwarteten Einkommen *(^{e}Y)* beeinflußt die Aufteilung zwischen Konsum und Sparen[17].

— Zum anderen wirken Änderungen der Preise *(P)*[18] und daran anknüpfend bestimmte Preiserwartungen *(^{e}P)*[19] auf die Aufteilung in Konsum und ertragsorientierte Vermögensanlagen ein.

— Ferner sind noch Faktoren wie tatsächliche und erwartete Verzinsung der Vermögensanlagen *(i)*[20] und *(^{e}i)* bedeutsam.

— Schließlich ist der bereits akkumulierte Bestand an Finanzvermögen *($\overline{V}$)*[21] als potentielle Determinante zu berücksichtigen.

Zusammenfassend zeigt sich somit die Aufteilung in Ausgaben innerhalb der Periode für Konsumzwecke und in ertragsorientierte Vermögensanlagen als abhängig von Y, ^{p}Y, ^{e}Y, P, ^{e}P, i, ^{e}i, $\overline{V}$.

Diese Determinanten lassen sich folgendermaßen gruppieren:

— eingetretene und erwartete Nominaleinkommensentwicklung (Y, ^{p}Y und ^{e}Y),

---

[14] Vgl. *John Maynard Keynes*, The General Theory of Employment, Interest and Money, a.a.O., S. 97.

[15] Vgl. *James S. Duesenberry*, Income, Saving, and the Theory of Consumer Behavior, 4th pr., Cambridge (Mass.) 1962, S. 25 ff.

[16] Vgl. *James S. Duesenberry*, Income-Consumption Relations and their Implications, in: Income, Employment and Public Policy: Essays in Honor of Alvin H. Hansen, New York 1948, S. 54, sowie *Franco Modigliani*, Fluctuations in the Saving-Income Ratio, A Problem in Economic Forecasting, in: National Bureau of Economic Research, Studies in Income and Wealth, Bd. 11, New York 1949, S. 371.

[17] Vgl. *George Katona*, Psychological Analysis of Economic Behavior, a.a.O., Kap. 8.

[18] Vgl. *Arthur C. Pigou*, Employment and Equilibrium, London 1941, Kap. 8.

[19] Vgl. z. B. *Wilhelm Weber* und *Erich Streissler*, Erwartungen, Unsicherheit und Risiko, Handwörterbuch der Sozialwissenschaften, 3. Bd., Stuttgart, Tübingen, Göttingen 1961, S. 330 ff., und *George Katona*, Psychological Analysis of Economic Behavior, a.a.O., Kap. 12.

[20] Vgl. z. B. *George Katona*, The Powerful Consumer, New York, Toronto, London 1960, S. 223.

[21] Vgl. z. B. die gegensätzlichen Positionen von *Arthur C. Pigou* (Employment and Equilibrium, a.a.O., Kap. VI und VII) und *Gardner Ackley* (Macroeconomic Theory, a.a.O., S. 269 ff.).

— eingetretene und erwartete Entwicklung des Realwerts der Vermögensbestände und -dispositionen (*P*, *i* und ^{e}P, ^{e}i) und

— Höhe des bereits akkumulierten Bestandes an Finanzvermögen ($\bar{V}$).

(c) Des weiteren sind die Faktoren zu analysieren, die eine Änderung der *liquiditäts*orientierten Vermögensanlagen (Nettonachfrage nach oder Nettoangebot an Kasse) bewirken, die zulasten (zugunsten) des Konsums, nicht aber zulasten (zugunsten) der ertragsorientierten Anlagen des Finanzvermögens geht[22]. Diese Faktoren sind ebenfalls für die Aufteilung in Konsumausgaben und Vermögensanlagen im Haushaltssektor von Bedeutung.

Zur Klärung dieser Beziehung ist es notwendig, sich die Bestimmungsgründe der Kassenhaltung vor Augen zu führen[23].

— Die Kassenhaltungstheorie, die in geschlossener Form von Vertretern der Cambridger Schule[24] entwickelt wurde, leitet die Nachfrage nach Kasse im wesentlichen aus dem Umsatz- und Sicherheitsbedürfnis der Marktteilnehmer ab, wobei neben *objektiven* Faktoren, wie der Höhe der erzielten Einnahmen und der zu tätigenden Ausgaben und dem tatsächlichen Synchronisationsgrad von Einnahmen und Ausgaben in der Vergangenheit, auch *subjektive* Faktoren, wie pessimistische oder optimistische Erwartungen hinsichtlich des Umfangs von Ausgaben und Einnahmen und der Beibehaltung des Synchronisationsgrades zum Tragen kommen[25].

— Diese Motive, aus denen neben dem Synchronisationsgrad zwischen Einnahmen und Ausgaben (*l*) hauptsächlich die verfügbaren Einkommen (^{v}Y) und die Preise der Güter und Dienste, für die die Ausgaben zu tätigen sind (*P*), als Bestimmungsfaktoren abgeleitet werden, sind später um das aus der Keynesschen Liquiditätstheorie des Zinses gewonnene Spekulationsmotiv ergänzt worden[26]. Daraus

---

[22] Die Aufteilung der gesamten Vermögensanlagen in ertragsorientierte (Sparanlagen) und liquiditätsorientierte Dispositionen (Geldanlagen) ist bei der Analyse der Determinanten des Geldangebots relevant. Vgl. S. 91 ff.

[23] Zur Kontroverse zwischen ‚Post-Keynesianern‘ und ‚Neoklassikern‘ um die Bestimmungsgründe der Kassenhaltung vgl. vor allem *Artur Woll*, Die Theorie der Geldnachfrage, Analytische Ansätze und statistische Ergebnisse für die Bundesrepublik Deutschland, Zeitschrift für die gesamte Staatswissenschaft, 125 (1969), S. 58 ff.

[24] Vgl. *Werner Ehrlicher*, Geldtheorie, a.a.O., S. 238.

[25] "... everybody is anxious to hold enough of his resources in the form of titles to legal tender both to enable him to effect the ordinary transactions of life without trouble, and to secure him against unexpected demands ..." — *A. C. Pigou*, The Value of Money, The Quarterly Journal of Economics, 32 (1917/18), wiederabgedruckt in: Readings in Monetary Theory, a.a.O., S. 164.

[26] "... the object of securing profit from knowing better than the market what the future will bring forth." — *John Maynard Keynes*, The General Theory of Employment, Interest and Money, a.a.O., S. 170.

resultiert nach Keynes die Zinsabhängigkeit (eines Teils)[27] der Kassenhaltung, die sich bei niedrigen Zinssätzen unendlich nähert[28]. Das Spekulationsmotiv wird entscheidend erweitert, indem neben dem neu gewonnenen Bestimmungsgrund der Zinsentwicklung bzw. der Zinserwartungen (i bzw. ${}^{e}i$) auch *Einkommens-* und *Preiserwartungen* (${}^{e}Y$; ${}^{e}P$)[29], insbesondere in Abhängigkeit von der konjunkturellen Entwicklung, zur Erklärung einer Veränderung der Kassenhaltung hinzugenommen werden.

In neuerer Zeit ist die auf kurzfristigen Determinanten beruhende Theorie der Nachfrage nach Geld durch Berücksichtigung der langfristigen Determinante des ‚*Vermögensbestandes*' ($\bar{V}$) weiterentwikkelt worden[30].

— Da die Änderungen des Synchronisationsgrades (l) vor allem als Ergebnis von (Erwartungs-)Änderungen bestimmter Größen im Gesamtkreislauf, insbesondere der Preisvariablen und der Opportuni-

[27] Die Beschränkung der Zinsabhängigkeit auf den zu Spekulationszwecken gehaltenen Teil der Kassenhaltung wird in der neueren Literatur aufgehoben, indem die Nachfrage nach Geld *insgesamt* in Abhänggikeit vom Einkommen und vom Zins gesehen wird, und zwar insbesondere durch Berücksichtigung einer zwischenzeitlichen Investition der Transaktionskasse bei günstigen Zinssätzen. „Das Optimierungsproblem für eine rationale Kassenhaltung aus Transaktionsmotiv lautet dann: Umwandlungsbetrag bzw. -häufigkeit sind so zu bestimmen, daß die Summe aus Monetisierungs- und Alternativkosten ein Minimum ergibt" (*Hans-Joachim Jarchow*, Von Keynes zur portfolio selection, Der Volkswirt, 23, 6 [1969], S. 36). — Vgl. zu dieser Diskussion *Harry G. Johnson*, Monetary Theory and Policy, The American Economic Review, 52 (1962), wiederabgedruckt in: Surveys of Economic Theory, Vol. I, New York 1965, S. 10, und die dort zitierte Literatur, insbes. *W. J. Baumol*, The Transactions Demand for Cash: An Inventory Theoretic Approach, The Quarterly Journal of Economics, 66 (1952), S. 545 ff. und *James Tobin*, The Interest-Elasticity of Transactions Demand for Cash, The Review of Economics and Statistics, 38 (1956), S. 241 ff.; außerdem: *F. A. Lutz*, Die Nachfrage nach Geld, Jahrbücher für Nationalökonomie und Statistik, 172 (1960), S. 96 f. Der Tendenz nach wird zwar eine Zinserhöhung — sofern sie einen gewissen Schwellenwert überschreitet — die Neigung, Kasse bis zur endgültigen Verwendung für Transaktionszwecke in kurzfristigen Ersparnissen anzulegen, begünstigen, aber dabei ist auch die Organisation des Marktes von Bedeutung, auf dem das Geld angelegt werden kann: "... in the absence of an organised market, liquidity-preference due to the precautionary-motive would be greatly increased" — *John Maynard Keynes*, The General Theory of Employment, Interest and Money, a.a.O., S. 170.

[28] "... opinion about the future of the rate of interest may be so unanimous that a small change in present rates may cause a mass movement into cash." — *John Maynard Keynes*, The General Theory of Employment, Interest and Money, a.a.O., S. 172.

[29] Vgl. z. B. *George Katona*, Psychological Analysis of Economic Behavior, a.a.O., Kap. 8 und 12.

[30] Vgl. die Diskussion in *Harry G. Johnson*, Monetary Theory and Policy, a.a.O., S. 11 und S. 13 ff., wo die Konzeption des ‚permanent income' von Friedman, die im wesentlichen auf einem Zusammenspiel von Einkommen und verschiedenen Vermögensarten beruht, skizziert wird.

tätskosten der Kassenhaltung, eintreten, bleiben als bedeutende Fälle spontaner Änderungen des Synchronisationsgrades in Form von Nachfrage- oder Angebotsüberschüssen an Kasse nur organisatorische Verschiebungen institutionell bestimmter Zahlungstermine[31] sowie Änderungen des Konzentrationsgrades in der Wirtschaft übrig[32]. Von solchen Fällen wird jedoch, da sie für die weitere Analyse als unerheblich bezeichnet werden können, im folgenden abgesehen.

Auch eine spontane Nettonachfrage nach oder ein spontanes Nettoangebot an Kasse aus dem Vorsichtsmotiv heraus ist zu vernachlässigen, da Verschiebungen des Synchronisationsgrades in Abwesenheit von induzierenden Änderungen der Größen des Gesamtkreislaufs nicht zu erwarten sind[33].

Zusammenfassend zeigt sich somit, daß die Entstehung einer Nettonachfrage nach bzw. eines Nettoangebots an Kasse von der Veränderung folgender Faktoren abhängig ist:

$$Y,\ {}^{e}Y,\ P,\ {}^{e}P,\ i,\ {}^{e}i,\ \overline{V}.$$

(d) Vergleicht man die Gruppen potentieller Determinanten für die Aufteilung in Konsumausgaben einerseits und ertrags- *oder* liquiditätsorientierte Vermögensdispositionen andererseits, so ergibt sich eine weitgehende Übereinstimmung, da in beiden Gruppen

— die eingetretene und erwartete Nominaleinkommensentwicklung (Y $[{}^{p}Y]$ ${}^{e}Y$),

— die tatsächliche und erwartete Entwicklung der realen Vermögensdispositionen (P, i und ${}^{e}P$, ${}^{e}i$) sowie

---

31 Ein Beispiel dafür findet sich bei *Walter Adolf Jöhr*, Die Konjunkturschwankungen, a.a.O., S. 477 f. Eine Verstärkung der Diskontinuitäten bei gleichbleibendem Ausgabenvolumen würde die zur Durchführung der Ausgaben erforderlichen Kassenreserven erhöhen und vice versa. Es könnte zu einer Nettonachfrage nach Kasse kommen, wenn die Tätigung der beabsichtigten oder erforderlichen Ausgaben zu einem bestimmten zukünftigen Zeitpunkt außerhalb der Periode in Frage gestellt wird. Mit einem Nettoangebot an Kasse ist zu rechnen, wenn ein Teil der Kasse aufgrund einer besseren Übereinstimmung der Einnahme- und Ausgabetermine aus seiner Liquiditätsfunktion entlassen werden kann.

32 Eine Änderung des Konzentrationsgrades in der Wirtschaft führt nicht zwangsläufig zu einer Änderung des Synchronisationsgrades wie *Friedrich A. Hayek* (Preise und Produktion, a.a.O., S. 112 f.) und *Arthur W. Marget* (The Relation between the Velocity of Circulation of Money and the „Velocity of Circulation of Goods", II, The Journal of Political Economy, XL [1932], S. 477 ff.) annehmen, da sich durch die Änderung des Konzentrationsgrades nicht in jedem Fall eine günstigere oder ungünstigere Lage der Zahlungstermine ergeben muß (vgl. dazu die Beispiele von *F. A. Lutz*, Die Nachfrage nach Geld, a.a.O., S. 111).

33 Vgl. hierzu auch *Walter Adolf Jöhr*, Die Konjunkturschwankungen, a.a.O., S. 473.

— die Höhe des bereits akkumulierten Vermögensbestandes $(\bar{V})$

erscheinen. Es ist daher im folgenden zu prüfen, in welcher Weise diese Größen im einzelnen auf die Aufteilung in Konsumausgaben und in Änderungen ertrags- bzw. liquiditätsorientierter Vermögensanlagen einwirken.

(2) Was die Einkommenskomponente der Determinanten betrifft, so ist in erster Linie die eingetretene und erwartete Nominaleinkommensentwicklung $(Y, {}^{p}Y, {}^{e}Y)$ von Bedeutung.

(a) Während die Entwicklung der Nominaleinkommen[34] unbestritten als die wichtigste Determinante für die Aufteilung in Ausgaben für Konsum und Änderungen der *ertrags*orientierten Vermögensanlagen gilt, sind hinsichtlich ihrer Bedeutung bei der Bestimmung der Aufteilung in Konsumausgaben und *liquiditäts*orientierte Vermögensdispositionen folgende Modifikationen zu machen:

— Die für die Aufteilung relevanten Faktoren bestimmen die Kassenhaltung insgesamt, d. h. die durchschnittliche Kassenhaltung in der Periode, die sich zusammensetzt aus Kassenhaltung für Ausgaben, die in eben dieser Periode getätigt werden sollen (unmittelbare Verwendung), und für solche, die außerhalb der Periode vorgesehen sind (mittelbare Verwendung).

Die vorliegende Betrachtung konzentriert sich, indem sie auf potentielle Änderungen der Nettonachfrage nach oder des Nettoangebots an Kasse abstellt, auf die Kassenhaltung zur mittelbaren Verwendung, von der — im Gegensatz zu den für die unmittelbare Nutzung bereitgestellten Beträgen — nicht feststeht, wann sie zu Ausgaben wird.

Eine Nettonachfrage nach bzw. ein Nettoangebot an Kasse (zur Einkommensänderung ins Verhältnis gesetzt) deckt sich somit nicht mit der Änderung einer auf den Durchschnitt einer Periode bezogenen Kreislaufgeschwindigkeit des Einkommens. Diese erfaßt nicht nur den Teil einer Änderung der Umlaufgeschwindigkeit der gesamten Geldmenge, der sich aus der Erhöhung oder Verringerung der (auf eine Periode bezogenen) *inaktiven* Kassenbestände ergibt, sondern

---

[34] Ob für die Realeinkommensentwicklung ähnliche Überlegungen gelten, hängt davon ab, ob die Wirtschaftssubjekte der Geldillusion unterliegen oder nicht. Die Geldillusion besteht darin, daß von den Wirtschaftssubjekten bei gleichzeitiger Änderung des Nominaleinkommens und der Preise jeweils nur die eine der Änderungen (in der Regel die des Nominaleinkommens) deutlich gesehen und das Verhalten in Verkennung der realen Verschiebung an dieser monetären Änderung ausgerichtet wird.

Wenn es für den Untersuchungszweck notwendig ist, wird im folgenden zwischen einem von Geldillusion beeinflußten und unbeeinflußten Verhalten unterschieden.

auch den Teil, der aus einer Veränderung der Ruhezeit der (auf eine Periode bezogenen) *aktiven* Kassenbestände resultiert.

— Die Ausschaltung von Änderungen der Kassenhaltung zur unmittelbaren Verwendung (d. h. die Vernachlässigung von Änderungen der Ruhezeit aktiver Kassenbestände) erfolgt nicht aus Gründen der Vereinfachung, sondern basiert auf folgender Überlegung:

Die Kassenhaltung, die zur Verwendung innerhalb der Periode bestimmt ist, bleibt *nachfragewirksam* und stellt somit lediglich das Spiegelbild der bereits in ihren Ursachen erfaßten Ausgabenströme dar. Neben diesen bildet sie keinen *eigenständigen* Einflußfaktor auf die Nachfrage nach Geld. Diese Betrachtungsweise läßt sich auch mit der Kritik von Schmölders[35] an der Kassenhaltungstheorie stützen, der bemängelt, daß sie „das Pferd gewissermaßen am Schwanz aufzäumt, wenn sie die Ausgaben der Wirtschaftssubjekte als Restgrößen ihrer Kassenhaltung erscheinen läßt, statt umgekehrt; ebenso wie die Kassenhaltung lassen sich natürlich auch die Ausgaben der Wirtschaftssubjekte auf eigene Motivationen zurückführen, die es in die Geldtheorie zumindest ebenso einzubeziehen gilt wie jene“. Damit wird lediglich die Kassenhaltung, die zu einer Verengung (oder Erweiterung) des Einkommenskreislaufs (liquidity preference proper — reine Liquiditätsvorliebe)[36] führt, als modifizierend für die Geldnachfrage (und/oder das Geldangebot) angesehen[37].

— Somit verlieren die Kassenhaltung zu Transaktionszwecken und ihre Bestimmungsgründe als eigenständige Determinanten für die Nachfrage nach Geld (und den Geldabfluß) gegenüber dem Bankensektor an Bedeutung[38]. An ihre Stelle treten die Ausgabeentscheidungen des Nichtbankensektors.

---

[35] *Günter Schmölders*, Geldpolitik, 2. A., Tübingen - Zürich 1968, S. 45.

[36] Vgl. *Gottfried Haberler*, Prosperität und Depression, Tübingen - Zürich 1955, 2. A., S. 202 ff. Eine ähnliche Differenzierung macht auch *Walter Adolf Jöhr* (Die Konjunkturschwankungen, a.a.O., S. 476), wenn er zwischen Kassenhaltung im eigentlichen Sinne und Horten unterscheidet.

[37] Es ist anzumerken, daß auch eine solche Betrachtungsweise vereinfachende Generalisierungen nicht völlig vermeiden kann: Wirkungen auf die Nachfrage nach Geld, die von sich insgesamt innerhalb der Periode *ausgleichenden* Verschiebungen der Güternachfrage ausgehen, werden aufgrund der Kürze der betrachteten Periode in bezug auf die Nachfrage nach Geld vernachlässigt, obwohl Fälle denkbar sind, in denen solche Verschiebungen Auswirkungen auf die Geldnachfrage haben.

[38] *H. W. J. Wijnholds* (Die heutige Lage der Geldtheorie, Zeitschrift für die gesamte Staatswissenschaft, 112 [1956], S. 478) vertritt offenbar die Ansicht, daß diese Größe völlig vernachlässigt werden könne, wenn er behauptet, daß nur über das Spekulationsmotiv eine Kausalrelation zwischen Liquiditätspräferenz und Preisniveau herzustellen sei.

Diese Betrachtungsweise stimmt insofern mit der von Hicks[39] überein, als sie die Kassenhaltung zu Transaktionszwecken — zumindest soweit diese die unmittelbare Verwendung betrifft — als notwendige Konsequenz aus den Entscheidungen über geplante Ausgaben auffaßt. Sie unterscheidet sich von der Hicksschen Position allerdings insofern grundlegend, als sie damit nicht auch die Einflußmöglichkeit des Geldes auf die hinter der Kassenhaltung für Transaktionszwecke stehenden Ausgabeentscheidungen leugnet[40]. Somit werden in bezug auf die Ausgaben für Transaktionszwecke nicht Banking-School-Ergebnisse erzielt, wie Harris gegenüber Hicks kritisiert[41].

— Da sich (neben der Ersetzung der Kassenhaltung für Transaktionszwecke innerhalb der Periode durch die dahinterstehenden Ausgaben) für einen Zusammenhang zwischen Einkommensentwicklung und spekulationsbestimmter Kassenhaltung kaum Anhaltspunkte finden lassen[42], konzentriert sich die Betrachtung auf den Zusammenhang zwischen Einkommensentwicklung und mittelbarer Kassenhaltung zu Transaktionszwecken, d. h. auf die Kassenhaltung, die *über eine Einkommensperiode hinweg* zu Transaktionszwecken (unter Beachtung des Vorsichtsmotivs) gehalten wird, da bestimmte Ausgaben erst getätigt werden (können), wenn ein ausreichender Kaufbetrag angesammelt worden ist. Allerdings — so ist kritisch einzuwenden — je länger die zeitlichen Diskrepanzen zwischen Einnahmen und Ausgaben sind, desto größer ist auch die Wahrscheinlichkeit, daß ertragsorientierte Anlagen des Finanzvermögens (zinsbringende Ersparnisse) an die Stelle der Kassenhaltung treten[43].

(b) Die absolute Höhe des Einkommens der Haushalte (Y) und ihre Veränderung ist als erste Determinante für die Aufteilung in Ausgaben für Konsum und Anlagen des Finanzvermögens zu nennen[44],

---

39 Vgl. *John Hicks*, Critical Essays in Monetary Theory, Oxford 1967, The Two Triads, Lecture I.

40 "... it is on the voluntary part [of the money stock] that monetary policy must have its effect" und "The important thing about M_1 [Transactions Demand] is that it is not voluntary ..." — *John Hicks*, Critical Essays in Monetary Theory, a.a.O., S. 15.

41 "As a result he [Hicks] reaches Banking School conclusions that a reduction in the cost of money will not increase excess demand ..." — *Laurence Harris*, Professor Hicks and the Foundations of Monetary Economics, Economica, N.S. XXXVI (1969), S. 205.

42 Eine Beziehung zwischen Änderung der Einkommen und Änderung der letztgenannten Teilgröße scheint allenfalls indirekter Natur zu sein, insofern als das *Ausmaß* einer Nettonachfrage nach (oder eines Nettoangebots an) Kasse von der Einkommenshöhe mitbestimmt werden kann.

43 Vgl. *Friedrich A. Lutz*, Die Nachfrage nach Geld, a.a.O., S. 96 f.

44 Bei der Alternative Konsumausgaben / liquiditätsorientierte Vermögensdispositionen ist die Modifikation der Vorbemerkung zu beachten.

und zwar kann — wie von Keynes angenommen wird — die Abhängigkeit entsprechend der absoluten Einkommenshypothese in folgender Form bestehen: "... it is ... obvious that a higher absolute level of income will tend, as a rule, to widen the gap between income and consumption[45]." Die Durchschnittsneigung zum Konsum ist demnach positiv, kleiner als eins und mit höherem Einkommen rückläufig, während die Durchschnittsneigung zum Sparen entsprechend steigt.

Diese Beziehungen zwischen dem Einkommen der Konsumenten und ihren Konsumausgaben und Ersparnissen läßt sich in der von Keynes angenommenen Weise im Querschnittsvergleich für unterschiedlich hohe Einkommen auch statistisch nachweisen[46] und wird von Scitovsky interpretiert als „a statistical law relating to modern industrial communities, given their usual distribution of income, the psychology of their members and the spending habits of their governments"[47].

Allerdings ist es eine zweite Frage, ob die so skizzierten Konsum- bzw. Sparfunktionen, die die Aufteilung unterschiedlich hoher Einkommen der Konsumenten auf Konsum und Sparen im Rahmen einer gegebenen durchschnittlichen Einkommenshöhe wiedergeben (cross-section-data), auch für andere durchschnittliche Einkommen in gleicher Weise gelten, ob also diese statistische Bestätigung der Keynesschen Funktion bei *unterschiedlichen* Einkommenshöhen ohne weiteres auch bei Einkommens*änderungen* (time-series-data) gegeben ist.

Hier ist zwischen einer kurzfristigen (jährliche Durchschnittswerte des Konsums und des Einkommens) und einer längerfristigen Betrachtung (mehrjährige Durchschnittswerte des Konsums und des Einkommens) der Konsumfunktion zu unterscheiden:

— In der kürzerfristigen Betrachtung, während der sich der Konsum an Einkommensschwankungen aufgrund der Gewohnheitsbindungen nur unvollkommen und verzögert anpaßt, gilt das psychologische Gesetz von Keynes in ausgeprägter Weise[48].

— Nach voller Anpassung des Konsums an die Einkommen — also bei längerfristiger Betrachtung — ergeben statistische Beobachtungen jedoch, daß sich im Zeitablauf der Punkt, an dem die gesamten Einkommen für den Konsum verausgabt werden (break-even point)

---

45 *John Maynard Keynes*, The General Theory of Employment, Interest and Money, a.a.O., S. 97.

46 Vgl. Bureau of Labor Statistics and the Wharton School of Finance and Commerce of the University of Pennsylvenia, Study of Consumer Expenditures, Incomes, and Savings, XVIII (1957).

47 *Tibor de Scitovsky*, Capital Accumulation, Employment and Price Rigidity, The Review of Economic Studies, VIII (1940/41), S. 71.

48 Vgl. hierzu: *Raymond W. Goldsmith*, A Study of Saving in the United States, Bd. I, Princeton 1955, S. 6 ff.

— und damit die gesamte Konsumfunktion —, mit steigenden, aber in der Verteilung gleichbleibenden Einkommen nach oben verschiebt[49].

Diese Beobachtung legt die Vermutung nahe, daß nicht Änderungen in der *absoluten*, sondern in der *relativen* Einkommenshöhe Änderungen in der Konsum- bzw. Sparneigung auslösen (relative Einkommenshypothese)[50].

Bleibt die Verteilung der Einkommen gleich, so bedeutet das, daß die Aufspaltung geänderter Einkommen auf Konsum und Sparen — vorausgesetzt, andere Determinanten bleiben ebenfalls unverändert — nicht wesentlich von der bestehenden Aufteilung abweicht. Die Durchschnittsneigung zum Konsum (wie auch die Durchschnittsneigung zum Sparen) ist demnach positiv, kleiner als eins und bleibt bei sich ändernden Einkommen verhältnismäßig konstant.

Die Aufteilung einer Einkommenserhöhung auf Konsum und Sparen wird — entweder in Abhängigkeit von der absoluten Einkommensänderung, gekennzeichnet durch *eine Konsumfunktion für jede Höhe der durchschnittlichen Einkommen* (Keynes) oder von der relativen Einkommensänderung, gekennzeichnet durch *proportional mit Einkommenserhöhungen verschobenen Konsumfunktionen* (Duesenberry) — von Land zu Land aufgrund unterschiedlicher soziologischer Faktoren voneinander abweichen, aber sie wird sich mit der Länge der betrachteten Periode und mit steigendem Lebensstandard (bzw. mit wachsender Kommunikation zu Volkswirtschaften mit hohem Lebensstandard — catching up effect) immer mehr der zweiten Position annähern. Diese Aussage gilt natürlich nur ceteris paribus, d. h. unter Konstanz aller übrigen Einflußfaktoren; sie setzt insbesondere eine

---

49 Vgl. *James S. Duesenberry*, Income, Saving, and the Theory of Consumer Behavior, a.a.O., S. 26. "Thirty years ago the average urban family with a $ 1500 income in 1940 prices saved 8 per cent of its income. In 1941 a similarly placed family saved nothing."

50 "... after some minimum income is reached, the frequency and strength of impulses to increase expenditures for an individual depend entirely on the ratio of his expenditures to the expenditures of those with whom he associates." — *James S. Duesenberry*, Income, Saving, and the Theory of Consumer Behavior, a.a.O., S. 32; vgl. auch: *Milton Friedman*, A Theory of the Consumption Function, 3rd. pr., Princeton 1964, Kap. VI.

„Das Keynessche Gesetz gilt *nur mikroökonomisch* für das Wirtschaftssubjekt, das seine *Position in der Einkommenspyramide verändert;* es gilt jedoch *nicht makroökonomisch* für gleichmäßige Erhöhung aller Einkommen. Im letzteren Fall steigen die Einkommen und Ausgaben aller Genossen in der gleichen sozialen Schicht. Man muß mit ihnen in Veblenscher Weise in der Verbrauchssteigerung mithalten, um nicht an sozialem Ansehen zu verlieren." — *Erich* und *Monika Streissler*, Einleitung, in: Konsum und Nachfrage, Hrsg. Erich und Monika Streissler, Köln/Berlin 1966, S. 88.

kontinuierliche Einkommensentwicklung ohne (erwartete) Preisänderungen, also eine konjunkturlose Wirtschaft, voraus.

(c) Für die Aufteilung der Einkommen in Ausgaben für Konsum und liquiditätsorientierte Vermögensanlagen trifft die oben gemachte Aussage generell ebenfalls zu, falls die Einkommenserhöhung von einer Geldmengenausweitung begleitet ist, die eine gleich große Erhöhung der Kassenhaltung bedeutet[51], aber „solange nicht eine oder mehrere Einzelwirtschaften ihre Kassenhaltung zu vergrößern ... gewillt sind, muß *immer* ... eine Tendenz bestehen bleiben, das neue ‚überschüssige' Geld los zu werden"[52].

Für die in bezug auf Einkommenserhöhungen marginale Kassenhaltung zur *unmittelbaren* Verwendung kann angenommen werden, daß sie sich wie die durchschnittliche entwickelt; denn es besteht kein Anlaß zu der Vermutung, daß eine zeitliche Verteilung von Einnahmen und Ausgaben, die durch einen bestimmten, aus der Erfahrung gewonnenen Prozentsatz der Einnahmen einer Periode als im Durchschnitt notwendige Kassenhaltung zur Überbrückung der Diskontinuitäten gekennzeichnet ist, durch eine Einkommenserhöhung geändert wird. Es ergibt sich auch ceteris paribus kein Grund, die Kasse aus dem Vorsichtsmotiv heraus stärker als proportional zur Kasse aus dem Transaktionsmotiv zu erhöhen, sofern sich die Wahrscheinlichkeit nicht ändert, mit der künftige Entwicklungen vorhergesagt werden können.

Das gleiche gilt auch für den Zusammenhang zwischen Änderung der Einkommen und Änderung des Teils der Kassenhaltung für *mittelbare* Verwendung, der aus dem Transaktions- und Vorsichtsmotiv stammt.

Während die Vertreter der neoklassischen Kassenhaltungstheorie und Keynes eine im allgemeinen proportionale Entwicklung zwischen gesamtwirtschaftlicher Transaktions- und Vorsichtskasse und dem Einkommen angenommen haben, resultiert aus den Optimierungsmodellen von Tobin und Baumol (Kassenhaltung aus Transaktionsmotiv)[53] sowie von Whalen (Kassenhaltung aus Vorsichtsmotiv)[54] eine mit steigendem Zahlungsvolumen unterproportionale Erhöhung der Kassenhaltung[55].

---

[51] "... the amount of hoarding must be equal to the quantity of money." — *John Maynard Keynes*, The General Theory of Employment, Interest and Money, a.a.O., S. 174.

[52] *Johan G. Koopmans*, Zum Problem des „neutralen" Geldes, a.a.O., S. 269.

[53] Vgl. *James Tobin*, The Interest-Elasticity of Transactions Demand for Cash, a.a.O., S. 241 ff.; *W. J. Baumol*, The Transactions Demand for Cash: An Inventory Theoretic Approach, a.a.O., S. 545 ff.

[54] Vgl. *E. L. Whalen*, A Rationalization of the Precautionary Demand for Cash, The Quarterly Journal of Economics, 80 (1966), S. 314 ff.

[55] Vgl. hierzu *Hans-Joachim Jarchow*, Von Keynes zur portfolio selection, a.a.O., S. 36.

Ein solches Ergebnis scheint allerdings im Widerspruch zu der von Friedman vertretenen ‚Luxusgut-Hypothese' des Geldes zu stehen[56], die besagt, daß im Wachstumsprozeß die Geldnachfrage im Verhältnis zum Realeinkommen steige.

Diese Aussage kann aber — wie statistische Untersuchungen zeigen[57] — im wesentlichen auf den von Friedman benutzten erweiterten Geldmengenbegriff zurückzuführen sein, der durch Einbeziehung der Zeitdepositen einen Teil der Ersparnisse (Kontensparen) mitumfaßt, so daß die überproportional angestiegene Geldnachfrage vermutlich der Erhöhung dieser speziellen Sparkategorie zuzuschreiben ist[58].

(d) Die bisherigen Überlegungen sind nicht nur ohne Berücksichtigung der vergangenen und der zukünftig erwarteten Einkommen gemacht worden; sie lassen auch außer Betracht, daß bezüglich der gegenwärtigen Einkommenssituation vormals Erwartungen angestellt worden sind. Es ist in diesem Zusammenhang von Bedeutung, ob eingetretene Einkommenserhöhungen mit den früher daran geknüpften Erwartungen übereinstimmen[59].

Wird im Gegensatz zu den bisherigen Überlegungen angenommen, daß die tatsächlich realisierten Einkommen von den Erwartungen abweichen, indem einerseits entweder höhere zusätzliche Einkommen (bzw. geringere Einkommenssenkungen) erfolgen als erwartet worden sind, oder aber andererseits die tatsächliche Einkommensentwicklung hinter der erwarteten zurückbleibt, dann wird sich die oben skizzierte Aufteilung erst mit zeitlicher Verzögerung einstellen, wobei die Vermögensanlagen in erster Linie als Ausgleichsgröße für die Differenz zwischen tatsächlicher und erwarteter Einnahmeentwicklung fungieren[60]. Dabei ist bemerkenswert, daß sich in der Regel die Anpassung bei einer positiven Differenz zwischen der tatsächlichen und der erwarteten Entwicklung schneller vollzieht als bei einer negativen[61].

---

[56] Vgl. *Milton Friedman*, The Demand for Money, Some Theoretical and Empirical Results, National Bureau of Economic Research, New York, London 1959, S. 2 ff.

[57] Vgl. *Artur Woll*, Die Theorie der Geldnachfrage, a.a.O., S. 72 ff.

[58] Hicks, der bei der Bestimmung der Geldnachfrage zu Transaktionszwecken Verhaltensweisen ausschließt, erklärt die Luxusguthypothese Friedmans mit ‚changes in monetary practices and in monetary institutions', ohne diese Aussagen näher zu erläutern. — Vgl. *John Hicks*, Critical Essays in Monetary Theory, a.a.O., S. 16, Fn. 1.

[59] Vgl. *T. P. Hill*, Expectations and Consumer Behaviour, Bulletin of the Oxford University Institute of Statistics, 19 (1957), S. 137 ff.

[60] "... a rising income will often be accompanied by increased saving, and a falling income by decreased saving, *on a greater scale* at first than subsequently." — *John Maynard Keynes*, The General Theory of Employment, Interest and Money, a.a.O., S. 97 (Hervorhebung vom Verfasser).

[61] Vgl. dazu den folgenden Unterpunkt dieses Abschnitts, der sich auf die Höhe der vergangenen Einkommen bezieht.

(e) Die Folgerungen aus der Betrachtung der gegenwärtigen Einkommen sind durch die Einbeziehung der *Einkommen der Vergangenheit* (^{p}Y) zu ergänzen und zu modifizieren.

Die Vermutung einer proportionalen oder schwach unterproportionalen Änderung des Konsums bei Einkommensänderungen gilt für kontinuierlich wachsende Einkommen; sie gilt jedoch nicht auch für eine Einkommenserhöhung, der eine Einkommenssenkung vorausgegangen ist (insbesondere nicht bei einer Wiedereinstellung von Arbeitslosen).

Der Grund dafür liegt darin, daß eine einmal erreichte Einkommenshöhe (besser ein früher erreichtes Konsumniveau[62]) einen größeren Ausgabenanreiz bietet als ein gleich hohes, aber bisher noch nicht erreichtes Konsumniveau, so daß ein Rückgang in den Einkommen in stärkerem Maße zulasten der Vermögensanlagen geht, als ein gleich großer Einkommensanstieg zu deren Gunsten wirken würde[63].

Beim Rückgang der Einkommen spielt dementsprechend die Höhe der in der Vergangenheit erreichten Einkommen (previous peak income) eine bedeutsame Rolle. Sie ist allerdings nicht so entscheidend, daß sie jede Konsumeinschränkung überhaupt verhindert; sie verringert sie lediglich.

Diese Überlegungen gelten gleichermaßen, ob die Einkommenssenkungen zustande kommen, indem die Einkommen der Konsumenten insgesamt gekürzt werden, oder ob sie sich ergeben, weil Arbeitskräfte aus dem Produktionsprozeß ausscheiden.

Im ersten Fall ist neben einem Rückgang der Vermögensanlagen eine Konsumeinschränkung zu erwarten, weil bestimmte Entscheidungen zur mittelbaren Verausgabung den gleichen oder einen höheren Prioritätsgrad haben wie die Aufrechterhaltung des augenblicklichen Lebensstandards, und im zweiten Fall, weil bei Substitution des Einkommens durch Arbeitslosenunterstützung neben dem Verzicht auf mittelbare Verausgabung eine Einschränkung des Konsums erfolgen muß, um das Einnahme-Ausgabe-Budget auszugleichen. In beiden Fällen aber ist dennoch ein, wenn auch gemilderter, ‚ratchet effect' spürbar[64].

---

[62] "The fundamental psychological postulate underlying our argument is that it is harder for a family to reduce its expenditures from a high level than for a family to refrain from making high expenditures in the first place." — *James S. Duesenberry,* Income, Saving, and Consumer Behavior, a.a.O., S. 84 f.

[63] "Discarding an established habit may be relatively easy if conditions become favorable, while there may be a stronger tendency to maintain habits if conditions become less favorable." — *George Katona,* Psychological Analysis of Economic Behavior, a.a.O., S. 142 f.

[64] Dieser ‚ratchet effect' ist nach Duesenberry ein Bindeglied zwischen der Wachstums- und Konjunkturtheorie. "It explains why each cycle is at

Wenn aber bei einem Einkommensrückgang nur ein unterproportionaler Konsumverzicht zu erwarten ist und die Aufrechterhaltung des Lebensstandards die ursprünglich angestrebte Verteilung zwischen Konsum und Vermögensanlagen zulasten der Vermögensanlagen verschiebt, so ist bei einem darauffolgenden Anstieg der Einkommen die Herstellung der ursprünglich beabsichtigten Relation zwischen Konsum und Vermögensanlagen vorrangig. Der Konsum wird sich zunächst auf seinen ‚previous peak level' zurückentwickeln[65].

Erst von diesem Punkt an gelten bei weiteren Einkommenserhöhungen die Überlegungen, wie sie für eine *kontinuierliche* Einkommensentwicklung gemacht worden sind.

(f) Nicht nur die bereits erzielten, auch die in *Zukunft erwarteten Einkommen* (^{e}Y) beeinflussen die Aufteilung in Konsumausgaben und Finanzvermögen. Keynes, der den erwarteten Einkommen (bzw. Einnahmen) im Zusammenhang mit der Investitionstätigkeit große Bedeutung beimißt, glaubt, ihren Einfluß auf Konsumentenentscheidungen vernachlässigen zu können: "... whilst ... [a change in expectations of the relation between the present and the future level of income] may affect considerably a particular individual's propensity to consume, it is likely to average out for the community as a whole[66]."

Theoretisch sind aber bei Einkommensänderungen — dargestellt am Beispiel von Einkommenserhöhungen — drei voneinander abweichende Fälle in bezug auf die im Durchschnitt in einer Volkswirtschaft vorherrschenden Erwartungen möglich[67]:

- Einkommenserhöhung mit der Erwartung weiterer Einkommenssteigerungen (+ +)
- Einkommenserhöhung mit der Erwartung gleichbleibender Einkommen (+ =)
- Einkommenserhöhung mit der Erwartung sinkender Einkommen (+ —).

---

a higher level in terms of income and consumption than the preceding one ... The ratchet keeps the economy from slipping back all the way and losing all the gains in income acquired during the preceding boom." — *James S. Duesenberry*, Income, Saving, and the Theory of Consumer Behavior, a.a.O., S. 115.

[65] Dabei ist zu beachten, daß der Einfluß des einmal erreichten Lebensstandards auf die Aufteilung in Konsum und Vermögen an Stärke verliert, je weiter er zurückliegt. "We might assume that the 'habit persistence' effect induced on current behaviour by past consumption would be strongest when *t* [time, d. V.] is small and gradually die away as *t* becomes larger." (Vgl. *T. M. Brown*, Habit Persistence and Lags in Consumer Behaviour, Econometrica 20 [1952], S. 359.)

[66] *John Maynard Keynes*, The General Theory of Employment, Interest and Money, a.a.O., S. 95.

[67] Vgl. *George Katona*, Psychological Analysis of Economic Behavior, a.a.O., S. 140 ff.

Es ist unwahrscheinlich, daß bei diesen differenzierten Erwartungen die gleiche Aufteilung der Einkommen auf unmittelbare und mittelbare Verwendung vorliegen sollte.

Die bisherigen Überlegungen sind entweder ohne Einbeziehung von Erwartungen gemacht worden oder mit der Erwartung, daß sich in Zukunft nichts ändern wird. Sie sind deshalb gewissermaßen mit dem Fall ‚Einkommenserhöhung mit der Erwartung gleichbleibender Einkommen' (+ =) identisch. Damit verbleiben zur weiteren Analyse die Fälle einer kontinuierlichen Aufwärtsentwicklung der Einkommen (+ +) und einer ins Gegenteil umschlagenden Entwicklung (+ —):

— Optimistische Erwartungen hinsichtlich der weiteren Einkommensentwicklung werden sich in der Regel, wenn nicht gleichzeitig zusätzliche Ausgaben erwartet werden, positiv auf die unmittelbare und somit negativ auf die mittelbare Verwendung auswirken. Bei Einkommenserhöhungen wird demnach die Konsumneigung, die ohne Einbeziehung der Zukunft bestanden hätte, erhöht und die Neigung zu Vermögensanlagen entsprechend gedämpft.

  Der Grund dafür liegt darin, daß die Motive zur Bildung von Vermögen geschwächt werden, weil die Erwartung besteht, daß ein Teil der in der Zukunft benötigten Geldbeträge aus den erhöhten Einkommen bereitgestellt werden kann.

— Werden jedoch pessimistische Erwartungen im Hinblick auf die Entwicklung der Einkommen gehegt, ohne daß gleichzeitig Ausgabenrückgänge als wahrscheinlich angesehen werden, so wird die Konsumneigung eher niedriger und die Neigung zu Vermögensanlagen eher höher sein als ohne Einbeziehung der Zukunft.
  Wird in einer Einkommenserhöhung eine Entwicklung gesehen, die sich in der Zukunft ins Gegenteil verkehren kann (Befürchtung einer Rezession), dann wird das Motiv zur Bildung von Vermögen gestärkt, schon allein um auch in der Zukunft eine gewisse Kontinuität der Konsumausgaben sicherzustellen[68].

---

[68] Von einer Einkommensänderung im Rahmen einer permanenten Einkommensentwicklung, deren Aufteilung auf Konsum und Vermögen in enger Verbindung mit den gegenwärtigen, vergangenen und zukünftig erwarteten Einkommen steht, ist eine transitorische Einkommensänderung zu unterscheiden, die den Charakter der Einmaligkeit oder der Außergewöhnlichkeit erkennen läßt. ("The permanent component is to be interpreted as reflecting the effect of those factors that the unit regards as determining its capital value or wealth ... The transitory component is to be interpreted as reflecting ... factors that are likely to be treated by the unit affected as 'accidental' of 'chance' occurences ..." — *Milton Friedman*, A Theory of the Consumption Function, a.a.O., S. 21 f.) Von solchen Einkommensänderungen ist nicht die gleiche Aufteilung zwischen Konsum und Vermögen zu erwarten wie von Änderungen permanenter Einkommen. Vgl. auch *L. R. Klein* and

(3) Als Preiskomponente der Determinanten ist vor allem die eingetretene und erwartete Entwicklung des Realwerts der Vermögensbestände und -dispositionen (P, ^eP, i, ^ei) von Bedeutung:

(a) Der Realwert vorhandener Vermögensbestände und -dispositionen ergibt sich aus ihrem Nominalwert (einschließlich der erwarteten Nominalverzinsung) und den Preisen der Güter, für deren späteren Erwerb die Vermögensanlagen getätigt worden sind bzw. werden.

Dabei weisen liquiditätsorientierte Vermögensbestände und -dispositionen in Form von Kassenhaltung feste Nominalwerte auf, während bei den Nominalwerten der ertragsorientierten Vermögensbestände Änderungen möglich sind, und zwar bei den Zeitdepositen infolge Änderung der Nominalverzinsung und bei den Wertpapieren infolge Änderung der Nominalverzinsung und infolge Kursschwankungen.

Somit vermindert sich der Realwert der liquiditätsorientierten Anlagebestände und -dispositionen bereits, wenn die Preise der Güter steigen, für deren Kauf Kasse gehalten wird, und umgekehrt. Demgegenüber erfahren die Vermögensbestände ertragsorientierter Anlagen dann eine Realwertminderung, wenn sich Nominalverzinsung (und Wertpapierpreise) einerseits sowie Güterpreise andererseits in der Weise auseinanderentwickeln, daß erstere hinter letzteren zurückbleiben und vice versa.

Aus den Verminderungen oder Erhöhungen des Realwerts können sich Änderungen der Dispositionen der Vermögensträger ergeben. Diese Dispositionsänderungen werden in der Literatur, je nachdem ob sie aufgrund von ertrags- oder liquiditätsorientierten Vermögensanlagen erfolgen, unterschieden.

Veränderungen des Realwerts von liquiditätsorientiertem Vermögen können direkt oder indirekt (über die ertragsorientierten Vermögensanlagen) auf die Ausgaben für Transaktionszwecke einwirken. Sofern diese Effekte direkt vom liquiditätsorientierten Vermögen (wealth-cash-effect) ausgehen, lassen sie sich zusammen mit den Wirkungen der ertragsorientierten Vermögensanlagen (wealth-saving-effect)[69] mit

---

N. Liviatan, The Significance of Income Variability on Savings Behaviour, Bulletin of the Oxford University Institute of Statistics, 19 (1957), S. 151 ff.; *Ronald Bodkin*, Windfall Income and Consumption, The American Economic Review XLIX (1959), S. 602 ff.; *Robert C. Jones*, Transitory Income and Expenditures on Consumption Categories, The American Economic Review, Papers and Proceedings, L (1960), S. 584 ff.

[69] Vgl. *Gardner Ackley*, The Wealth-Saving Relationship, The Journal of Political Economy, LIX (1951), S. 154 ff.; *Lloyd A. Metzler*, Wealth, Saving, and the Rate of Interest, ebenda, S. 94.

Patinkin[70] als Pigou-Effekt[71] klassifizieren. Sofern sie nur vom liquiditätsorientierten Vermögen ausgehen, aber sowohl direkt (wealth-cash-effect) als auch über den Zinssatz indirekt (Keynes-Effekt)[72] auf die Transaktionsausgaben einwirken, sind sie als real-balance-effect[73] in die Literatur eingegangen.

In diesem Zusammenhang interessieren der wealth-cash- und der wealth-saving-effect; damit ist der Pigou-Effekt vollständig, aber nur ein Teil des real-balance-effect angesprochen.

Da der Anlaß zu Dispositionsänderungen in der Veränderung der ‚purchasing power' der Vermögensanlagen zu suchen ist, kann der wealth-effect nur bei Vermögensanlagen zum Tragen kommen, die gehalten werden, um zu einem späteren Zeitpunkt Transaktionen durchführen zu können.

Im folgenden soll untersucht werden, inwieweit Realwertänderungen des Vermögens eine zusätzliche Bestimmungsgröße für die Aufteilung der Einnahmen in laufende Transaktionen und Änderungen des Finanzvermögens sind.

Eine Beziehung zwischen Preisänderungen und Änderungen der Transaktionskasse, die eine Komponente der liquiditätsorientierten Vermögensanlagen darstellt (als Teilproblem der hier zur Diskussion stehenden Zusammenhänge), wurde bereits von Wicksell[74] und den Neoklassikern erkannt[75], von Vertretern der Chicagoer Schule in die Kassenhaltungstheorie eingearbeitet[76], von Pigou als Teil einer built-in-stability zur Widerlegung der Keynesschen Theorie vom Gleichgewicht bei Unterbeschäftigung eingesetzt[77, 78] und von Patinkin — wie

---

[70] Vgl. *Don Patinkin*, Price Flexibility and Full Employment, The American Economic Review, XXXVIII (1948), wiederabgedruckt in: Readings in Monetary Theory, a.a.O., S. 252 ff.

[71] Vgl. *Arthur C. Pigou*, Employment and Equilibrium, a.a.O., S. 96 ff.; aber auch *Gottfried Haberler*, Prosperität und Depression, a.a.O., S. 498 ff.

[72] Vgl. *Don Patinkin*, Price Flexibility and Full Employment, a.a.O., S. 269 ff.

[73] Vgl. *Don Patinkin*, Money, Interest and Prices, a.a.O., S. 17 ff.

[74] Vgl. *Knut Wicksell*, Interest and Prices, New York 1936 (Übersetzung von: Geldzins und Güterpreise, Jena 1898), repr. New York 1965, S. 39 f. — "... let us suppose that for some reason or other commodity prices rise while the stock of money remains unchanged, or that the stock of money is diminished while prices remain temporarily unchanged. The cash balances will gradually appear to be *too small in relation to the new level of prices* ... I therefore seek to enlarge my balance."

[75] Vgl. z. B. die Begriffe des ‚induced lacking and dislacking' bei *Dennis H. Robertson*, Banking Policy and the Price Level, a.a.O., S. 49: "Induced lacking occurs when ... people hold money off the market, and refrain from consumption ... in order to bring the real value of their money stocks up again to what they regard as an appropriate level."

[76] Vgl. hierzu *Werner Ehrlicher*, Geldtheorie, a.a.O., S. 239.

[77] Vgl. *Arthur C. Pigou*, Employment and Equilibrium, a.a.O., S. 96 ff. — "As the real value of private wealth increases, ... the excess of potential

schon erwähnt — als allgemeingültiges Phänomen in den Mittelpunkt seiner Analyse zur Verklammerung von Geld- und Gütertheorie gestellt[79].

(b) Um die Wirkungen von Realwertänderungen für beide Vermögenskategorien (ertragsorientierte und liquiditätsorientierte Vermögensanlagen) — den wealth-cash-effect und wealth-saving-effect also — zusammen abhandeln zu können, soll von einer Preiserhöhung der zum Kauf beabsichtigten Güter bei Konstanz der Nominalwerte der Vermögensanlagen ausgegangen werden. Dabei wird eine als gleichgewichtig angesehene Aufteilung der Einkommen auf Konsumausgaben und Vermögensdispositionen unterstellt. Der Realwert der Vermögensanlagen reduziert sich und liegt somit niedriger als der gewünschte, d. h. niedriger als der Gleichgewichtswert, bei dem niemand Anlaß hätte, seine Dispositionen zu ändern.

Die Vertreter der wealth-effects unterstellen nun, da die zurückgelegten Gelder nicht ausreichen, um die für einen *späteren Zeitpunkt*

---

saving over potential investment which accounted for the initial unemployment is eventually eliminated. In the absence of barriers to price- and cost-reductions, the system thus has an automatic tendency to approach the state of full employment ..." (*Lloyd A. Metzler*, Wealth, Saving, and the Rate of Interest, a.a.O., S. 96).

78 Allerdings wird in der Literatur im allgemeinen hervorgehoben, daß selbst bei vollständiger Preis- und Lohnflexibilität die Größenordnung des Pigou-Effekts (selbst in Verbindung mit dem Keynes-Effekt) nicht ausreicht, um Vollbeschäftigung sicherzustellen. Vgl. z. B. *Thomas Mayer*, The Empirical Significance of the Real Balance Effect, The Quarterly Journal of Economics, LXXIII (1959), S. 275 ff.; *Alvin Hansen*, The Pigouvian Effect, The Journal of Political Economy, LIX (1951), S. 536 f. "Combining both the Keynesian effect (via the interest rate) and the Pigouvian effect (via the consumption function), there is no doubt that these 'monetary effects' *may* be among the factors tending *to stop the downswing* ... But it is one thing to put a floor to a downswing, and quite a different thing to secure expansion to full employment." — Ebenda, S. 536.

79 "For the magnitude of the discrepancies which ... money reserves are designed to cover clearly depends on the prices which must be paid for commodities, hence the effective magnitude of these reserves can be determined only in relation to the level of prices." — *Don Patinkin*, Money, Interest and Prices, a.a.O., S. 19. Selbst dann also, wenn die Gleichgewichtspreis*relationen* der Ausgangssituation durch die Preissteigerung nicht gestört würden, bliebe das System nicht im Gleichgewicht, wie die Klassik angenommen hat, da sich infolge des Anstiegs der absoluten Preise der Realwert der transaktionsbestimmten Kassenbestände vermindert hat, so daß die tatsächliche Relation zwischen Kassenbeständen und Ausgaben nicht mehr der gewünschten entspricht. — Die Beurteilung dieser Verklammerung von Geld- und Werttheorie mittels des real-balance-effect in der Literatur ist uneinheitlich; sie reicht von der ‚Beseitigung eines Schönheitsfehlers' (*Hermann G. Bieri*, Der Streit um die „klassische Dichotomie", Schweizerische Zeitschrift für Volkswirtschaft und Statistik, 99 [1963], S. 172 ff.) bis zum „important first step towards the development of a useful theory of monetary dynamics". — *Robert Clower*, Classical Monetary Theory Revisited, Economica, N.S., XXX (1963), S. 170.

geplanten Ausgaben durchführen zu können, daß die Wirtschaftssubjekte den nominalen Vermögensbestand erhöhen, um diese Ausgaben tätigen zu können[80].

Zwar setzt sich die Aufrechterhaltung des Realwerts nicht in absoluter Weise durch, d. h. die Nachfrage nach Realvermögen ist in bezug auf Preisänderungen nicht vollkommen unelastisch, aber es werden nominal mehr Einnahmen gebunden als bisher. "For the negative real-balance-effect generated by the price increase causes the amount demanded of real balances to decrease. Correspondingly, the amount of nominal balances demanded will increase less than in proportion to the price increase[81]." Durch die Erhöhung der nominalen Vermögensanlage geht ceteris paribus die Nachfrage nach Gütern zurück, und die Preise sinken[82].

Diese Reaktionen gelten allerdings nur unter der Voraussetzung, daß die Preissteigerung und damit der Rückgang des Realvermögenswertes als endgültig angesehen wird, d. h. mindestens bis zum vermuteten Zeitpunkt der Verwendung der Mittel für Konsumgüter Gültigkeit haben wird[83, 84].

---

80 Die tatsächliche (und erwartete) Entwicklung des Realwerts der jeweiligen Vermögensanlagen hätte als Bestimmungsgrund für die staatlichen liquiditätsorientierten Dispositionen nicht die gleiche Bedeutung wie für die privaten.

Der Grund dafür ist folgender: Für den Staat ist der Realwert der Vermögensanlagen (Schulden) dann nicht interessant, wenn er die durch eingetretene Realwertänderungen notwendig werdenden Kompensationen nicht durch eine Veränderung der liquiditätsorientierten Dispositionen herbeiführen muß, sondern durch Schuldenaufnahme und Steuererhöhung vornehmen kann. — Vgl. *Gottfried Haberler,* The Pigou Effect Once Again, The Journal of Political Economy, LX (1952), S. 240 ff.

81 *Don Patinkin,* Money, Interest and Prices, a.a.O., S. 29 f.

82 "... should ... [the balances] be decreased below the level ... [the individual] considers necessary he will seek to remedy the situation by decreasing his amounts demanded, thereby decreasing his planned expenditures, and thereby building up his balances." — *Don Patinkin,* Money, Interest and Prices, a.a.O., S. 19. — Vgl. auch *Johan G. Koopmans,* Zum Problem des „neutralen" Geldes, a.a.O., S. 269 f.

83 Vgl. *Andreas Paulsen,* Allgemeine Volkswirtschaftslehre, Bd. IV, 5. A., Berlin 1968, S. 66.

84 In einem ungleichgewichtigen Wachstumsprozeß ist im ‚wealth-effect' nach dieser Darstellung eine zum Gleichgewicht zurücktendierende Kraft zu sehen, die einem sich kumulativ entwickelnden Prozeß, wie ihn z. B. Harrod im Anschluß an neoklassische Konjunkturtheorien bei einer einmal verlassenen Gleichgewichtswachstumsrate beschreibt ("... in the dynamic field we have a condition opposite from that which holds in the static field. A departure from equilibrium instead of being self-righting, will be self-aggravating." — *Roy F. Harrod,* An Essay in Dynamic Theory, The Economic Journal, IL [1939], S. 18), entgegensteht, da eine Preissteigerungen auslösende Nachfrage ihren exzessiven Charakter verliert, wenn der ‚wealth-effect' wirksam wird und Liquidität bindet.

Aber mit der Bindung von Liquidität ist der Prozeß noch nicht zu Ende. Hat der Rückgang der Güternachfrage zur Folge, daß die Preise sinken, wie es bei der Ableitung des wealth-effect unterstellt wird[85], so wird der Wert des Realvermögens wieder steigen. Das Realvermögen hatte jedoch vor der Preissenkung die gewünschte Höhe erreicht, so daß sich durch seine Verringerung die Güternachfrage wiederum erhöhen kann und der Anpassungsprozeß weitergeht.

Letztlich kommt es auf das Verhältnis der laufenden Transaktionen zur Vermögensanlage und das Ausmaß der Preisänderung und Preiselastizität der Realvermögensnachfrage an, ob und wie dieser Prozeß in Form einer cobweb-Anpassung[86] zu einem Gleichgewicht der genannten Größen führt[87].

— Sieht man von der extremen Konstellation ab, in der aus dem balance-effect ein imbalance-effect werden könnte, so bildet der real-balance-effect in seiner Ausprägung als wealth-cash-effect — selbst wenn er empirisch nachzuweisen ist[88] — nur eine schwache Klammer für den Versuch, Geld- und Werttheorie miteinander zu verzahnen; er kann nicht so wirkungsvoll sein, wie seine Vertreter annehmen. Es gilt die Einschränkung Haberlers[89] in bezug auf die Wirksamkeit der gesamten Transaktionskasse als eigenständige Determinante für die Nachfrage nach Geld auch für den wealth-cash-effect. Soweit die Erhöhung der Kasse nicht zu einer Erhöhung der ‚idle balances' führt, bedeutet sie nur eine vorübergehende Einschränkung der Konsumgüternachfrage mit der Folge, daß der wealth-cash-effect lediglich aus einer zeitlichen Verzögerung der Nachfrage innerhalb der Einkommensperiode abgeleitet werden kann.

---

85 "... the universal reduction in demand ... will necessarily bring about a continuous fall in all prices. This can only cease when prices have fallen to the level at which the cash balances are regarded as *adequate*." — *Knut Wicksell*, Interest and Prices, a.a.O., S. 40.

86 Vgl. auch *Harry G. Johnson*, Monetary Theory and Policy, a.a.O., S. 5, Fn. 1. — "... inferiority of real balances would imply that any disturbance to an individual's initial equilibrium would be followed by a 'cobweb' adjustment of his real balances and consumption in succeeding weeks, a pattern difficult to rationalize."

87 "... an individual is in long-run equilibrium if he is neither adding to nor subtracting from his initial cash balances under the given endowment and price level conditions with which he is confronted." — *Don Patinkin*, Money, Interest and Prices, a.a.O., S. 53.

88 Vgl. *Lowell E. Gallaway* and *Paul E. Smith*, Real Balances and the Permanent Income Hypothesis, The Quarterly Journal of Economics, LXXV (1961), S. 308 ff.; *A. J. Brown*, The Great Inflation 1939—1951, London 1955, Kap. X, insbes. S. 236 f.

89 Vgl. *Gottfried Haberler*, Prosperität und Depression, a.a.O., S. 203.

Dann aber stellt sich die Frage, ob in so kurzer Frist, während der der Rückgang der Nachfrage spürbar wird, eine Senkung der Preise eintreten dürfte, die — wie an anderer Stelle ausgeführt wird[90] — nicht automatischer Natur ist[91].

Damit konzentriert sich die Bedeutung des wealth-cash-effect auf die Kassenhaltung zu Transaktionszwecken, die über eine Periode hinweg gehalten wird. Nur dann ist seine Auswirkung längerfristiger Natur, und es erhöht sich die Wahrscheinlichkeit, daß es zu einer Reduktion der Preise kommt.

Eine Unterstützung des wealth-cash-effect durch eine Erhöhung der Kassenhaltung nicht aus dem Transaktionsmotiv, sondern dem *Vorsichtsmotiv* ist nur zu erwarten, wenn aufgrund der Preiserhöhung die Unsicherheit hinsichtlich der weiteren Preisentwicklung wächst; mit anderen Worten: wenn sich die Preiserhöhung im längerfristigen Zusammenhang eines Inflationsprozesses nicht als exzeptionell erweist, kommt auch das Vorsichtsmotiv nicht zum Tragen.

— Neben der Betonung des kurzfristigen Charakters der Wirkung des wealth-cash-effect, verbunden mit der Vermutung, daß damit nicht notwendigerweise eine Änderung der Preise einhergeht, ist darüber hinaus die Annahme zu spezifizieren, daß die Senkung des Realwerts der Vermögensanlagen in jedem Fall zu einer Erhöhung der nominalen Vermögensanlagen führen muß.

Eine grobe Einteilung der Konsumausgaben in drei Kategorien (doppelt fixierte, einfach fixierte und nicht fixierte Ausgaben) soll die Notwendigkeit einer Spezifizierung verdeutlichen:

Doppelt fixierte Ausgaben sind solche Ausgaben, die eine geringe sachliche und zeitliche Elastizität aufweisen, also sowohl hinsichtlich der Art und des Umfangs als auch hinsichtlich des Zeitpunkts der Verwendung festliegen. Zu ihnen gehören z. B. Ausgaben für Mieten, Versicherungsprämien, vertraglich vereinbarte Teilzahlungen sowie lebensnotwendige Güter mit geringer Lagerfähigkeit, aber auch solche — normalerweise einfach fixierten — Ausgaben, bei denen die Höhe der dafür zur Verfügung stehenden Einnahmen die zweite Fixierung bildet, indem diese Güter nicht zu jedem beliebigen Zeitpunkt, sondern erst dann, wenn ein ausreichender Kaufbetrag vorhanden ist, angeschafft werden können.

Einfach fixierte Ausgaben sind solche Ausgaben, die zwar hinsichtlich der Art und des Umfangs eine geringe Elastizität haben, nicht aber

---

90 Vgl. S. 162 ff.

91 Zur lediglich kurzfristigen Bedeutung des real-balance-effect vgl. *G. C. Archibald* und *R. G. Lipsey*, Monetary and Value Theory: A Critique of Lange and Patinkin, The Review of Economic Studies, XXVI (1958), S. 1 ff.

hinsichtlich des Zeitpunkts der Verwendung. Zu ihnen gehören vor allem Ausgaben für lagerfähige lebensnotwendige Güter, die zwar bei Preiserhöhungen mit Sicherheit einen größeren Einkommensbetrag binden als zuvor, deren Verwendung aber zu jedem beliebigen Zeitpunkt innerhalb der Einkommensperiode erfolgen kann.

Die nicht fixierten Ausgaben schließlich sind nicht nur hinsichtlich des Zeitpunktes der Verwendung elastisch, sondern auch hinsichtlich ihrer Art und ihres Umfangs. Diese frei verfügbaren Einkommensbeträge, die mit steigendem Einkommen zulasten der einfach und doppelt fixierten Ausgaben prozentual anwachsen[92], werden für Güter und Dienstleistungen ausgegeben, die als ‚Luxuskonsum' gelten.

Geht man von dieser Einteilung der Ausgaben aus, so zeigt sich, daß Wirkungen in der Art des wealth-effect mit einiger Sicherheit nur für die doppelt fixierten Ausgaben unterstellt werden können. Nur bei dieser Ausgabenkategorie ist zu erwarten, daß eine Verringerung im Realwert der zu ihrer Durchführung gehaltenen Vermögensbestände durch eine Erhöhung des nominalen Vermögensbestandes kompensiert wird, um am Tage der Verausgabung den erforderlichen Betrag zur Verfügung zu haben. In diesem Fall tritt eine augenblickliche Reduktion der Nachfrage und evtl. ein Rückgang der Preise ein.

Ein anderes Verhalten hingegen kann bei einfach bzw. nicht fixierten Ausgaben erwartet werden. Hier lösen Kaufkraftverschlechterungen der Einkommen nicht unbedingt eine Erhöhung der nominalen Vermögensanlage aus, da ja der Zeitpunkt — und im Falle der nicht fixierten Konsumausgaben sogar die Höhe — der zu tätigenden Ausgaben variabel ist. Eine Adjustierung des realen Kassenbestandes an das Ausgangsniveau ist nicht mehr in gleicher Weise vordringlich wie im Fall der doppelt fixierten Konsumausgaben.

Damit aber kann sich eine zum wealth-effect entgegengesetzte Tendenz durchsetzen, die in dem Bemühen zum Ausdruck kommt, nicht den augenblicklichen Realwert des Vermögens, sondern den augenblicklichen Realwert der Konsumausgaben auf einer bestimmten Höhe zu halten (*real-consumption-effect*). Diese Reaktion wurde bereits von Hayek[93] erkannt und dürfte durch die von Duesenberry beschriebene Anziehungskraft des ‚previous peak level income' ausgelöst werden, derzufolge die Aufrechterhaltung eines einmal erreichten Lebensstandards Vorrang vor anderen Dispositionen hat[94].

---

[92] So stiegen die frei verfügbaren Einkommen in der BRD von 1953 8,3 % auf 25,7 % im Jahre 1965 — vgl. Ermittlungen der Gesellschaft für Konsum-, Markt- und Absatzforschung e. V. (GfK), Handelsblatt, Nr. 42, 2/3 1966, S. 3.

[93] Vgl. *Friedrich A. Hayek*, Preise und Produktion, a.a.O., S. 85 ff.

[94] Vgl. *James S. Duesenberry*, Income, Saving, and the Theory of Consumer Behavior, a.a.O., S. 115.

Die dazu nötigen Mittel werden durch Reduzierung des nominalen Vermögens bereitgestellt werden müssen, wodurch sich der Realwert der Vermögensanlagen weiter verringert.

Aber selbst wenn — wie in realistischer Weise anzunehmen ist — der Realkonsum nicht auf dem einmal erreichten Niveau gehalten werden kann, sondern sich auf dem durch die Preiserhöhung reduzierten Niveau einspielt, ergibt sich noch keine Preissenkung[95].

— Eine Möglichkeit, den real-consumption-effect mit dem real-wealth-effect in Einklang zu bringen, wobei der wealth-effect allerdings seine zum Gleichgewicht zurücktendierende Kraft verliert, also *kein* real-*balance*-effect mehr ist, ergibt sich dann, wenn die Unzulänglichkeit des Realwerts der Vermögensanlagen durch Rückgriff auf die Spekulations- oder Vorsichtskasse behoben wird (*Substitutionseffekt*).

Die Folge eines solchen Vorgehens ist, daß in dem Umfang, in dem eine als erforderlich angesehene Erhöhung des Realwertes der Vermögensanlagen zulasten der Spekulations- oder Vorsichtskasse geht, kein Rückgang der Konsumgüternachfrage zu erfolgen braucht.

— In bezug auf die ertragsorientierten Vermögensanlagen ist noch auf eine weitere Gegentendenz zum wealth-effect aufmerksam zu machen: Eine Senkung des Realwerts des ertragsorientierten Vermögens infolge einer Preiserhöhung der zum Kauf beabsichtigten Güter bedeutet gleichzeitig eine *Minderung der realen Ertragsfähigkeit* dieser Anlagen und damit — positive Ertragselastizität vorausgesetzt — einen Rückgang der Anlageneigung.

Selbst wenn man davon absieht, daß diese Reaktion — da die Senkung des Realwerts über Preiserhöhungen eingetreten ist — Freiheit von Geldillusion voraussetzt, dürfte diese Gegentendenz allerdings nicht als besonders wirkungsvoll anzusehen sein. Es besteht weitgehend Einmütigkeit darüber, daß innerhalb eines ‚Normalbereichs' der Ertragsfähigkeit eine Minderung oder Erhöhung keinen nennenswerten Einfluß auf die Aufteilung in Konsumausgaben und ertragsorientierte Vermögensanlagen ausübt. „... interest rates [als eine Komponente der realen Ertragsfähigkeit — d. V.] were not a powerful enough consideration to make ... [people] cut their

---

[95] Im entgegengesetzten Fall einer Erhöhung des Realwerts der Vermögensanlagen sind die Entscheidungen der Wirtschaftssubjekte weniger gebunden, da es sich nicht um die Verteidigung bereits erreichter Realpositionen handelt, sondern um die Verteilung eines Realwertzuwachses. Auf diese Asymmetrie des ‚real-wealth-effect' (liquidity-pressure-effect in Hicksscher Terminologie) hat besonders Hicks hingewiesen (*John Hicks*, Critical Essays in Monetary Theory, a.a.O., S. 52, insbes. Fn. 1), der allerdings den sich ergebenden Realwertzuwachs ohne Begründung einseitig den Vermögensanlagen (investment assets) zuweist.

expenditures so as to be able to save more[96]." Die Mannigfaltigkeit der Motivationen der Spartätigkeit, insbesondere die ‚Verteilung des Konsums über die Zeit', legt bereits diesen Schluß nahe; denn nur das Sparen zur Erzielung zusätzlicher Einkommen könnte von der bestehenden Höhe der Erträge innerhalb des Normalbereichs beeinflußt werden und deutlich positiv mit ihr korrelieren.

Aber diese Sparkategorie — die zur Erzielung zusätzlicher Einkommen angelegten Beträge — macht einen so geringen Anteil an den gesamten ertragsorientierten Vermögensanlagen aus, daß, insgesamt gesehen, normalerweise kaum von einem bedeutsamen Einflußfaktor für die Entscheidung bezüglich Konsumausgaben und ertragsorientierter Anlagen gesprochen werden kann. Diese Überlegungen gelten jedoch nicht auch für eine extrem hohe reale Ertragsfähigkeit der Sparbeträge, wie sie z. B. durch Sparprämien erreicht wird. Von einer bestimmten Höhe an tritt der Gedanke der Einkommenserzielung als Bestimmungsgrund für die Aufteilung der Einkommen auf Konsum und Sparen stärker in den Vordergrund.

— Ferner ist noch auf eine Gegenkraft zum wealth-effect hinzuweisen, die in der Literatur mit *real-indebtness-effect* bezeichnet wird[97]. Bei einem Schuldner verringert sich der Realwert des Schuldenbestandes, wenn die Güter und Leistungen im Preis steigen, aus deren Erlös die Schulden gezahlt werden sollen, mit der Folge, daß zur Rückzahlung gebundene Beträge frei werden und die Ausgaben für laufende Transaktionen steigen können[98]. Der real-indebtness-effect ist seinem Wesen nach ein imbalance-effect, denn bei einer Schuld handelt es sich um eine doppelt fixierte Ausgabe, bei der sich der Realwert voll durchsetzt. Es entsteht eine dem wealth-effect entgegenlaufende Wirkung.

— Neben dem real-consumption-effect, dem Substitutionseffekt, dem Ertragseffekt der Sparanlagen und dem real-indebtness-effect kann dem wealth-effect noch ein weiterer Effekt gegenübergestellt werden, bei dem die Nachfrage nach Gütern positiv, das Angebot negativ mit Preisänderungen korreliert sind. Diese Wirkungen, die als *monetary-imbalance-effect* bezeichnet werden können, resultieren aus der Einbeziehung bestimmter Erwartungen hinsichtlich wei-

---

96 *George Katona*, The Powerful Consumer, a.a.O., S. 223.

97 Vgl. z. B. *Don Patinkin*, Money, Interest and Prices, a.a.O., S. 71.

98 "For consider an individual confronted with an equiproportionate increase in money prices and initial money holdings. If he is a debtor, such a change reduces the real burden of his initial debts and hence tends to increase his demands for goods." — Ebenda.

terer Realwertänderungen im Anschluß an bereits eingetretene Realwertänderungen[99].

Wird wiederum unterstellt, daß die Realwertänderung durch eine Preiserhöhung der zum Kauf vorgesehenen Güter zustande kommt, so steht die Frage im Vordergrund, ob mit einem monetary-imbalance-effect sowie in der Folge mit einer weiteren Nachfrageerhöhung (und/oder Angebotssenkung) und damit einem verstärkten Ungleichgewicht zwischen Konsumgüternachfrage und -angebot zu rechnen ist.

Das Auftreten des monetary-imbalance-effect bei Preiserhöhungen der Güter hängt zunächst einmal davon ab, ob aufgrund von Ankündigungen der Produzenten oder aufgrund von Extrapolationen von vergangener und gegenwärtiger Preisentwicklung in die Zukunft weitere Preiserhöhungen erwartet werden.

Ist das der Fall, so entspricht es dem Rationalprinzip, die erwartete Preisentwicklung in die Dispositionen miteinzubeziehen und durch Antizipation von Käufen (Vorverlegung der Ausgabetermine) den Nutzen gegebener Einkommen zu erhöhen[100].

Diese der Tendenz nach zutreffende Aussage bedarf einiger Modifikationen:

Erstens werden erwartete allgemeine Preiserhöhungen nur von einer bestimmten Höhe und Geschwindigkeit an die Kaufgewohnheiten ändern. „Es bedarf kaum der Erwähnung, daß die Erwartung sinkenden Geldwertes die Umlaufgeschwindigkeit erhöht, wobei freilich *leichte Preiserhöhungen nicht so schnell und stark* ins Bewußtsein dringen wie rasche Preissteigerungen[101]." Es gibt gewissermaßen einen Schwellenwert[102] — ausgedrückt durch einen Prozent-

---

[99] In einer solchen Situation verstärkt sich auch der real-indebtness-effect, da die erwartete Realwertsenkung zukünftiger Schulden die Notwendigkeit zu Schuldenrückstellungen in der Gegenwart reduziert.

[100] "Suppose a person is convinced that in the near future there will be an increase in the price level, or an increase in the prices of things he desires to purchase. Then he may have good reason to do more buying or to buy certain goods before their prices rise." — *George Katona*, Psychological Analysis of Economic Behavior, a.a.O., S. 142.

„Ist einmal die ‚Geldillusion' breiter Schichten der Bevölkerung zerstört, so kommt es auf dem Weg der sozial-psychologischen ‚Ansteckung' schnell zu jener Eigendynamik der galoppierenden Inflation, die dadurch gekennzeichnet ist, daß das Mißtrauen zu einer Steigerung der monetären Nachfrage und damit zum Preisanstieg, dieser und der darin zum Ausdruck kommende Kaufkraftverlust der Geldeinheit aber wiederum zu einem weiteren Abbau der Vertrauenssubstanz führt." — *Günther Schmölders*, Geldpolitik, a.a.O., S. 363 f.

[101] *Wilhelm Weber* und *Erich Streissler*, Erwartungen, Unsicherheit und Risiko, a.a.O, S. 337 (Hervorhebung vom Verf.).

[102] Vgl. zur Problematik der Reaktionsschwelle auch *Günter Schmölders*, Geldpolitik, a.a.O., S. 363. Der Schwellenwert entfällt vielfach, wenn Preiserhöhungen zu einem bestimmten Termin angekündigt werden.

satz, mit dem zu einem bestimmten zukünftigen Zeitpunkt die Relation der erwarteten Preise zu den herrschenden Preisen über eins liegt —, von dem an die allgemeinen Preiserwartungen im Kalkül der Haushalte anfangen, eine Rolle zu spielen.

Dieser Schwellenwert wird um so niedriger liegen, je länger schon eine einseitige Preisbewegung anhält, also bei schleichender Inflation, und um so höher, je sporadischer und unvorhersehbarer Preisveränderungen sind, etwa im Gefolge des technischen Fortschritts. Andererseits ist es vorstellbar, daß die „monetären Attitüden ... nicht erst und auch nicht nur dann beeinflußt [werden], wenn ein allgemeiner Anstieg aller Preise eintritt; Mißtrauen kann auch bereits dann um sich greifen, wenn sich die Preisrelationen verändern, obgleich das Preisniveau als ganzes noch konstant geblieben ist"[103]. Der Grund für ein solches Verhalten könnte darin liegen, daß bereits die Erhöhung bestimmter Preise als Anzeichen für eine zu erwartende Erhöhung des Preisniveaus angesehen wird.

Zweitens gilt natürlich die Kritik, die an der Wirksamkeit eines Teils des wealth-cash-effect aufgrund seiner Kurzfristigkeit geübt wurde, in ähnlicher Weise auch für den monetary-imbalance-effect. Soweit eine Massierung der Nachfrage am Anfang einer Periode notwendigerweise ein Nachlassen gegen Ende dieser Periode zur Folge hat, ist es fraglich, ob dies bei der Kürze des betrachteten Zeitraums ausreicht, um Preisreaktionen auszulösen. Der monetary-imbalance-effect behält aber immer dann seine Bedeutung, wenn er von den liquiditätsorientierten Anlagen, die über eine Periode hinweg gehalten werden, und von den ertragsorientierten Anlagen ausgeht. In diesen Fällen kommt es zu einer Erhöhung der effektiven Nachfrage der betrachteten Periode.

Drittens wird der monetary-imbalance-effect nicht bei allen Güterkategorien in gleicher Weise akut[104]. Anknüpfend an die eingeführte Dreiteilung der Ausgaben werden insbesondere einfach oder nicht fixierte Ausgaben, die bisher außerhalb der betrachteten Periode lagen, in die Periode verlagert, um weiteren Preiserhöhungen zuvorzukommen. Von den doppelt fixierten Ausgaben werden diejenigen, für die Anlagen des Finanzvermögens zur Ansammlung des notwendigen Kaufbetrages gemacht werden mußten, teilweise durch eine vermehrte Kreditaufnahme vorverlegt. Bei den übrigen doppelt fixierten Ausgaben (z. B. bei Mietzahlungen) kommt — sieht man von so extremen Preisentwicklungen ab, bei denen selbst vertraglich festgelegte Zahlungstermine geändert werden, — der monetary-imbalance-effect kaum zum Tragen.

---

[103] *Günter Schmölders*, Geldpolitik, a.a.O., S. 363.

[104] Vgl. *H. Lipfert*, Einführung in die Währungspolitik, München 1964, S. 11.

Viertens kann sich eine Kaufzurückhaltung bemerkbar machen bei einzelnen einfach und nicht fixierten Ausgaben, von denen in der Zukunft Preissenkungen erwartet werden oder bei denen die Preiserhöhung aufgrund eines ausgeprägten Kaufbewußtseins als ungerechtfertigt angesehen und mit einem Kaufboykott beantwortet wird[105].

Fünftens ist schließlich noch bei einzelnen Wirtschaftssubjekten ein defensives Verhalten denkbar, indem die Erwartungen weiterer Preiserhöhungen die Vorkehrungen für den zukünftigen Konsum in Form von Anlagen des Finanzvermögens verstärken.

Die Einschränkungen des monetary-imbalance-effect sind jedoch — von der ersten Modifikation abgesehen — lediglich partieller Natur, so daß sie dessen Bedeutung kaum schmälern können.

Werden die Realwertsenkungen jedoch nicht aufgrund von Preiserhöhungen, sondern aufgrund von Zinssenkungen erwartet, so tritt ein monetary-imbalance-effect kaum auf, da er allenfalls über sinkende Ertragserwartungen konstruiert werden könnte.

(4) Was den Einfluß des akkumulierten Vermögensbestandes ($\bar{V}$) bei der Aufteilung der Einkommen in Konsumausgaben und Anlagen des Finanzvermögens betrifft, so ist die Auffassung in der Literatur nicht so einmütig wie hinsichtlich des Einflusses von Realwertänderungen, obwohl auch bei letzteren — wie die oben gemachten Ausführungen zeigen sollten — m. E. eine differenzierte Betrachtungsweise angebracht wäre.

(a) Pigou und Scitovsky[106] vertreten beispielsweise die Position, daß die Neigung, Vermögen zu erwerben, eine abnehmende Funktion des bereits vorhandenen Vermögens ist. Das Umgekehrte gilt für die Neigung, laufende Transaktionen durchzuführen. Diese Annahme wird unmittelbar aus dem Gesetz vom abnehmenden Grenznutzen abgeleitet[107].

Diese Globalisierung des Gesetzes vom abnehmenden Grenznutzen ist jedoch nicht realistisch. Wenn bei der Befriedigung des Bedürfnisses nach einem Gut, ob in der Gegenwart oder in der Zukunft, eine Sätti-

---

[105] "... there have been ... times when preceptions of price advances led to a reduction in the rate of consumer spending." — *Eva Mueller*, Consumer Reactions to Inflation, The Quarterly Journal of Economics, LXXIII (1959), S. 261.

[106] Vgl. *A. C. Pigou*, Employment and Equilibrium, a.a.O., S. 96 ff.; *Tibor de Scitovsky*, Capital Accumulation, Employment and Price Rigidity, a.a.O., S. 69 ff.

[107] "... it is certain that a £ of new saving yields more amenity when added to a small store than when added to a large one." — *A. C. Pigou*, Employment and Equilibrium, a.a.O., S. 112.

gung in der Weise festzustellen ist, daß weitere Aufwendungen einen sinkenden Nutzen mit sich bringen und deshalb schließlich ganz unterbleiben, so trifft das nicht auch auf die Gesamtheit der gegenwärtigen oder zukünftigen Güter zu. Die Höhe des angesammelten Vermögens, durch die die Möglichkeiten der Bedürfnisbefriedigung in der Zukunft bestimmt werden, zeigt zwar an, inwieweit die Befriedigung mit bestimmten Gütern in Zukunft sichergestellt ist, nicht aber, wie groß das Bedürfnis nach weiteren zukünftigen Gütern insgesamt noch ist. Gilt die Erfahrungsregel von der Unbegrenztheit der Bedürfnisse, dann sagt ein großes Vermögen nichts darüber aus, ob die Intensität, weiteres Vermögen anzusammeln, geringer ist als bei kleinem Vermögensbestand.

(b) Es ist sogar denkbar, daß eine Einkommenserhöhung bei hohem Vermögensbestand in stärkerem Maße als bei niedrigerem zu Anlagen des Finanzvermögens führt. Als Begründung ist zum einen anzuführen, daß psychologische Untersuchungen, angewandt auf die Neigung zur Vermögensbildung, vermuten lassen, „that one's ‚taste' for wealth should increase the more of it one has, as one learns of its advantages"[108].

Diesen Zusammenhang bringt Patinkin, bezogen auf einen Vermögensbestand (Schuldenbestand) an langfristigen Wertpapieren, wie folgt zum Ausdruck: "... the more pronounced the individual's initial creditor position, the more inclined he will be to buy new bonds and thereby replenish his portfolio; the more pronounced his debtor position, the more pressed he will be to sell new bonds and thereby renew the credit previously extended to him[109]."

Andererseits läßt sich diese These mit der Beobachtung Katonas[110] erhärten, daß ein hoher Vermögensbestand in erheblichem Maße das Ergebnis einer regen Spartätigkeit in der Vergangenheit ist und auf eine hohe Neigung zur Vermögensbildung in der Gegenwart schließen läßt. Dabei ist allerdings auch denkbar, daß die Ansammlung von Vermögen in der Vergangenheit als Voraussetzung für erhöhte Konsumausgaben in der Gegenwart geplant ist.

Im Ergebnis läßt sich somit kaum sagen, welchen Einfluß der Vermögensbestand auf die Entscheidung der Konsumenten, ihre Einkommenserhöhungen auf laufende Transaktionen oder Anlagen des Finanzvermögens aufzuteilen, haben wird[111].

---

108 *Gardner Ackley*, Macroeconomic Theory, a.a.O., S. 272.

109 *Don Patinkin*, Money, Interest and Prices, a.a.O., S. 69.

110 "... in many cases the differences in wealth of people with similar incomes are due to the fact that some people habitually save greater proportions of their income than do others ..." — *George Katona*, Psychological Analysis of Economic Behavior, a.a.O., S. 168.

111 Oppenländer kommt nach Abwägen aller Faktoren zu dem Schluß, „daß nur in besonderen Situationen die Vermögenslage für die Konsum-

(5) Wird die Betrachtung der Determinanten für eine Aufteilung von Einkommen auf Konsumausgaben und Anlagen des Finanzvermögens zusammengefaßt, so lassen sich der Tendenz nach folgende Ergebnisse festhalten:

(a) Dem gegenwärtigen Einkommen wird in seiner absoluten Höhe als Determinante für die Aufteilung von Ausgaben innerhalb und außerhalb der Periode nicht die Bedeutung zuerkannt, die ihr z. B. Keynes — bezogen auf Konsum und Sparen — beimißt, da die Konsumneigung die Tendenz hat, sich mit der Höhe der durchschnittlichen Einkommen zu verschieben. Die Konsequenz daraus ist, daß — sofern keine anderen Bestimmungsgründe ins Spiel kommen — für Einkommenserhöhungen in etwa die gleiche Aufteilung gilt wie für die durchschnittlichen Einkommen, d. h. die marginale Neigung zur Vermögensanlage der durchschnittlichen entspricht. Weichen die tatsächlichen Einnahmeerhöhungen von den erwarteten ab, so vollzieht sich die endgültige Aufteilung zwischen laufenden Transaktionen und Vermögensanlagen mit einem time-lag, wobei die Vermögensanlagen als Puffergröße zwischen tatsächlicher und erwarteter Entwicklung dienen.

(b) Durch Einbeziehung der Einkommen der Vergangenheit verschiebt sich das Bild. Bei Einkommenserhöhungen, denen Einkommenssenkungen vorausgegangen sind, gilt als Maxime die Wiederherstellung der ursprünglich als optimal angesehenen Relation zwischen laufenden Transaktionen und Vermögensanlagen, was einen im Verhältnis zu kontinuierlich ansteigenden Einkommen überproportionalen Anstieg der Vermögensanlagen bedeutet.

(c) Werden schließlich die Erwartungen über die zukünftige Einkommensentwicklung hinzugenommen, so ist bemerkenswert, daß optimistische Erwartungen die Konsumneigung erhöhen, während sich die Erwartung von Einkommenssenkungen in der Regel positiv auf die Sparneigung auswirkt.

(d) Die liquiditätsorientierten Vermögensanlagen, die auf die Kassenhaltung außerhalb der Periode beschränkt wurden, werden nur zu einem kleinen Teil — nämlich sofern sie aus dem langfristigen Transaktionsmotiv (einschließlich des Vorsichtsmotivs) stammen — vom Einkommen und von Einkommensänderungen berührt. Im übrigen gehen Verschiebungen der liquiditätsorientierten Vermögensanlagen zulasten oder zugunsten der ertragsorientierten. Sie sind damit ein Problem alternativer Vermögensdispositionen, die insbesondere bei der Bestimmung des Geldangebots von Bedeutung sind, und nicht bei der Aufteilung in Konsumausgaben und Vermögensanlagen.

---

ausgaben eine Rolle spielt." — *Karlheinz Oppenländer*, Die moderne Wachstumstheorie, Berlin - München 1963, S. 99.

(e) Bei Betrachtung der Einwirkung des Realwerts der Vermögensanlagen auf die Einteilung der Einkommen in laufende Transaktionen und Anlagen des Finanzvermögens hat sich ergeben, daß der real-wealth-effect, der bei Realwertsenkungen der Vermögensanlagen bremsend und bei Realwerterhöhungen steigernd auf die Ausgaben für laufende Transaktionen — und damit ceteris paribus auf die Preise — Einfluß nimmt, nicht durchgängig wirkt. Die Kurzfristigkeit des wealth-cash-effect — sofern es sich nicht um eine über die Periode hinausreichende Kassenhaltung aus dem Transaktionsmotiv handelt —, der real-consumption-effect, der Substitutionseffekt, der Ertragseffekt der Sparanlagen und der real-indebtness-effect stehen dem wealth-effect entgegen.

Werden an die eingetretene Entwicklung der Realwerte gleichgerichtete Erwartungen hinsichtlich der zukünftigen Entwicklung geknüpft, so entsteht — sofern erwartet wird, daß die Realwertänderungen über Änderungen der Preise erfolgen — ein weiteres bedeutendes Gegengewicht zum wealth-effect, der monetary-imbalance-effect, so daß — insgesamt gesehen — die Gegenkräfte zum real-balance-effect überwiegen dürften.

(f) Hinsichtlich des bisher akkumulierten Vermögensbestandes sind sowohl positive als auch negative Einflüsse auf die betrachtete Aufteilung denkbar.

2. *Offenmarktpolitik der Zentralbank mit privaten Nichtbanken*

(1) Ist durch die Aufteilung des verfügbaren Haushaltseinkommens in Konsumausgaben und Änderungen des Finanzvermögens — zusammen mit anderen hier nicht analysierten Determinanten — die Geldnachfrage des Unternehmenssektors bestimmt, so müssen noch Kriterien gefunden werden, die darüber Auskunft geben, in welchem Umfang die Geldnachfrage aus der Privatwirtschaft gegenüber den *Geschäftsbanken* zur Geltung kommt (Bestimmung der Neigung der Geraden 0*b* in Abbildung 2).

Hierfür sind die Offenmarktoperationen der Zentralbank mit den Unternehmungen entscheidend[112].

Wird die Geldnachfrage der Unternehmungen in Form eines Verkaufs von Wertpapieren ausgeübt und tritt die Zentralbank als Käufer auf, so reduziert sich ceteris paribus die Geldnachfrage gegenüber dem Sektor der Geschäftsbanken[113].

---

112 Am Rande sei erwähnt, daß die Zentralbank gelegentlich die Geldnachfrage der Privatwirtschaft mit Hilfe von moral suasion zu beeinflussen versucht.

113 Zu den Auswirkungen auf das Geldangebot der Geschäftsbanken, wenn die Zentralbank als Verkäufer von Wertpapieren auftritt, vgl. S. 122.

Wenn bei den Offenmarktoperationen der Zentralbank Nichtbanken beteiligt sind, ergeben sich für die Einwirkung auf die Geldnachfrage insofern erhebliche Vorteile gegenüber anderen notenbankpolitischen Instrumenten, als der Einfluß unabhängig von der Mitwirkung der Geschäftsbanken erfolgen kann.

(2) Ein Anhaltspunkt dafür, ob die Zentralbank als Nettokäufer von Wertpapieren am Markt auftritt, ist in erster Linie aus ihrer Ausrichtung an der primären Zielsetzung einer kontinuierlichen, aber nicht exzessiven — d. h. Preissteigerungen[114] auslösenden — Liquiditätsversorgung der Wirtschaft abzuleiten[115]. Wird das Vollbeschäftigungsgleichgewicht unterschritten, besteht Anlaß zu einer großzügigeren Liquiditätsversorgung. Die Zentralbank wird per Saldo als Käufer von Wertpapieren auftreten.

Daneben kann die Betätigung der Zentralbank im *debt management* für den Staat einen weiteren Anhaltspunkt für Offenmarktoperationen mit privaten Nichtbanken liefern. Zur Vermeidung stärkerer Kursrückgänge von Staatspapieren (beabsichtigter Nettoverkauf seitens der Staatsgläubiger) kann sich die Zentralbank veranlaßt sehen, um das Vertrauen des Staates als Schuldner zu stützen (bzw. um höheren Zinslasten bei einer Neuverschuldung entgegenzuwirken), ebenfalls am Markt als Nettokäufer von Wertpapieren aufzutreten.

B. Darstellung und Analyse der Determinanten der staatlichen Geldnachfrage

I. Einleitender Überblick

Je nach der konjunkturellen Situation ist die Nachfrage nach Geld seitens des Unternehmenssektors gegenüber dem Bankensektor um die Geldnachfrage aus dem Staatssektor zu ergänzen.

(1) Für die staatliche Geldnachfrage ($_{St}N$) sind folgende Faktoren von Bedeutung:

— Faktoren, die die gesamten geplanten Ausgaben des Staates (Ausgaben für den Kauf von Gütern und Diensten und für Einkommenszahlungen) in einer Periode (*GY*) bestimmen. Diese Faktoren sollen als — weitgehend durch politische Entscheidungen — determiniert betrachtet werden.

---

114 Zur Kritik an diesem Maßstab vgl. *Günter Schmölders*, Geldpolitik, a.a.O., insbes. § 7.

115 Orientierungshilfen für eine kontinuierliche Liquiditätsversorgung bietet eine Analyse der monetären Einflüsse der Marktfaktoren auf die Liquiditätsposition der Geschäftsbanken sowie eine Potentialanalyse der Wirtschaft. Vgl. *Claus Köhler*, Orientierungshilfen für die Kreditpolitik, a.a.O., S. 42 ff.

— Faktoren, die den vom Staat mit ordentlichen Einnahmen finanzierbaren Anteil der Gesamtausgaben (${}_{T}GY$) bestimmen. Bei einem Haushaltsdefizit aufgrund der konjunkturellen Situation, dessen Höhe durch eine aktive Budgetpolitik (*BP*) entscheidend beeinflußt wird, ergibt sich als Differenz zwischen den Gesamtausgaben des Staates und dem einnahmefinanzierten Anteil der Gesamtausgaben die Nachfrage des Staates nach Geld gegenüber dem Bankensektor (${}_{St}Q$).

— Faktoren, die den Teil der gesamten staatlichen Geldnachfrage (${}_{St}Q$), der von der Zentralbank befriedigt wird (${}_{St}Q_Z$), bestimmen. Für diese Aufteilung ist die Schuldenpolitik des Staates (*SP*) von Bedeutung.

(2) Im Überblick stellen sich die Bestimmungsfaktoren der staatlichen Geldnachfrage wie folgt dar:

$$\begin{array}{l} \qquad\qquad\quad BP \\ \qquad\qquad\quad\ \downarrow \\ {}_{St}Q = GY - {}_{T}GY \\ \| \quad SP \\ \| \quad\ \downarrow \\ {}_{St}Q - {}_{St}Q_Z = {}_{St}N \quad \textit{(staatliche Geldnachfrage)} \end{array}$$

II. Darstellung der Determinanten im Zusammenhang

(1) Der Zusammenhang zwischen der staatlichen Geldnachfrage und ihren Determinanten soll — in Analogie zur privaten — ebenfalls mit Hilfe eines Achsensystems dargestellt werden: In Abb. 3 stehen auf den Achsen folgende in Geld ausgedrückte Größen: auf dem negativen Ast der Abszisse die verfügbaren Einkommen der nicht-staatlichen Sektoren (Haushalte und Unternehmen, ${}^{v}_{P}Y$)[116], auf dem negativen Ast der Ordinate die Steuerzahlungen der nicht-staatlichen Sektoren (*T*)[116], die dem durch ordentliche Einnahmen des Staates finanzierten Anteil der gesamten Staatsausgaben (${}_{T}GY$) entsprechen; auf dem positiven Ast der Abszisse die Nachfrage des Staates nach Geld insgesamt (${}_{St}Q$) und der Anteil der Geldnachfrage gegenüber der Zentralbank (${}_{St}Q_Z$) und auf dem positiven Ast der Ordinate der Anteil gegenüber den Geschäftsbanken (${}_{St}N$)[117].

---

[116] Von den verfügbaren Einkommen und Steuerzahlungen des Bankensektors wird aus Gründen der Vereinfachung abgesehen.

[117] Hierbei werden die Verhältnisse der BRD zugrundegelegt, in der der Staat finanzielle Transaktionen sowohl mit der Zentralbank als auch den Geschäftsbanken vornimmt.

(2) Die Gerade ${}_PY_1$ im dritten Quadranten gibt die Einkommen der nicht-staatlichen Sektoren (Haushalte und Unternehmen) wieder. Ihre Höhe wird gemessen durch den Abstand zwischen 0-Punkt und den Schnittpunkten dieser Geraden mit den Achsen. Eine Änderung der Einkommen kommt in einer Parallelverschiebung zum Ausdruck. Werden von den Einkommen die Steuerzahlungen (T_1) abgezogen, so ergeben sich die verfügbaren Einkommen der nicht-staatlichen Sektoren $({}^v_PY_1)$. Der Anteil der Steuerzahlungen an den Einkommen wird durch die Neigung der Geraden $0a$ gekennzeichnet. Jeder Punkt auf der ${}_PY_1$-Geraden spiegelt eine mögliche Aufteilung wider.

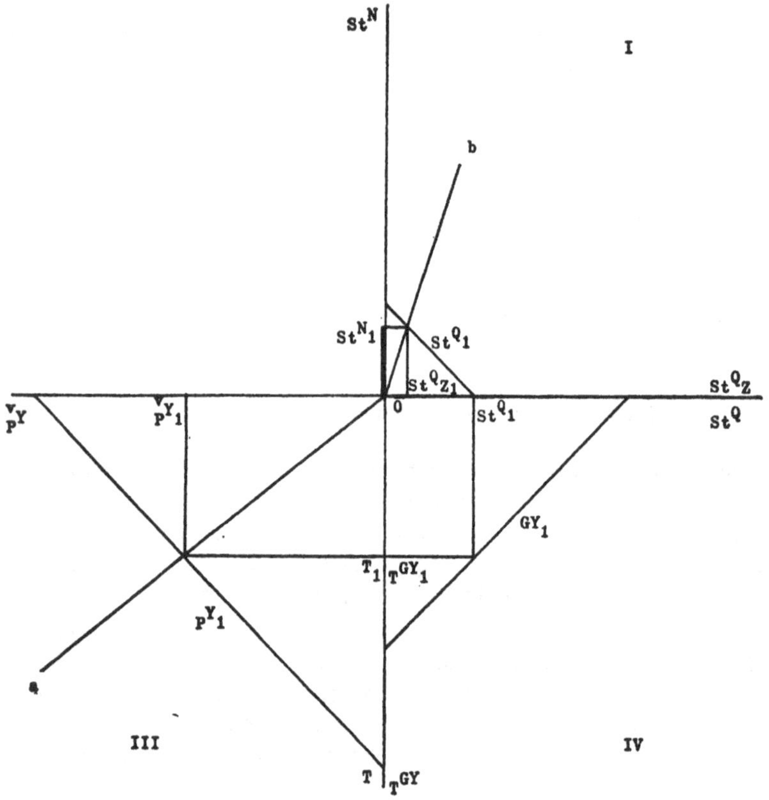

Abb. 3 Darstellung der Geldnachfrage des Staatssektors

Im vierten Quadranten stellt GY_1 die geplante Gesamtausgabenkurve des Staates dar. Durch den Abstand zwischen 0-Punkt und den Schnittpunkten dieser Geraden mit den Achsen wird die Ausgabenhöhe gemessen. Mit ${}_TGY_1$ ist der durch Steuern finanzierbare Anteil der geplanten Ausgaben gegeben. Die Differenz zu den gewünschten Gesamtausgaben (Budgetdefizit) stellt die Nachfrage nach Geld insgesamt dar $({}_{St}Q_1)$.

Sie wird im ersten Quadranten durch die Neigung der Geraden 0b aufgeteilt in eine Nachfrage gegenüber der Zentralbank $({}_{St}Q_{Z1})$ und gegenüber den Geschäftsbanken (stark eingezeichnete Strecke $0_{St}N_1$)[118].

(3) Die Nachfrage des Staates nach Geld gegenüber den Geschäftsbanken steigt somit ceteris paribus mit den geplanten Ausgaben (GY) und sinkt ceteris paribus mit zunehmendem Anteil der Steuerfinanzierung an den Gesamtausgaben $({}_TGY)$ und der Geldnachfrage gegenüber der Zentralbank $({}_{St}Q_Z)$ am Budgetdefizit.

In Kontenform würden sich diese Aussagen wie folgt darstellen:

Verfügbare Mittel im Staatssektor

Entstehung	Verwendung
(1) Steuereinnahmen (T_1) (2) Nachfrage nach Geld $({}_{St}Q_1)$ ./. Nachfrage gegenüber der Zentralbank $({}_{St}Q_{Z1})$ = *Nachfrage nach Geld gegenüber den Geschäftsbanken* $({}_{St}N_1)$	(1) Geplante Ausgaben (GY_1)

III. Analyse der Determinanten

(1) Zur Untersuchung der Bestimmungsgründe einer Nachfrage des Staates nach Geld gegenüber dem Sektor der Geschäftsbanken soll von einer (gemäß der primären finanzpolitischen Zielsetzung der Befriedigung von Kollektivbedürfnissen) bestimmten Höhe der Staatsausgaben ausgegangen werden, der aufgrund der erwarteten Sozialproduktentwicklung durch die Festlegung bestimmter Steuersätze ein entsprechendes Volumen der Staatseinnahmen zugeordnet ist.

Unter dieser Voraussetzung ergeben sich im wesentlichen zwei Determinanten der staatlichen Geldnachfrage gegenüber den Geschäftsbanken.

---

[118] Von einer Verschuldung gegenüber den Nichtbanken wird der Einfachheit halber abgesehen.

(a) Zum einen ist der Anteil der Steuerfinanzierung an den Gesamtausgaben (mit der Möglichkeit einer Verschuldung) von Bedeutung. Dabei kann davon ausgegangen werden, daß unausgeglichene Budgets grundsätzlich in zweifacher Weise entstehen können: Erstens werden geplante Ausgaben und erwartete Einnahmen, die zu einem ausgeglichenen Budget führen sollen, ex post nicht übereinstimmen, insbesondere wenn die Betrachtung auf kleine Perioden abgestellt ist, und zweitens können Ausgaben und Einnahmen von vornherein so geplant sein, daß sie zu einem unausgeglichenen Budget führen müssen.

(b) Zum anderen spielt der Anteil der Geldnachfrage gegenüber der Zentralbank infolge von Budgetdefiziten eine Rolle.

(2) Auf beide Determinanten kann der Staat in Zusammenarbeit mit der Zentralbank einwirken, und zwar im Sinne einer Stabilisierung des gesamtwirtschaftlichen Vollbeschäftigungsgleichgewichts bzw. einer kontinuierlichen — aber nicht exzessiven — Liquiditätsversorgung der Wirtschaft. Im Rahmen der Fiscal Policy stehen ihm dazu einerseits eine aktive Budgetpolitik und andererseits die Schuldenpolitik zur Verfügung.

(a) Unter aktiver Budgetpolitik sind die Maßnahmen des Staates zu subsumieren, mit denen Ausgaben und Steuereinnahmen so manipuliert werden, daß sie zu einer Stabilisierung der Wirtschaft in der Nähe des Vollbeschäftigungsgleichgewichts beitragen. Als solche ist sie neben einer Politik der Budgetverlängerung (balanced budget multiplier) vor allem eine ex-post-Politik zur Erzielung von Budgetdefiziten in Rezessionen. Es entsteht eine Erhöhung der gesamten staatlichen Geldnachfrage.

(b) Mit der Schuldenpolitik kann der Staat seine Geldnachfrage in der Weise zwischen Zentralbank und Geschäftsbanken verlagern, daß er die Zentralbank bei der Erreichung des Ziels einer kontinuierlichen, nicht-exzessiven Liquiditätsversorgung der Wirtschaft unterstützt. Er kann das tun, indem er zum Zwecke der Liquiditätsausweitung der Geschäftsbanken die Geldnachfrage stärker auf die Zentralbank richtet und sich umgekehrt verhält, sofern eine Liquiditätsverengung angestrebt wird[119].

---

[119] Zur Beeinflussung des Geldangebots der Geschäftsbanken vgl. S. 123.

Fünftes Kapitel

Bestimmung des Geldangebots des Bankensektors gegenüber dem Nichtbankensektor

A. Grundsätzliche Überlegungen zu Geldangebotsfunktionen

(1) Der Nachfrage nach Geld seitens der Nichtbanken steht das Angebot an Geld, wie es vom Bankensektor bereitgestellt wird, gegenüber. Direkte Transaktionen der Zentralbank mit den Nichtbanken gehen — wie die bisherige Analyse gezeigt hat — in die Determinanten der Geldnachfrage dieser Sektoren ein oder beeinflussen — wie noch zu zeigen sein wird — den Geldabfluß der Nichtbanken an den Bankensektor. Im übrigen macht die Zentralbank ihren Einfluß auf die Wirtschaft über die Geschäftsbanken geltend[1].

Von den Geschäftsbanken stammt demnach das Geldangebot des Bankensektors (Bargeld und Sichtguthaben) gegenüber den Nichtbanken. Ähnlich wie bei der Geldnachfrage sollen die Determinanten des Geldangebots vorweg beschrieben werden.

(2) Dabei ergibt sich aus den nachfolgenden Überlegungen die Notwendigkeit, eine eigene Geldangebotsfunktion zu entwickeln, anstatt auf eine der vorhandenen Funktionen[2] zurückzugreifen. Mit Meltzer[3] lassen sich drei Typen von Geldangebotsfunktionen unterscheiden:

(a) *The monetary view of the supply of money:* Die Änderung einer geldpolitischen Variablen löst eine voraussagbare Änderung des Geldangebots aus. Mit anderen Worten, in erster Linie ist die Beeinflussung der Operationsbasis der Geschäftsbanken seitens der Notenbank für das Geldangebot relevant; alle anderen Determinanten üben einen zu vernachlässigenden Einfluß aus. "Variations in policy variables induce a reallocation of assets (or liabilities) in the balance sheets of economic

---

1 Da — um das Beispiel der BRD anzuführen — die Zentralbankkonten der Nichtbanken ebensowenig verzinst werden wie die der Geschäftsbanken, ist ihr Stand relativ gering. — Vgl. Methodische Erläuterungen zur Analyse der Bankenliquidität, Monatsberichte der Deutschen Bundesbank 17, 4 (1965), S. 32 f.

2 Vgl. *David I. Fand,* Some Implications of Money Supply Analysis, The American Economic Review, Papers and Proceedings, LVII (1967), S. 380 ff.

3 *Allan H. Meltzer,* Discussion in ‚Topics in Money', The American Economic Review, Papers and Proceedings, LVII (1967), S. 426 ff.

units which spills over to current output and thus affect the price level[4]."

Andererseits kann — unabhängig von der Entwicklung der Nachfrage nach Geld — bei entsprechenden Kreditrestriktionen die Geld- und Kreditmenge nicht ausgeweitet werden[5].

(b) *The interest rates / 'total credit' / financial institutions view of the supply of money:* Nicht Änderungen geldpolitischer Variablen sind als die bedeutenden Determinanten für das Geldangebot anzusehen, sondern vielmehr Substitutionsvorgänge unter den Finanzanlagen aufgrund von Veränderungen der Zinssätze. "... open market operations alter the stock of money balances if, and only if, they alter the quantity of money *demanded* by the public[6]." Da güterwirtschaftliche Größen als Bestimmungsgründe für die Nachfrage nach Geld — im Gegensatz zu dem hier gewählten Ansatz — aufgrund der Kurzfristigkeit der Analyse ausgeschlossen sind, kann die Nachfrage nur durch eine Substitution von Wertpapieranlagen (etwa infolge der mit der Offenmarktpolitik verbundenen Zinssenkung) zugunsten von Sicht- (und Termin)depositen ausgelöst werden[7].

(c) *The 'real' or demand view of the supply of money:* Das Geldangebot paßt sich an eine von Einkommen und Zins gesteuerte Geldnachfrage in bestimmten Situationen an[8]; es ist dann nicht vorrangig von geldpolitischen Variablen und von Substitutionsvorgängen unter Finanzanlagen abhängig.

Zur Erklärung dieses Zusammenhangs lassen sich etwa drei Einzelpositionen unterscheiden:

— Erstens wird der ‚demand view' in vollem Umfang nur bei einer Expansion der Geldmenge vertreten, während bei einer Kontraktion

[4] *Karl Brunner*, The Report of the Commission on Money and Credit, The Journal of Political Economy, LXIX (1961), S. 612. Dieser Prozeß wird von *Lyle E. Gramley* and *Samuel B. Chase* (Time Deposits in Monetary Analysis, Federal Reserve Bulletin, 51 [1965], S. 1389 f.) vereinfacht wie folgt beschrieben: "... in the familiar 'hot potato' analogy used to explain monetary processes, it is presupposed that the central bank has the capability — through open market purchases — of dictating an increase in the money stock. The public then has no choice but to hold the larger stock of money, and individuals' efforts to part with money balances merely redistribute the stock from one hand to another, raising nominal expenditures and income in the process."

[5] Vgl. die bei *Warren L. Smith* (On the Effectiveness of Monetary Policy, The American Economic Review, XLVI [1956], S. 593) bis auf *Keynes* (Treatise on Money) zurückverfolgte Literatur über den Erfolg von Kreditrationierung und Kreditselektion.

[6] *Lyle E. Gramley* and *Samuel B. Chase*, Time Deposits in Monetary Analysis, a.a.O., S. 1390.

[7] Vgl. ebenda, S. 1387.

[8] Vgl. *Knut Wicksell*, Vorlesungen über Nationalökonomie, 2. Bd., a.a.O., S. 216 ff.

auch den Angebotskräften eine Einflußmöglichkeit eingeräumt wird. Diese etwa von Hicks[9] vertretene Position wird von Harris wie folgt zusammengefaßt: "... the banking system cannot be relied upon to cause an expansion in real output or an inflation by expanding the money supply ('you cannot push on a string'), either because the money supply is determined by the needs of trade ..., or because an expansion may lead to hoarding (rather than a real balance effect) ... a contraction of the money supply may lead to *either* deflation of prices *or* a reduction in output[10]."

— Zweitens wird der ‚demand view' — so z. B. von Samuelson — in vollem Umfang nur in Rezessionen, und zwar sowohl für eine Kontraktion *als auch* für eine Expansion der Geldmenge, anerkannt. "It is not correct to say that monetary policy can contract an economy more easily than it can expand it. In buoyant times when interest rates are already high and credit already tight, monetary policy is quite potent enough to *both* expand and contract the system from its previous situation; in slack times when interest rates are near the floor and the system is swimming in liquidity, monetary policy is quite impotent with respect to contraction and expansion of the system from its previous level[11]."

— Drittens wird eine extreme Version des ‚demand view of the supply of money' von Schmölders — in Übereinstimmung mit dem Radcliffe Committee — vertreten, wenn er unabhängig von der konjunkturellen Situation folgert: „Schlicht gesagt ist die Geldmenge im Zeitalter der privaten und staatlichen Buchgeldschöpfung und des Konsumkredits im wesentlichen eher eine Folge als die Ursache der wirtschaftlichen Aktivität, der Preisbildung und der Kaufkraft der Geldeinheit[12]."

(3) Diese drei Typen von Geldangebotsfunktionen dienen im eigentlichen Sinne nicht der Bestimmung des Geldangebots, sondern der Bestimmung der Geldmenge, also des Ergebnisses aus Geldangebot und Geldnachfrage. Dabei sieht der erste Typ die Angebotsfaktoren, der zweite und dritte Typ die Nachfragefaktoren in ihrem Einfluß auf die Geldmenge als dominierend an.

---

9 Vgl. *John Hicks,* Critical Essays in Monetary Theory, a.a.O., The Two Triads, Lectures I and III, passim.

10 *Laurence Harris,* Professor Hicks and the Foundations of Monetary Economics, a.a.O., S. 196.

11 *Paul A. Samuelson,* Reflections on Central Banking, in: The Collected Scientific Papers of Paul A. Samuelson, Cambridge, London 1966, S. 1368. Diese Auffassung ist allerdings von der ersten Position nicht so weit entfernt, wie auf den ersten Blick scheinen könnte, da der Versuch einer Expansion der Geldmenge — unabhängig von der Entwicklung der Geldnachfrage — vor allem in Zeiten nachlassender Konjunktur unternommen wird.

12 *Günter Schmölders,* Geldpolitik, a.a.O., S. 2 f.

Sieht man einmal davon ab, daß es sich somit um die Bestimmung des am Markt *realisierten* Angebots und nicht um die Bestimmung des *potentiellen* Marktangebots handelt, wie es eigentlich sein müßte und im folgenden auch geschieht, so haben m. E. alle drei Funktionstypen ihre Relevanz bei der Bestimmung geldtheoretischer Größen; eine *realitätsbezogene* Geldangebotsfunktion muß allen in ihnen enthaltenen Determinanten Rechnung tragen.

Sicherlich werden Geldangebot und Geldmenge entsprechend dem ‚monetary view' unter bestimmten Bedingungen über den Einsatz des geldpolitischen Instrumentariums beeinflußt[13], aber es sind auch Fälle denkbar, in denen ein solcher Einfluß durch Reaktionen der Geschäftsbanken unterbunden wird[14]. Andererseits kann sich unter anderen Bedingungen das Geldangebot sowohl entsprechend dem ‚interest rates / ‚total credit' / financial institutions view' als auch entsprechend dem ‚real or demand view' verändern, *ohne daß* Änderungen der geldpolitischen Variablen erforderlich wären. So kann eine Nachfrage nach Geld in Form von à-Konto-Krediten über Substitutionsvorgänge unter den Finanzanlagen im Nichtbankensektor und über eine Umschichtung der ertrags- und liquiditätsorientierten Dispositionen der Geschäftsbanken bei gleichbleibender Geldpolitik eine Erhöhung des Geldangebots und der Geldmenge auslösen.

B. Darstellung und Analyse der Determinanten des Geldangebots

I. Einleitender Überblick

(1) Aufgrund der vorstehenden Überlegungen ist die hier benutzte Angebotsfunktion so konstruiert worden, daß neben den zentralbankpolitischen Variablen auch die übrigen hier angesprochenen Größen als Bestimmungsfaktoren wirksam sein können.

Im einzelnen sind für das Geldangebot der Geschäftsbanken (A) folgende Faktoren von Bedeutung:

— Faktoren, die die Höhe der den Geschäftsbanken als Operationsbasis zur Verfügung gestellten Zentralbankgeldmenge (O) bestimmen. Die Zentralbankgeldmenge resultiert aus den Bargeldzuflüssen vom Nichtbankensektor (W) und den Zentralbankgeldzuflüssen von der Notenbank (R).

---

13 Vgl. hierzu S. 120 ff.

14 "... public demands for currency, demand deposits and time deposits might all be unaffected by an open market purchase: The equilibrating adjustment could come entirely from increased bank demand for excess reserves." — *Lyle E. Gramley* and *Samuel B. Chase,* Time Deposits in Monetary Analysis, a.a.O., S. 1390.

Der Bargeldzufluß vom Nichtbankensektor entspricht — zusammen mit der Verringerung der Sichtguthaben (H) — dem Geldabfluß von den Haushalten ($E_B = F + H$, wobei der Bargeldabfluß (F) mit dem Bargeldzufluß bei den Geschäftsbanken (W) identisch ist). Für den Geldabfluß sind die Faktoren von Bedeutung, die die Aufteilung des bereits im Zusammenhang mit der Geldnachfrage bestimmten Finanzvermögens (V) in liquiditäts- (L) und ertragsorientierte Dispositionen (E) einerseits und der letzteren in Dispositionen in Form von Zeitdepositen (${}_ZE$) und Wertpapieranlage (${}_WE$), von denen ein Teil als Wertpapierkäufe bei der Zentralbank (${}_WE_Z$) erfolgt, andererseits determinieren. Diese Faktoren sind in erster Linie die (erwarteten) Ertragsdifferenzen zwischen verschiedenen Anlagearten (${}_Wi$ $({}_Zi) - {}_Li$ bzw. ${}^e_Wi \left({}^e_Zi\right) - {}^e_Li$ und ${}_Wi - {}_Zi$ bzw. ${}^e_Wi - {}^e_Zi\big)$, auf die wiederum die Offenmarktoperationen der Zentralbank mit den privaten Nichtbanken (OMP) von Einfluß sind.

Der Zufluß an Zentralbankgeld von der Notenbank ergibt sich zum einen aus einer Inanspruchnahme des Refinanzierungsspielraums mit den Bestimmungsfaktoren: Differenz zwischen den (erwarteten) Erträgen der Kredit-(Wertpapier-)anlage und (erwarteten) Kosten der Refinanzierung (${}_Wi$ $({}_Ki) - {}_Ri$ bzw. ${}^e_Wi \left({}^e_Ki\right) - {}^e_Ri\big)$; der absoluten Höhe der (erwarteten) Kreditaufnahmekosten $\left({}^{(e)}_Wi;\ {}^{(e)}_Ki\right)$ sowie der Offenmarktpolitik der Zentralbank mit den privaten Nichtbanken. Zum anderen wird den Geschäftsbanken bei Exportüberschüssen durch Devisenverkauf (${}_VDe$) in dem Umfang Liquidität zur Verfügung gestellt, in dem die Exporterlöse von den Unternehmungen nicht abberufen werden. Das Umgekehrte trifft im Falle eines Devisenkaufs (${}_KDe$) bei Importüberschüssen zu.

— Faktoren, die die Höhe der liquiditätsorientierten Dispositionen der Geschäftsbanken (K) in Form von Pflichtreserven, Überschußreserven, Erwerb von Offen-Markt-Papieren, sowie kurzfristiger Auslandsanlagen bestimmen. Dieses sind die Mindestreservesätze für die verschiedenen Depositenarten (${}_Sm$, ${}_Zm$), die (erwartete) Zinsdifferenz zwischen verschiedenen Anlagen (${}_Ki$ $({}_Wi) - {}_Li$ sowie ${}^e_Wi - {}^e_Li\big)$ und schließlich möglicherweise die Höhe der ungewollten Liquiditätsanlagen (${}^uK$).

— Faktoren, die die Höhe der 'desired currency ratio' (k) und damit das Verhältnis von Bargeld zu Buchgeld bestimmen, wie die liquiditätsorientierten Anlagen des Finanzvermögens seitens der Privatwirtschaft in Form einer Änderung der indirekten Kassenhaltung (${}^iL$) und der Geldabfluß aus dem Staatssektor an die Geschäftsbanken im Zusammenhang mit einem Budgetüberschuß ($Ü_B$). Der Geldabfluß wiederum ist abhängig von dem Auftreten einer positiven

Differenz zwischen Staatseinnahmen (*T*) und -ausgaben (*GY*), auf die in Abhängigkeit von der konjunkturellen Situation die Budgetpolitik (*BP*) von Einfluß ist, sowie von dem Teil des Geldabflusses, der — gesteuert durch die Einlagenpolitik des Staates (*EP*) — an die Zentralbank erfolgt ($\ddot{U}_Z$).

— Faktoren, die auf die Zusammensetzung der ertragsorientierten Dispositionen einwirken. Dafür spielen entsprechend der Portfolio-Theorie Ertragserwägungen (${}_Ki - {}_Wi$) und Risikoüberlegungen (${}_Kq - {}_Wq$) ebenso eine Rolle, wie der Realwert des Wertpapierbestandes $\left(\frac{I}{P}\right)$.

— Faktoren, durch die Notenbank und Staat das Geldangebot beeinflussen. Die Notenbank verändert durch Einsatz ihres Instrumentariums die Operationsbasis und den Liquiditätskoeffizienten der Geschäftsbanken; der Staat wirkt auf die Operationsbasis durch die Einlagepolitik ein.

(2) Ein Überblick über die Bestimmungsfaktoren des Geldangebots findet sich auf S. 87.

II. Darstellung der Determinanten im Zusammenhang

(1) Der Zusammenhang zwischen dem Geldangebot und seinen Determinanten soll mit Hilfe eines Achsensystems (Abb. 4) verdeutlicht werden, bei dem folgende in Geld ausgedrückte Größen auf den Achsen stehen: auf dem positiven Ast der Abszisse die Zuflüsse an Zentralbankgeld von der Notenbank *(R)* und die liquiditätsorientierten Dispositionen *(K)*, auf dem positiven Ast der Ordinate der Teil der ertragsorientierten Dispositionen *(D)*, der dem Angebot in Form von Bargeld *(AB)* gegenüber dem Nichtbankensektor entspricht, auf dem negativen Ast der Abszisse das gesamte Geldangebot der Geschäftsbanken *(A)*, bestehend aus Bargeld (*AB*) und Sichtguthaben (*AS*) sowie der Geldabfluß aus dem Nichtbankensektor ($E_B = F + H$), wobei *F* den Bargeldabfluß des Haushaltssektors und *H* die Verringerung der Sichtguthaben darstellen, und schließlich auf dem negativen Ast der Ordinate der Bargeldabfluß *(F)*, der dem Bargeldzufluß im Sektor der Geschäftsbanken *(W)* entspricht.

(2) Im ersten und vierten Quadranten stellt die Gerade O_1 die den Geschäftsbanken als Operationsbasis in der Periode neu zur Verfügung gestellte Zentralbankgeldmenge (Bargeld und Sichtguthaben bei der Notenbank) dar. Ihre Höhe wird gemessen durch den Abstand zwischen 0-Punkt und den Schnittpunkten dieser Geraden mit den Achsen.

Überblick über die Bestimmungsfaktoren des Geldangebots

(2) Im Überblick stellen sich die Bestimmungsfaktoren des Geldangebots wie folgt dar:

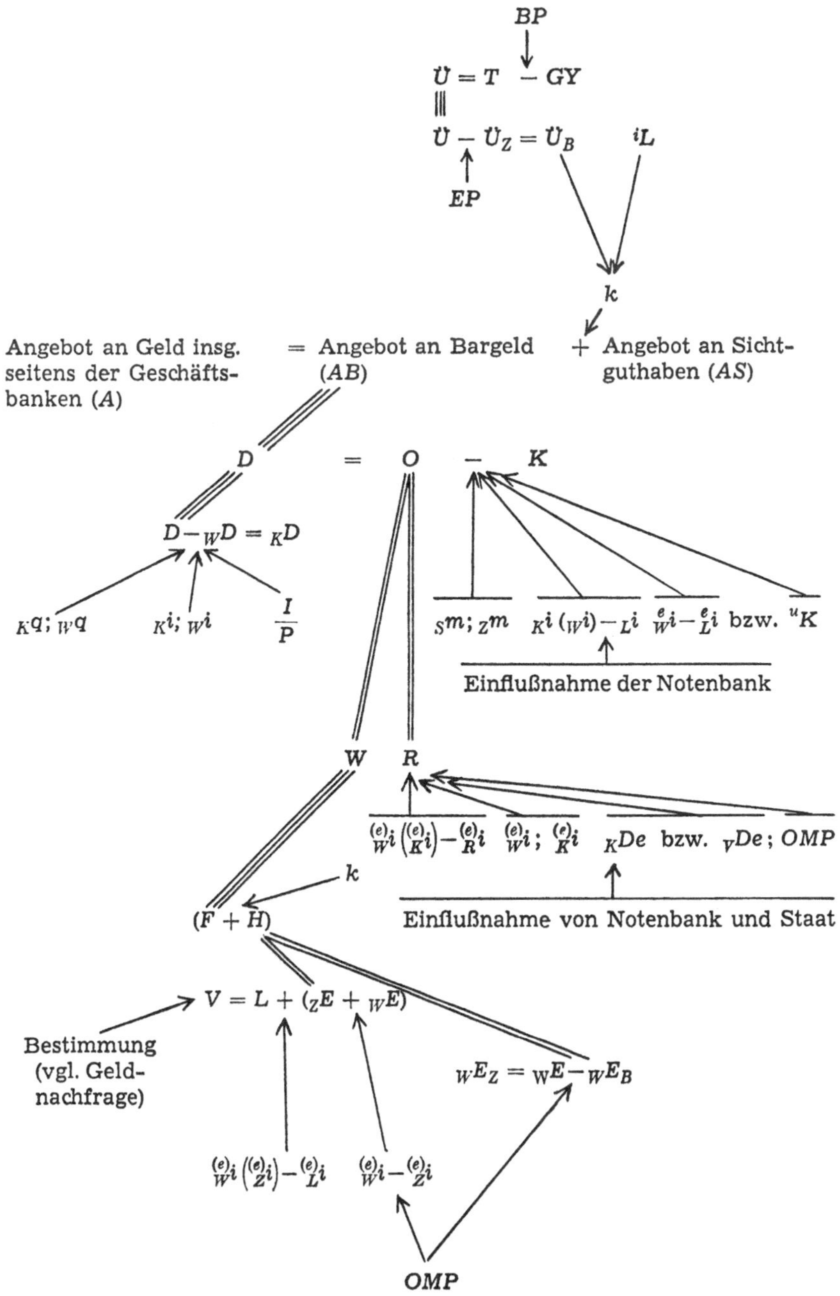

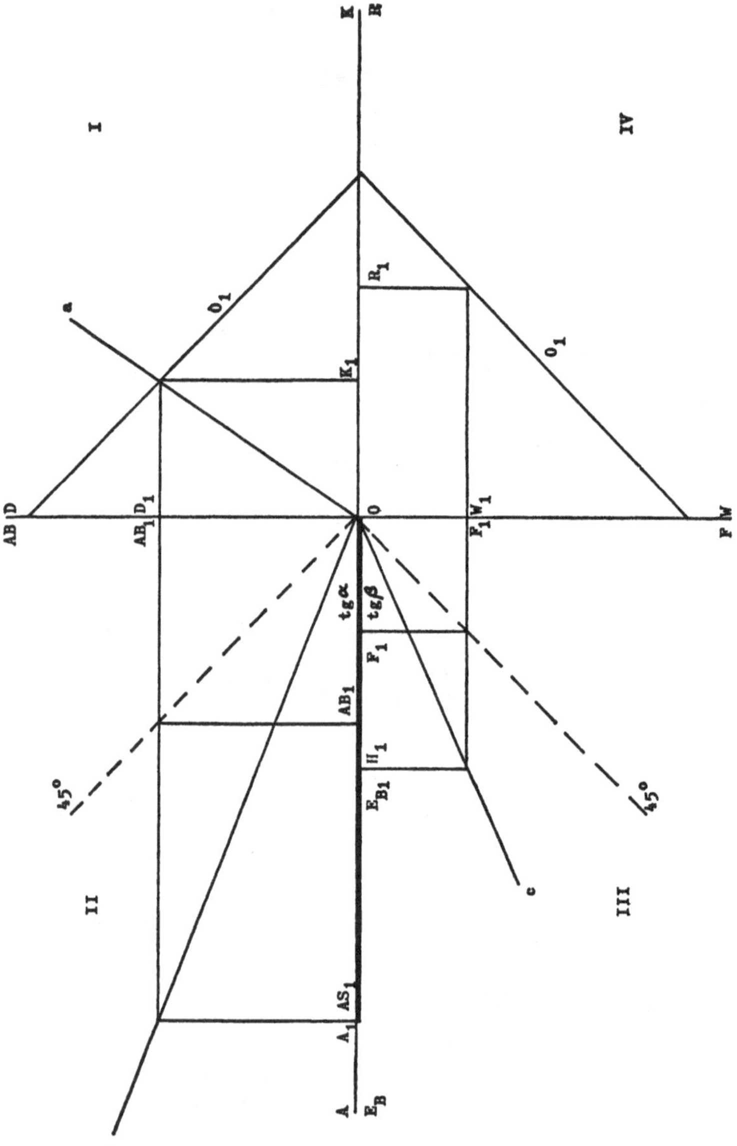

Abb. 4. Darstellung des Geldangebots seitens des Bankensektors

Im vierten Quadranten wird gezeigt, daß sich diese Einnahmen der Geschäftsbanken aus Zuflüssen aus der Wirtschaft (W_1) und von der Notenbank (R_1) zusammensetzen, wobei im ersten Fall eine Übertragung von Bargeld aus der Wirtschaft und im zweiten Fall eine Schaffung von Zentralbankgeld vorliegt. Jeder Punkt auf der Geraden O_1 im vierten Quadranten stellt eine mögliche Zusammensetzung der Einnahmen der Geschäftsbanken aus diesen beiden Quellen dar.

Die Einnahmen der Geschäftsbanken an Zentralbankgeld werden im ersten Quadranten durch die Gerade $0a$ in liquiditätsorientierte (K_1) und ertragsorientierte Dispositionen (D_1)[15] aufgeteilt. Der Anteil von K an O soll als marginaler Liquiditätskoeffizient der Banken bezeichnet werden[16]. Jede Drehung der Geraden $0a$ um den 0-Punkt bedeutet somit eine Änderung des Liquiditätskoeffizienten.

Mit den ertragsorientierten Dispositionen (D_1), die in Vergabe von à-Konto-Krediten (advances to customers, loans — $_KD$) und Anlagen in festverzinslichen Wertpapieren (investment, governments — $_WD$) unterteilt werden[17], sind nicht schon die gesamten potentiellen ertragsorientierten Anlagen der Geschäftsbanken in der Periode angesprochen, sondern nur das Angebot von *Zentralbankgeld* an die Nichtbanken (potentielle Erhöhung des Bargeldumlaufs außerhalb des Banken-

---

15 Die Grenze zwischen liquiditätsbestimmten Transaktionen und den ertragsbezogenen Dispositionen ist für den Bankensektor fließender als für den Haushaltssektor. Weder die Liquidisierbarkeit noch die Ertragsunfähigkeit der geschaffenen Vermögensanlagen lassen einen Rückschluß darauf zu, ob die dahinterstehenden Dispositionen liquiditäts- oder ertragsorientiert sind. Grundsätzlich sind alle Anlagen liquidisierbar und — von Ausnahmen wie Bargeld und Zentralbankguthaben abgesehen — auch ertragsfähig. Nicht Liquidisierbarkeit und Ertragsunfähigkeit der Vermögensanlage schlechthin entscheiden darüber, ob es sich um liquiditätsorientierte Anlagen handelt, sondern eine Liquidisierbarkeit, die bei Bedarf ohne nennenswerte Verluste erfolgen kann (*spontane Liquidisierbarkeit*). Diese spezifische Eigenschaft ist in der Regel — im Vergleich zu den Dispositionen, die zu Anlagen ohne diesen besonderen Liquiditätsstatus führen — mit einer verminderten Ertragsfähigkeit verbunden.

Wie wenig klar die Grenze zwischen ertrags- und liquiditätsorientierten Dispositionen zu ziehen ist, zeigt folgendes Beispiel: Gelegentlich können Anlagen bei voller Ertragsfähigkeit eine spontane Liquidisierbarkeit besitzen, z. B. wenn für sie ein funktionsfähiger Markt besteht und gleichzeitig bestimmte Erwartungen hinsichtlich einer Konstanz oder eines Anstiegs ihres Wertes berechtigt sind, etwa weil die Notenbank eine Politik der Kursstützung betreibt.

16 Es ist darauf aufmerksam zu machen, daß in der Literatur der Liquiditätskoeffizient häufig als das Verhältnis der gesamten Reserven zu den gesamten Depositen des Bankensystems gemessen wird. Vgl. z. B. *Karl Brunner* and *Allan H. Meltzer*, A Credit Market Theory of the Money Supply and an Explanation of Two Puzzles in U.S. Monetary Policy, in: Essays in Honour of Marco Fanno, Vol. II, Investigations in Economic Theory and Methodology, ed. by T. Bagiotti, Padua 1966, S. 154.

17 Vgl. z. B. *Frank Brechling* and *George Clayton*, Commercial Banks' Portfolio Behaviour, The Economic Journal, LXXV (1965), S. 291 f.

sektors). Entsprechend der Barumlaufsquote (desired currency ratio of the public — k)[18], wie sie bei der Ermittlung des Geldschöpfungsmultiplikators Verwendung findet, könnte neben dem Bargeldabfluß aus dem Bankensektor ($0AB_1$) — ausgedrückt durch die Neigung der Geraden $0b$[19] im zweiten Quadranten — eine Erhöhung der Sichtguthaben (AS_1) erfolgen. Beide Größen ergeben das gesamte Geldangebot (A_1).

Im dritten Quadranten sind der in der Periode stattfindende Abfluß an Bargeld (F_1) an die Geschäftsbanken und die Verringerung der Sichteinlagen (H_1) verzeichnet, wie sie sich aus einem Teil der ertragsorientierten Vermögensanlagen des Haushaltssektors (Strecke $0E_{B1}$ in Abb. 5) ergeben. Unter Zugrundelegung einer gleichen ‚desired currency ratio of the public' ($\text{tg}\,\alpha = \text{tg}\,\beta$) läßt sich der Abfluß an Bargeld aus der Wirtschaft ($0F_1$) an die Geschäftsbanken bestimmen, der — wie schon erwähnt — eine Komponente der Operationsbasis dieses Sektors bildet ($F_1 = W_1$).

Die stark eingezeichnete Strecke im zweiten Quadranten ($0A_1$) stellt das gesamte Geldangebot als Summe aus potentiellem Bargeldzufluß und potentieller Erhöhung der Sichteinlagen des Nichtbankensektors in einer Periode dar.

(3) Entsprechen sich $0AB_1$ und $0F_1$ und damit auch $0A_1$ und $0E_{B1}$, so findet ein Nettoangebot des Bankensektors an Geld nicht statt.

Ist hingegen $0A_1 > 0E_{B1}$, so besteht ein Nettogeldangebot des Bankensektors, das je nach der Konstellation der Geldnachfrage auch zu einer Erhöhung der Geldmenge (M) führt.

III. Analyse der Determinanten

Ähnlich wie bei der Geldnachfrage folgt der Skizzierung der Determinanten des Geldangebots des Bankensektors eine Analyse dieser das Geldangebot bestimmenden Größen, um an die formale eine materielle Bestimmung des Geldangebots anzuschließen.

1. Operationsbasis der Geschäftsbanken

Ausgangspunkt der Betrachtung ist eine bestimmte Höhe der Operationsbasis der Geschäftsbanken (O), wie sie sich durch Zufluß von Bar-

---

[18] $A = \frac{1}{k + m\,(1-k)}\,(O - K)$, wobei A zusätzliches Geldangebot, k = Barumlaufsquote (desired currency ratio of the public), m = Mindestreservesatz, O = zusätzliche Zentralbankgeldmenge und K = zusätzliche liquiditätsorientierte Dispositionen darstellen.

[19] Die Winkelhalbierende dieses Quadranten würde ein zu 100 % aus Bargeld bestehendes Geldangebot anzeigen.

geld aus dem Nichtbankensektor *(W)* und (Angebot einer) Erhöhung von Zentralbankgeld seitens der Notenbank *(R)* ergibt.

a) Bargeldzufluß vom Nichtbankensektor

Der Bargeldzufluß vom Nichtbankensektor *(W)* stammt allein aus der Privatwirtschaft[20] und geht entsprechend der saldenmäßigen Betrachtung vom Haushaltssektor aus.

(1) Bevor eine Analyse der Determinanten des privaten Bargeldzuflusses vorgenommen werden kann, soll eine Darstellung des relevanten Zusammenhangs mit Hilfe eines Achsenkreuzes (Abb. 5) erfolgen, bei dem auf den Achsen folgende in Geld ausgedrückte Größen stehen: auf dem negativen Ast der Ordinate der Konsum der Haushalte (*C*), auf dem negativen Ast der Abszisse die Änderungen des gesamten Finanzvermögens der Haushalte (*V*) sowie die liquiditätsorientierten Dispositionen (*L*), auf dem positiven Ast der Ordinate die ertragsorientierten Dispositionen (*E*) sowie der Anteil dieser Dispositionen, der sich in einem Geldabfluß an die Zentralbank niederschlägt ($_WE_Z$), und auf dem positiven Ast der Abszisse schließlich der Anteil der ertragsorientierten Änderung des Finanzvermögens, der zu einem Geldabfluß an die Geschäftsbanken führt (E_B), bestehend aus $E_Z + {}_WE_B$.

Wie bei der Betrachtung der Geldnachfrage des Unternehmenssektors empfiehlt es sich, vom verfügbaren Einkommen der Haushalte (Gerade $^vY_1$ im dritten Quadranten) auszugehen, dessen Aufteilung in C_1 und V_1 nicht nur für die Geldnachfrage — wie schon abgeleitet —, sondern auch für den Geldabfluß aus dem Haushaltssektor an die Banken, und damit für das Geldangebot, von Bedeutung ist.

Die Änderungen des Finanzvermögens im zweiten Quadranten (V_1-Gerade) lassen sich aufteilen in liquiditätsorientierte (L_1) und ertragsorientierte Dispositionen (E_1). Liquiditätsorientierte Dispositionen sind identisch mit der im Kreislaufmodell benutzten *Netto*nachfrage nach Kasse in bezug auf die betrachtete Periode, d. h. mit dem Saldo aus gewünschter Kassenhaltung am Ende einer Periode (Nachfrage nach Kasse[21]) und Bestand an Kasse zu Beginn einer Periode (Angebot an Kasse)[22].

---

[20] Für den Hinweis, daß ein Budgetüberschuß nicht zu einem Geldzufluß, sondern lediglich zu einer Verschiebung in der currency ratio führt (vgl. S. 111 ff.), danke ich J. Pahlke.

[21] Die Nachfrage nach Kasse entspricht — bezogen auf eine Periode — dem in der älteren Literatur benutzten Begriff der Geldnachfrage, der sich

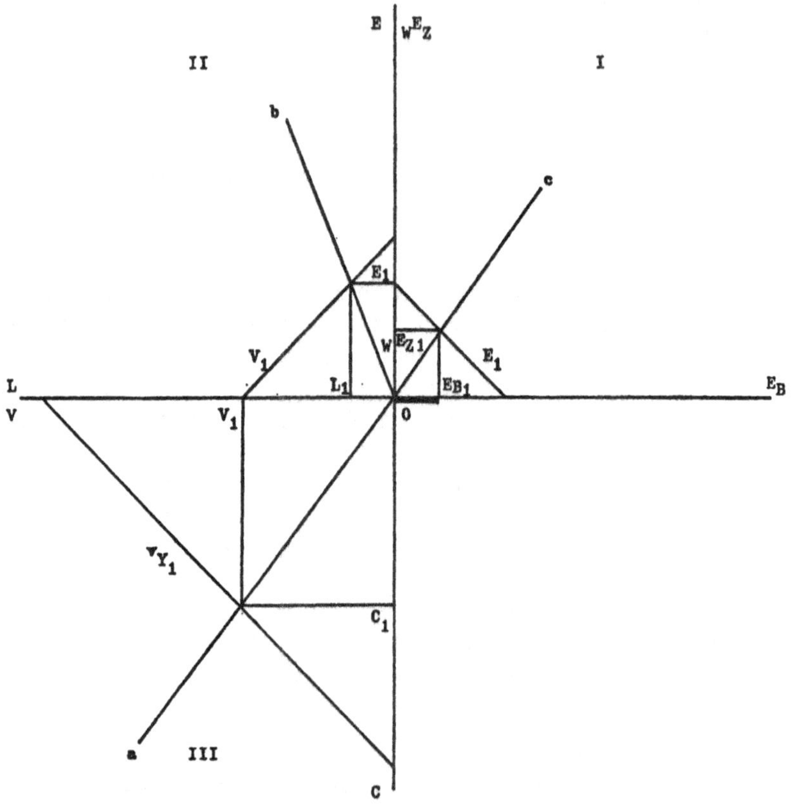

Abb. 5. Darstellung des Geldabflusses aus dem Haushaltssektor

Die Aufteilung in liquiditätsorientierte und ertragsorientierte Dispositionen wird durch die Gerade $0b$ gekennzeichnet. Jeder Punkt auf der V_1-Geraden stellt eine mögliche Aufteilung dar. Ist die Nettonachfrage nach Kasse gleich Null, fällt die $0b$-Gerade mit dem positiven Ast der Ordinate zusammen. Besteht ein Nettoangebot an Kasse, dann erfolgt außerdem eine Drehung der V_1-Geraden um den Punkt V_1 vom 0-Punkt weg.

---

z. B. für den Unternehmenssektor als der Betrag darstellt, der durch *Netto*verkäufe von Gütern und Diensten (einschl. Wertpapiere) erzielt werden soll. Vgl. *Friedrich A. Lutz*, Die Nachfrage nach Geld, a.a.O., S. 93.

[22] Die Unterteilung der liquiditätsorientierten Dispositionen in eine Erhöhung der direkten und der indirekten Kasse ist — wie noch zu zeigen sein wird (S. 111 ff.) — für das Geldangebot ebenfalls von Bedeutung.

Die Gesamtheit der ertragsorientierten Dispositionen[23] des Haushaltssektors wird durch die Gerade E_1 im ersten Quadranten repräsentiert. Durch die Neigung der Geraden 0c wird der Teil der ertragsorientierten Dispositionen abgetrennt, der zu einem Geldabfluß an die Zentralbank führt ($_WE_{Z1}$ — Verkauf von Wertpapieren durch die Zentralbank)[24], so daß sich mit der stark eingezeichneten Strecke $0E_{B1}$ der Abfluß von Geld seitens des Haushaltssektors an den Sektor der Geschäftsbanken ergibt, der als eine der Determinanten für das im folgenden zu betrachtende Geldangebot der Banken anzusehen ist[25].

Für den Geldabfluß vom Haushaltssektor ergibt sich somit folgendes Bild: Er steigt ceteris paribus mit dem verfügbaren Einkommen des Haushaltssektors (^vY) und sinkt ceteris paribus mit zunehmendem Anteil der Konsumausgaben (C), der liquiditätsorientierten Dispositionen (L) sowie des Geldabflusses an die Zentralbank ($_WE_Z$).

In Kontenform lassen sich diese Aussagen wie folgt darstellen:

Verfügbare Mittel im Haushaltssektor

Entstehung	Verwendung
(1) verfügbare Einkommen ($^vY_1$)	(1) Ausgaben für Konsum (C_1) (2) Änderungen des Finanzvermögens (V_1) ./. gewünschte Erhöhung des Kassenbestandes (*Netto*nachfrage nach Kasse — L_1) ./. Geldabfluß an die Zentralbank ($_WE_{Z1}$) = *Geldabfluß an die Geschäftsbanken* (E_{B1})

[23] Wenn auch nicht für die Höhe des Geldabflusses aus dem privaten Nichtbankensektor, so ist es doch — wie sich bei Analyse der Determinanten zeigen wird — für die Einwirkung auf das Geldangebot des Bankensektors nicht bedeutungslos, ob der Geldabfluß zur Durchführung eines Wertpapierkaufs oder eines Erwerbs von Zeitdepositen erfolgt.

Die ertragsorientierten Dispositionen des Haushaltssektors sind deshalb noch in Änderungen des Finanzvermögens in Form festverzinslicher Wertpapiere ($_WE_1$) und in Form von Zeitdepositen ($_ZE_1$) zu unterteilen.

[24] Wenn die Zentralbank keine Wertpapiere verkauft, fällt die 0c-Gerade mit dem positiven Ast der Abszisse zusammen.

[25] Unter der Annahme, daß der Staat keine Transaktionen mit dem Bankensektor durchführt und daß $0E_{B1}$ gleich $0N_1$ (Abb. 2) ist, tritt der Bankensektor lediglich als Geldvermittler auf, d. h. eine Änderung der Geldmenge außerhalb des Bankensektors entsteht nicht. (Das schließt jedoch nicht aus, daß die Geldmenge außerhalb der Zentralbank, d. h. im Bereich

(2) Während die Determinanten für die Aufteilung des verfügbaren Haushaltseinkommens auf Konsumausgaben und Anlagen des Finanzvermögens (Neigung der Geraden 0*a* im dritten Quadranten der Abbildung 5) bereits bei Ableitung der Nachfrage aufgezeigt worden sind, ist die Abspaltung der liquiditätsorientierten Dispositionen von den ertragsorientierten im Haushaltssektor (Neigung der Geraden 0*b* im zweiten Quadranten) noch unbestimmt.

Lediglich über die liquiditätsorientierten Dispositionen, die sich zulasten oder zugunsten der *Konsumausgaben* entwickeln, gibt der im Rahmen der Nachfrageanalyse behandelte Punkt Auskunft, nicht jedoch über die liquiditätsorientierten Dispositionen, die zulasten oder zugunsten der *ertragsorientierten Vermögensanlagen* gehen.

Neben Änderungen des Finanzvermögens zwischen ertrags- und liquiditätsorientierten Dispositionen ist die Aufteilung der ertragsorientierten Vermögensdispositionen auf einzelne Vermögenskategorien zwar nicht für die *Höhe*, wohl aber für die *Zusammensetzung* des Geldabflusses aus dem Nichtbankensektor und damit für das Geldangebot des Bankensektors zu berücksichtigen.

Aus diesem Grunde soll auch innerhalb der ertragsorientierten Vermögensanlagen eine Gruppierung nach dem Gefälle ihrer Ertragsfähigkeit, das mit einem gegenläufigen Gefälle der Liquidisierbarkeit verbunden ist, vorgenommen werden. Der Einfachheit halber (und vertretbar, da nur Tendenzaussagen beabsichtigt sind) bleibt die Betrachtung insgesamt auf drei Vermögensanlagetypen beschränkt:

— auf die ertragsorientierten Vermögensanlagen in Form eines Erwerbs von Zeitdepositen, deren Ertragskraft zulasten einer *jederzeitigen* Liquidisierbarkeit geht;

— auf die ertragsorientierten Vermögensanlagen in Form langfristiger, festverzinslicher Wertpapiere[26], deren Ertragskraft mit dem Verzicht auf jederzeitige Liquidisierbarkeit *ohne Verlust* erkauft ist;

— auf die liquiditätsorientierten Vermögensanlagen in Form von Geld, deren *spontane Liquidisierbarkeit* — jederzeitige Liquidisierbarkeit ohne Verluste — weitgehend mit einem Verzicht auf Ertrag verbunden ist[27].

---

der Nichtbanken *und* der Geschäftsbanken eine Änderung erfährt, z. B. um eine erhöhte Kassenhaltung des Bankensektors (*K*) zu ermöglichen.)

Ist die Nachfrage nach Geld seitens des Unternehmenssektors größer als das Geldangebot des Haushaltssektors, so besteht eine *Nettonachfrage nach Geld* seitens der privaten Wirtschaft gegenüber dem Bankensektor, die, wenn sie realisiert wird, zu einer Erhöhung der Geldmenge außerhalb des Bankensektors führt und vice versa.

[26] Gleichzeitig sollen auch Anhaltspunkte gefunden werden für die Aufteilung der Nachfrage nach Geld auf à-Konto-Kredite und den Verkauf langfristiger Wertpapiere.

[27] Es ist darauf hinzuweisen, daß diese Keynessche Vereinfachung der

Für den Geldabfluß aus dem Haushaltssektor bzw. für die daraus resultierende Komponente des Geldangebots der Geschäftsbanken sind damit neben den Faktoren, die bereits die Nachfrage nach Geld bestimmen, folgende für alternierende Vermögensanlagen ausschlaggebende Größen — allerdings unter Vernachlässigung von Risikoverschiebungen — von Bedeutung:

— die eingetretene und erwartete Differenz zwischen der Verzinsung der Wertpapier- bzw. Zeitdepositenanlage und den (grundsätzlich zinslosen) liquiditätsorientierten Dispositionen (${}_W i$ (${}_Z i$) $-$ ${}_L i$) bzw. $\left({}^e_W i \left({}^e_Z i\right) - {}^e_L i\right)$[28];

— die eingetretene und erwartete Differenz zwischen der Verzinsung der Wertpapieranlage (einschl. evtl. Kapitalgewinne oder -verluste) und der Anlage in Form von Zeitdepositen (${}_W i$ $-$ ${}_Z i$) bzw. $\left({}^e_W i - {}^e_Z i\right)$.

(a) Was die eingetretene Entwicklung der Ertragsdifferenz zwischen verschiedenen Anlagearten (${}_Z i$; ${}_W i$; ${}_L i$) betrifft, so spielt auch — im Gegensatz zu der Aufteilung der Einkommen in Konsumausgaben und Dispositionen des Finanzvermögens — im ‚Normalbereich' der Verzinsung die Höhe der Zinssätze für die Auswahl unterschiedlicher Vermögensanlagen eine bedeutende Rolle[29].

Es soll davon ausgegangen werden, daß Rentabilitäts-, Liquiditäts- und Risikoüberlegungen[30] zu einer Zusammensetzung des *Portfolios* aus Zeitdepositen, festverzinslichen Wertpapieren und Geld geführt haben, die als optimal angesehen wird[31].

Dabei kann unterstellt werden, daß (von einer solchen gleichgewichtigen Zusammensetzung des Portfolios ausgehend) auf liquiditäts-

---

Auswahl eines repräsentativen Wertpapiers in der Theorie der ‚portfolio selection' aufgegeben wurde (Zur Literaturübersicht vgl. *Hans-Joachim Jarchow*, Von Keynes zur portfolio selection, a.a.O., S. 36 ff.). Entsprechend dieser Theorie ist eine solche Beschränkung nur vertretbar, wenn „die effizienten Wertpapierkombinationen stets die gleiche Struktur aufweisen. Das ist ... der Fall, solange der Ertrag proportional mit dem Risiko zunimmt". — Ebenda, S. 38.

28 Hat die liquiditätsorientierte Anlage die Form von Geld, wie für den Haushaltssektor angenommen wurde, so ist die (erwartete) Verzinsung gleich Null.

29 "Many people were found to have taken some kind of action because of changes in interest rates: they had shifted their savings to institutions paying the higher interest." — *George Katona*, The Powerful Consumer, a.a.O., S. 223. — Vgl. zum folgenden auch *John Hicks*, Critical Essays in Monetary Theory, a.a.O., The Two Triads, Lecture II, und *D. C. Rowan*, Output, Inflation and Growth, London/Melbourne/Toronto 1968, S. 214 ff.

30 Das Risiko der Anlage in Form staatlicher Wertpapiere hängt weitgehend davon ab, ob die Notenbank eine Politik der Kurspflege dieser Papiere betreibt.

31 Für das Zustandekommen eines als optimal angesehenen Portfolios vgl. S. 115 ff. sowie die dort zitierte Literatur.

orientierte Anlagen zugunsten ertragsorientierter Anlagen — bei gleichbleibendem Risiko und gegebener Einstellung der Wirtschaftssubjekte zu Risiko und Ertrag — nur verzichtet wird, wenn eine Erhöhung der Erträge erfolgt, m. a.W. wenn die Opportunitätskosten der liquiditätsorientierten Anlagen steigen.

Die Bequemlichkeit ständig ausreichender Liquiditätsvorsorge wird teurer oder anders ausgedrückt, die Kosten und Mühen der Investition in ertragsorientierte Anlagen und der evtl. notwendig werdenden späteren Desinvestition werden in stärkerem Ausmaß als bisher durch den zusätzlichen Zinsertrag, den die Anlageumschichtung verspricht, aufgewogen.

Das Umgekehrte gilt bei sinkenden Opportunitätskosten.

Hinsichtlich der Alternative Wertpapieranlage und Anlage in Zeitdepositen ist ein Ansteigen der Opportunitätskosten einer Anlageart (Änderung des Ertragsgefälles) dann ein Grund, in die Anlageart mit den gesunkenen Opportunitätskosten überzuwechseln, wenn die Ertragsverbesserung die Kosten und Mühen der Umschichtung überkompensiert[32].

Allerdings erfahren diese Überlegungen durch den sog. ‚predilected lock-in-effect' oder Roosa-Effekt[33] eine Abschwächung: Eine sich zusätzlich bietende Ertragsmöglichkeit in Form einer höheren Verzinsung der Zeitdepositen wird dann nicht wahrgenommen, wenn der Verkauf von Wertpapieren, der zu Realisierung des zusätzlichen Ertrags erforderlich ist, zu Kapitalverlusten führen würde, die durch eine abwartende Haltung vermieden werden könnten[34].

---

32 Dieses Verhalten setzt gleichbleibendes Risiko der Wertpapieranlage und gleichbleibende Einstellung der Wirtschaftssubjekte zu Risiko und Ertrag voraus.

33 Vgl. *Friedrich A. Lutz*, Grenzen der Geldpolitik, in: Geld und Währung, Tübingen 1962, S. 252.

34 Ebenso wie — von den oben gemachten Qualifikationen abgesehen — die Aufteilung zwischen verschiedenen Vermögensanlagen von der Ertragsdifferenz dieser Anlagen bestimmt wird, muß in Analogie dazu die Aufteilung der Geldnachfrage in Form von Wertpapieremissionen oder à-Konto-Kredit-Aufnahmen in Abhängigkeit von der Kostendifferenz gesehen werden.
Allerdings sind hier ebenfalls Einschränkungen am Platz:
— Institutionelle Begrenzungen (Börsenzulassung etc.) lassen die Kostendifferenzen als Determinanten für alternierende Kreditaufnahmen nicht immer zum Tragen kommen;
— Veränderungen in den Kosten der einzelnen Kreditarten werden nicht schon eine Umschichtung im Schuldenbestand auslösen, so wie eine Veränderung der Ertragsdifferenz eine Umschichtung innerhalb der Vermögensanlagen herbeiführt, sondern die veränderte Kostensituation wird sich erst bei einer Neuverschuldung auswirken können. Damit ist aber auch gesagt, daß der Roosa-Effekt in diesem Zusammenhang keine Bedeutung haben kann.

(b) Was die erwartete Entwicklung der Ertragsdifferenz zwischen verschiedenen Anlagearten $\left({}^{e}_{Z}i;\, {}^{e}_{W}i;\, {}^{e}_{L}i\right)$ betrifft, so bringen Änderungen der Erträge einen wichtigen Bestimmungsfaktor für alternierende Vermögensanlagen ins Spiel, die *Unsicherheit*. Nach Keynes ist die Unsicherheit im Hinblick auf die zukünftige Zinsentwicklung sogar die ,conditio sine qua non' für die Alternative einer liquiditäts- und ertragsorientierten Anlage des Finanzvermögens[35].

Zwar kann auch ohne Einbeziehung der Unsicherheit eine Vermögensanlage in Geld ökonomisch sinnvoll sein[36], aber es steht außer Zweifel, daß bei der abgeschwächten Bedeutung, die der Kassenhaltung aus Transaktionsmotiv für die Geldnachfrage zuerkannt wird[37], die gewichtigste Determinante in den Erwartungen über die zukünftige Zinsentwicklung der ertragsorientierten Anlagen liegt.

Von der Unsicherheit über die zukünftige Entwicklung ist in erster Linie die Wertpapieranlage betroffen, deren Preis- und Zinsentwicklung im Gegensatz zu der relativ schwerfälligen Entwicklung der Zinsen für Zeitdepositen in sich Verlustrisiken und Gewinnchancen bergen und die Möglichkeit bieten, durch Einbeziehung mehr oder minder gut begründeter Vorstellungen über die Abweichung der zukünftigen Entwicklung von der gegenwärtigen zu einer günstigeren Vermögensbildung zu gelangen.

Das gilt unbeschadet der Tatsache, daß ein Teil der Wertpapierinhaber aufgrund des allgemeinen ,risk of disappointment' nicht bereit sein wird, durch mehrmalige Umwandlung von Wertpapieren in Geld oder Zeitdepositen und umgekehrt vor Fälligkeit der Wertpapiere die Chance einer erhöhten Ertragserzielung zu nutzen[38].

— Sieht man von dieser Gruppe der Wertpapierbesitzer ab, deren Zielsetzung mit dem ,Erreichen eines befriedigenden Ertrages bei größtmöglicher Sicherheit' umschrieben werden könnte, so wird ein Absinken des Wertpapierkurses (Steigen des Zinses) nur dann einen Übergang zur Wertpapieranlage auslösen, wenn die Erwartung

---

[35] "There is ... a necessary condition failing which the existence of a liquidity-preference for money as a means of holding wealth could not exist. This necessary condition is the existence of *uncertainty* as to the future of the rate of interest ..." — *John Maynard Keynes,* The General Theory of Employment, Interest and Money, a.a.O., S. 168.

[36] *J. R. Hicks,* Value and Capital, 2. A., Oxford 1946 (repr. 1957), S. 167. — Das gilt in besonderem Maße für eine über die Periode hinausreichende Kassenhaltung aus dem Transaktionsmotiv bzw. ihre zwischenzeitliche Anlage.

[37] Vgl. S. 51 ff.

[38] "If the only reason for owning assets were the income they produce, the price fluctuations would not be so important. For, as long as the owner is in position to hold the asset until maturity, there would be only a potential loss, a loss of better opportunities." — *Franco Modigliani,* Liquidity Preference and the Theory of Interest and Money, a.a.O., S. 194.

eines gleichbleibenden oder wieder ansteigenden Wertpapierkurses und damit die Vorstellung eines im Augenblick günstigen Kaufpreises und eines im Vergleich zur liquiditätsorientierten Anlage ausreichenden Ertrages bestehen.

Wird hingegen ein weiteres Absinken (Ansteigen des Zinses) erwartet, so gibt es vorerst keine Veranlassung zu einer Umwandlung der Vermögensanlage von der Geld- in die Wertpapierform, weil günstigere Kaufbedingungen der Wertpapiere (erwartetes weiteres Absinken des Kurses) abgewartet werden, ehe die ertragbringende Anlage an die Stelle der Geldanlage tritt.

— Andererseits wird ein Absinken des Wertpapierpreises (Anstieg des Zinses) dann nicht zu einer Umschichtung von der Zeitdepositen- in die Wertpapieranlage führen, wenn erwartet wird, daß sich die Erträge (einschließlich möglicher Kapitalgewinne) der Wertpapieranlage in Zukunft ungünstiger entwickeln werden als die relativ unbeweglichen Zinsen für Zeitdepositen (optimized lock-in-effect).

— Schließlich kann durch Einbeziehung der Erwartungen einer bestimmten Zinsentwicklung der Wertpapieranlage eine Umschichtung von Geld auf Zeitdepositen erfolgen, und zwar selbst dann, wenn die Opportunitätskosten der Kassenhaltung sinken. Das wird der Fall sein, wenn die Kassenhaltung zu Spekulationszwecken erfolgt, sich aber aufgrund einer bestimmten konjunkturellen Situation eine günstige Verwendung dieser Gelder in Form einer Wertpapieranlage nicht abzeichnet.

Anhaltspunkte für die Erwartungen, die hinsichtlich der zukünftigen Zinsentwicklung im Durchschnitt in einer Volkswirtschaft überwiegen, ergeben sich aus dem Vergleich des durch eine Zinsänderung erreichten Niveaus mit den Erfahrungswerten der Vergangenheit in bezug auf ein ‚mittleres' Niveau und auf Unter- und Obergrenzen. Nur wenn eine Zinssenkung das ‚mittlere' Niveau nach unten überschritten hat, kann angenommen werden, daß die Erwartungen auf ein Steigen des Zinses (Sinken des Wertpapierkurses) verbreiteter sind als entgegengesetzte Erwartungen und daß demzufolge die liquiditätsorientierte Anlage gegenüber der ertragsorientierten und die in Zeitdepositen gegenüber der Wertpapieranlage an Bedeutung gewinnt und vice versa.

Die Bevorzugung der Liquiditätsanlage wird um so ausgeprägter sein, je weiter die Zinsänderung das aktuelle Zinsniveau vom ‚mittleren' Niveau entfernt. An der Untergrenze schließlich wird sich dann — entsprechend der Keynesschen Annahme — die Liquiditätsdisposition in absoluter Weise durchsetzen[39], d. h. alle Vermögensträger, die nicht

[39] Vgl. *John Maynard Keynes*, The General Theory of Employment, Interest and Money, a.a.O., S. 172.

zu der Gruppe mit der Zielsetzung ‚befriedigender Ertrag bei größtmöglicher Sicherheit' gehören, sondern einen ‚größtmöglichen Ertrag bei tragbarem Risiko' anstreben, werden durch Verkauf der Wertpapiere unter dem Vorbehalt eines späteren Wiederkaufs einen Vorteil erwarten, der den Zinsentgang überkompensiert[40].

Von bestimmten, oben skizzierten Erwartungen abgesehen korrelieren somit die ertragsorientierten Dispositionen positiv mit der (erwarteten) Ertragsdifferenz zwischen Wertpapier-(Zeitdepositen-)anlagen und liquiditätsorientierten Dispositionen. Eine Zinserhöhung der ertragsorientierten Anlagen bewirkt eine Erhöhung der Opportunitätskosten der liquiditätsorientierten Dispositionen; es erfolgt eine Zunahme der ertragsorientierten Anlagen.

Handelt es sich bei der Verringerung der liquiditätsorientierten Dispositionen entsprechend der currency ratio (k), die nicht nur für die umlaufende, sondern auch für die ruhende Geldmenge außerhalb des Bankensektors[41] gelten soll, um eine Reduzierung der direkten Kasse, so fließt den Banken einerseits Bargeld zu, d. h. ihre Operationsbasis erhöht sich, während im Falle der Zeitdepositenanlage die Mindestreserveverpflichtungen zunehmen.

Andererseits wird durch die Reduzierung der indirekten Kasse der Geldzufluß nicht berührt. Lediglich die Mindestreserveverpflichtungen verringern sich, womit ceteris paribus der Anteil der liquiditätsorientierten Dispositionen der Geschäftsbanken zurückgeht. Daneben erfolgt aber aufgrund einer Aktivierung stilliegender Sichtguthaben ein Anstieg der currency ratio und damit ein negativer Effekt auf das Geldangebot.

Die ertragsorientierten Dispositionen in Form von Wertpapieranlagen korrelieren — ebenfalls von den bestimmten oben skizzierten Erwar-

---

40 „Derjenige, der bereits Konsols oder Aktien hat, wird sie ... verkaufen, wenn der Ertrag im Vergleich zu dem auf die kurzfristige Anlage so gering zu werden verspricht, daß er trotz Veräußerungskosten des Wertpapiers und Anlagekosten beim kurzfristigen Papier (einschließlich der Mühe der beiden Transaktionen) bei der Umschichtung besser fährt. Damit er Kasse hält, ist es erforderlich, daß der erwartete Ertrag auf Konsols und Aktien negativ wird und sich die kurzfristige Anlage wegen des niedrigen Zinses nicht lohnt." — *Friedrich A. Lutz*, Die Nachfrage nach Geld, a.a.O., S. 100.

41 Unter ‚umlaufender Geldmenge' wird die Geldmenge außerhalb des Bankensektors mit einer — auf die betrachtete Periode bezogenen — Umlaufgeschwindigkeit von größer als Null bezeichnet.

Zwar ist eine Änderung der umlaufenden Geldmenge mit einer gleichgerichteten Änderung der Umlaufgeschwindigkeit des Geldes gleichzusetzen, aber nicht jede Änderung der Umlaufgeschwindigkeit bedeutet eine Änderung der umlaufenden Geldmenge, da sich die durchschnittliche Ruhezeit einer gegebenen umlaufenden Geldmenge ebenfalls verändern kann.

Unter ‚ruhender Geldmenge' wird hingegen die Geldmenge außerhalb des Bankensektors mit einer — auf die betrachtete Periode bezogenen — Umlaufgeschwindigkeit von Null bezeichnet.

tungen abgesehen — positiv mit der (erwarteten) Ertragsdifferenz zwischen Wertpapier- und Zeitdepositenanlage. Eine Erhöhung dieser Differenz wirkt sich — wie die Verringerung der indirekten Kasse — ebenfalls nicht auf den Geldzufluß in den Bankensektor, wohl aber ceteris paribus auf die Höhe des Geldangebots im Rahmen einer gegebenen Operationsbasis der Geschäftsbanken aus. Eine Erhöhung der Ertragsfähigkeit von Wertpapieranlagen im Vergleich zu der von Zeitdepositen wird eine Umschichtung innerhalb der ertragsorientierten Anlagen des Nichtbankensektors zugunsten der Wertpapieranlagen auslösen, und so die als Pflichtreserven zu haltenden Mindestreserven verringern, da Spareinlagen wegfallen.

(3) Ist mit den Determinanten für die Aufteilung der gesamten Dispositionen im Finanzvermögen in ertrags- und liquiditätsorientierte Dispositionen der private Geldabfluß bestimmt, so sind im folgenden Kriterien zu finden, die darüber Auskunft geben, in welchem Umfang der Geldabfluß aus der Privatwirtschaft gegenüber den Geschäftsbanken zur Geltung kommt (Bestimmung der Neigung der Geraden 0c in Abb. 5).

Hierfür sind die Offenmarktoperationen der Zentralbank mit den Unternehmungen entscheidend.

In dem Umfang, in dem der Geldabfluß aus dem Haushaltssektor zum Zwecke eines Wertpapierkaufs erfolgt und die Zentralbank als Verkäufer auftritt, kommt es nicht zu einem Geldzufluß zu den Geschäftsbanken.

Die Zentralbank wirkt allerdings durch ihre Offenmarktpolitik nicht nur auf die Höhe des Geldzuflusses gegenüber den Geschäftsbanken ein, sondern via Beeinflussung der entsprechenden Zinssätze auch auf die Alternativen Wertpapieranlage/Zeitdepositen und Wertpapieremissionen/à-Konto-Kredit-Aufnahme. Dabei legt sie entweder die Zinssätze der von ihr angebotenen oder nachgefragten Wertpapiere direkt fest oder beeinflußt sie indirekt über Angebot und Nachfrage am Markt.

Einen Anhaltspunkt dafür, ob die Zentralbank als Nettoverkäufer von Wertpapieren am Markt auftritt, ist in erster Linie aus ihrer Ausrichtung an der primären Zielsetzung einer kontinuierlichen, aber nicht-exzessiven Liquiditätsversorgung der Wirtschaft abzuleiten. Wird das Vollbeschäftigungsgleichgewicht überschritten, besteht Anlaß, die Liquiditätsversorgung einzuschränken. Die Zentralbank wird als Nettoverkäufer von Wertpapieren auftreten.

(4) Die Determinanten einer zusätzlichen ertragsorientierten Vermögensanlage des Haushaltssektors und — im Rahmen dieser Anlage — eines Geldabflusses an die Zentralbank ergeben Anhaltspunkte

für einen Geldabfluß des Haushaltssektors an die Geschäftsbanken (Abb. 6: $0E_{B1} \rightarrow 0E_{B2}$). Entsprechend der ‚currency ratio' erfolgt ein Zufluß von Bargeld an den Sektor der Geschäftsbanken ($F_1 \rightarrow F_2$ bzw. $W_1 \rightarrow W_2$), so daß sich die Operationsbasis ceteris paribus von O_1 auf O_2 erhöht.

Die dabei auftretende Umwandlung von Sichteinlagen in Zeitdepositen verringert zudem noch die als Pflichtreserven zu haltenden Mindestreserven, wodurch sich ceteris paribus die Gerade $0a$ im ersten Quadranten des Achsensystems nach links verschiebt ($0a \rightarrow 0a'$) und den Anteil der ertragsorientierten im Vergleich zu den liquiditätsorientierten Dispositionen erhöht. Es ergibt sich insgesamt ein Angebotszuwachs von $0A_1$ auf $0A_2$.

(5) Die Geschäftsbanken können diesen Zufluß an Bargeld aus dem Nichtbankensektor in seiner Höhe nur unvollkommen steuern. Von den wichtigsten Determinanten des Geldabflusses aus dem Nichtbankensektor haben die Banken direkt nur Einfluß auf die Ertragsdifferenzen der Anlagen des Finanzvermögens sowie über Änderungen des Nominalwerts auf den Realwert des ertragsorientierten Vermögensbestandes. Als Bestimmungsgrößen zur Beeinflussung des Geldzuflusses von den Nichtbanken ergeben sich für die Geschäftsbanken somit

— die eingetretene und erwartete Ertragsdifferenz zwischen Wertpapier-(Zeitdepositen-)Anlage und liquiditätsorientierten Dispositionen (${}_Wi$ (${}_Zi$) $-$ ${}_Li$) bzw. $\left({}^e_Wi\left({}^e_Zi\right) - {}^e_Li\right)$,

— die eingetretene und erwartete Ertragsdifferenz zwischen Wertpapier- und Zeitdepositenanlage (${}_Wi - {}_Zi$) bzw. $\left({}^e_Wi - {}^e_Li\right)$;

— die eingetretene und erwartete Zinsentwicklung (i, ${}^ei$), einschließlich der Kapitalgewinne und -verluste bei Wertpapieranlagen[42].

(6) Während die Auswirkungen der ersten beiden Determinanten oben beschrieben worden sind, läßt sich zur dritten Bestimmungsgröße zusammenfassend folgendes sagen:

Zwischen einer (erwarteten) Änderung des Realwerts der ertragsorientierten Vermögensanlagen und dem Bargeldzufluß besteht — vorbehaltlich der zu beachtenden Qualifikationen[43-46] — über den wealth-

---

[42] Während sich die ersten beiden Bestimmungsgrößen vorrangig bei der Entscheidung über alternierende Anlagen des Finanzvermögens bemerkbar machen, tritt die dritte Größe vor allem bei der Alternative zwischen laufenden Transaktionen und Vermögensanlagen in Erscheinung. Sie wurde bereits bei den Determinanten der Geldnachfrage abgehandelt (S. 61 ff.).
Die Auswirkungen des Geldzuflusses auf das Geldangebot können darüber hinaus ceteris paribus durch die Differenz der Mindestreservesätze für Zeit- und Sichteinlagen (${}_Sm - {}_Zm$) modifiziert werden.

[43-46] Vgl. S. 65 ff.

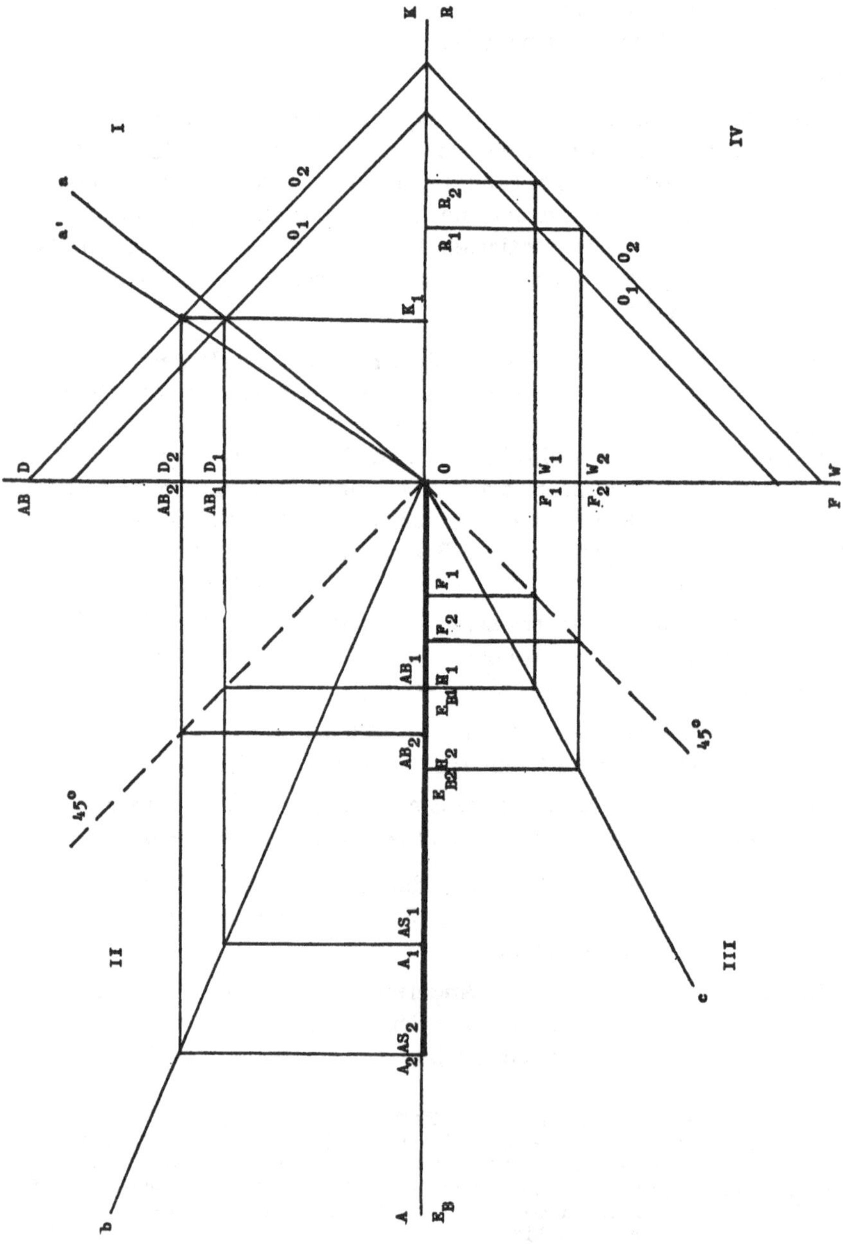

Abb. 6. Änderung der Determinanten des Geldangebots seitens des Bankensektors

saving-effect eine negative Korrelation. Sinkt der Realwert, erhöhen sich die Vermögensanlagen zulasten der Konsumausgaben. Einerseits fließt den Banken Bargeld zu; andererseits verringern sich durch Auflösung der Sichtguthaben die obligatorischen Liquiditätsanlagen der Geschäftsbanken.

b) (Angebot an) Zentralbankgeld von der Notenbank

(1) Ein Zufluß von Zentralbankgeld seitens der Notenbank (R) findet statt, wenn die Zentralbank von den Geschäftsbanken Aktiva erwirbt und mit Forderungen auf sich selbst bezahlt. Aber durch die realisierten Transaktionen dieser Art ist das gesamte R als Teil der Operationsbasis der Geschäftsbanken allein noch nicht gegeben. Es kommt auf die Gesamtheit des Zentralbankgeldes an, das die Notenbank bereit ist, zur Verfügung zu stellen, also nicht nur auf die *realisierten*, sondern auch auf die *potentiellen* Transaktionen.

Diese potentielle Erhöhung der Operationsbasis, die in Abb. 6 durch eine Verschiebung von R_1 zu R_2 und bei gleichbleibendem W von O_1 zu O_2 zum Ausdruck kommt, resultiert aus einem von den Geschäftsbanken *unausgenutzten Refinanzierungsspielraum* bei der Notenbank, der in aller Regel vorhanden ist und dafür sorgt, daß die potentielle Operationsbasis über der ausgenutzten liegt. Die potentielle (und nicht die realisierte) Basis bestimmt die Grenze des Geldangebots ebenso wie die vorhandene Kapazität (und nicht die im Augenblick ausgenutzte) das potentielle Güterangebot determiniert.

(2) Unter einem unausgenutzten Refinanzierungsspielraum sollen hier ganz allgemein die von den Geschäftsbanken nicht in Anspruch genommenen Kreditmöglichkeiten bei der Notenbank[47] verstanden werden[48]. Damit behält zwar der Satz von Schneider: „Mag der Anstoß zur Schaffung von Zentralbankgeld von der Zentralbank, von einer Kreditbank ... ausgehen, die Entscheidung darüber, ob Zentralbankgeld geschaffen werden soll, liegt allein bei der Zentralbank"[49], zu-

---

[47] Im Gegensatz zur Darstellung der Bundesbank ist hierin auch die mögliche Inanspruchnahme von Lombardkrediten enthalten, selbst wenn diese sich von den Dikontkrediten dadurch unterscheiden, daß sie „nach den kreditpolitischen Regelungen nur ganz kurzfristig zum Ausgleich unvorhergesehenen Liquiditätsbedarfs erfolgen darf" (Erläuterungen zur Liquiditätsanalyse der Bundesbank, Monatsberichte der Deutschen Bundesbank, 22,7 [1970], S. 28 ff.).

Von der Möglichkeit einer Kreditaufnahme bei Nichtbanken wird hier abgesehen.

[48] Vgl. hierzu für die BRD § 19 des Gesetzes über die Deutsche Bundesbank v. 26. Juli 1957 (BGBl. I, S. 745, abgedr. in: Geschäftsbericht der Deutschen Bundesbank für das Jahr 1957, S. 121 ff.) und die Interpretation von *Karl Fr. Hagenmüller* (Bankbetrieb und Bankpolitik, Wiesbaden 1959, S. 86 ff.).

[49] *Erich Schneider*, Einführung in die Wirtschaftstheorie, Bd. III, 9. A., Tübingen 1965, S. 26.

mindest für eine geschlossene Wirtschaft seine Richtigkeit, aber er ist interpretationsbedürftig.

Die Notenbank begrenzt den Refinanzierungsspielraum, indem sie Höhe und zugelassene Medien der Kreditaufnahme festlegt[50]. Damit ist eine Schaffung von Zentralbankgeld nur zu erwarten, wenn diese sich in dem von der Notenbank vorgesehenen Rahmen hält. Aber den Grad der Ausnutzung des Refinanzierungsspielraums, also die tatsächliche statt der potentiellen Schaffung von Zentralbankgeld, kann die Notenbank nicht ähnlich souverän bestimmen. Die Ausnutzung erfolgt durch die Geschäftsbanken.

(3) Insgesamt ergeben sich für die Inanspruchnahme des Refinanzierungsspielraums folgende Bestimmungsgrößen:

— die Differenz zwischen den (erwarteten) Erträgen der Wertpapieranlage (à-Konto-Kreditvergabe) und den (erwarteten) Kosten der Refinanzierung $\left({}^{(e)}_{W}i \left({}^{(e)}_{K}i\right) - {}^{(e)}_{R}i\right)$,

— die (erwartete) absolute Höhe der Kreditaufnahmekosten für die Wirtschaft $\left({}^{(e)}_{W}i;\ {}^{(e)}_{K}i\right)$.

Die Ausnutzung des Refinanzierungsspielraums korreliert einerseits positiv mit der Spanne zwischen dem (erwarteten) Marktzins (z. B. Zinsen für à-Konto-Kredite ${}^{(e)}_{K}i$ und durchschnittlichem Ertrag festverzinslicher Wertpapiere ${}^{(e)}_{W}i$) und dem (erwarteten) Zins (z. B. dem Rediskontsatz), der bei einer Refinanzierung zu zahlen ist, da die Verdienstmöglichkeit der Geschäftsbanken mit dieser Differenz steigt[51]. Andererseits korreliert der Grad der Ausnutzung negativ mit der absoluten Höhe des (erwarteten) Marktzinssatzes, vorausgesetzt, die Nachfrage nach Geld ist nicht völlig zinsunempfindlich.

Die Notenbank kann über eine Variation des bei der Refinanzierung zu zahlenden Zinssatzes die Ausnutzung durch die Geschäftsbanken mehr oder weniger attraktiv gestalten und über eine Beeinflussung des Marktzinses auf die Geldnachfrage einwirken[52].

(4) Allerdings erfährt der Zufluß von Zentralbankgeld seitens der Notenbank durch Devisentransaktionen eine erhebliche Modifikation:

---

[50] So werden z. B. für die Rediskontierung von Handelswechseln in Abhängigkeit von den haftenden Mitteln der Kreditinstitute Normkontingente fixiert, die nicht oder nur kurzfristig überschritten werden dürfen, und das rediskontfähige Material eingegrenzt.

[51] Vgl. z. B. die Bestimmung der ‚borrowing ratio' bei *Karl Brunner* und *Allen H. Meltzer*, A Credit Market Theory of the Money Supply and an Explanation of Two Puzzles in U.S. Monetary Policy, a.a.O., S. 155.

[52] Über die Bedeutung der Refinanzierungskredite für die Versorgung der Wirtschaft mit Zentralbankgeld vgl. *Alois Oberhauser*, Probleme der Geldversorgung einer wachsenden Wirtschaft, Finanzarchiv, 25 (1966), S. 403 f.

Während die Notenbank in einer geschlossenen Wirtschaft zumindest durch Begrenzung des Refinanzierungsspielraums und über eine Variation der bei der Refinanzierung zu zahlenden Zinssätze die Grenzen und Bedingungen für den Zufluß an Zentralbankgeld zu den Geschäftsbanken festlegen kann, verliert sie bei Konvertibilität der Währungen für das im Zusammenhang mit dem Devisenumtausch an die Geschäftsbanken fließende Zentralbankgeld die Kontrolle.

Dieser Tatbestand wirkt sich auf das Geldangebot in folgender Weise aus: Das den Geschäftsbanken durch den Umtausch von Devisen zufließende Zentralbankgeld wird von den Unternehmen benutzt, um die bestehende Nachfrage nach Geld zu reduzieren[53]. Die Geschäftsbanken verlieren Zentralbankgeld an die Unternehmen, aber nicht in Höhe des Zentralbankgeldzuflusses seitens der Notenbank, sondern nur in einem durch die ‚currency ratio' festgelegten Prozentsatz. Die verbleibende Zentralbankgeldmenge aber erhöht die Operationsbasis der Geschäftsbanken und damit — ceteris paribus — das Geldangebot[54]. Das Umgekehrte ergibt sich bei einem Devisenabfluß.

Auf diese Zu- und Abflüsse an Zentralbankgeld, die ihre Einwirkungsmöglichkeiten auf das Geldangebot beschränken, hat die Notenbank höchstens einen sehr indirekten Einfluß: Nur insoweit es ihr gelingt, mit ihrem Instrumentarium auf die Determinanten von Exporten und Importen, wie z. B. auf die Preisentwicklung in einem Land, einzuwirken, verändert sie auch die Import- und Exportgrößen dieses Landes und damit die Zu- und Abflüsse von Devisen und von Zentralbankgeld.

2. *Liquiditätskoeffizient der Geschäftsbanken*

Auf dem Hintergrund einer gegebenen Operationsbasis spielt die Bestimmung des Liquiditätskoeffizienten eine entscheidende Rolle für die Feststellung des potentiellen Abflusses von Bargeld im Rahmen ertragsorientierter Dispositionen, der einen Teil des Geldangebots darstellt[55].

a) Charakterisierung des Liquiditätskoeffizienten

Die Geschäftsbanken sind erwerbswirtschaftlich ausgerichtet, und so verfolgen sie — wie alle Erwerbsunternehmen — das Ziel der Ge-

---

[53] Vgl. hierzu Fußnote 1 S. 41.
[54] Für die gleichzeitig entstehenden Sichtguthaben sind entsprechend den Mindestreservevorschriften die obligatorischen liquiditätsorientierten Dispositionen in Form von Guthaben bei der Notenbank zu erhöhen.
[55] Vgl. dazu S. 89 f.

winnerwirtschaftung (bzw. -maximierung). Daneben stellt sich ihnen — wie allen Wirtschaftseinheiten — die zusätzliche Bedingung, jederzeit liquide zu sein. Es wird von ihnen verlangt, allen Zahlungsverpflichtungen und Zahlungsnotwendigkeiten fristgerecht nachkommen zu können. Diese Nebenbedingung spielt bei Banken, deren Geschäftstätigkeit weitgehend auf Zahlungsvorgängen basiert, naturgemäß eine ungleich größere Rolle als bei anderen Wirtschaftseinheiten[56]. Neben diesen liquiditätsorientierten Dispositionen aus Transaktions- und Vorsichtsmotiv sind in den Geschäftsbanken erfahrungsgemäß auch Dispositionen aus dem Spekulationsmotiv, um von erwarteten Entwicklungen zu profitieren, von Bedeutung — und zwar in aller Regel ebenfalls von größerer Bedeutung als in anderen Wirtschaftseinheiten.

Deshalb sind die liquiditätsorientierten Dispositionen der Geschäftsbanken auch besonders umfangreich. Sie enthalten zwei verschiedene Kategorien:

(1) Sieht man von Kreditrichtsätzen ab, die das Verhältnis bestimmter Bilanzpositionen zueinander festlegen und damit auch dem Ziel der Liquidität dienen, so gehören zur ersten Kategorie insbesondere die von den Kreditinstituten bei der Zentralbank zu haltenden *Mindestreserven*. Die Bedeutung dieser Pflichtreserven ist jedoch, insbesondere bei „Zahlungsnotwendigkeiten" — resultierend aus der Technik ihrer Berechnung — auf eine nur kurzfristige Verwendbarkeit zur Überbrückung von Liquiditätsschwierigkeiten beschränkt[57].

(2) Die Erwähnung des Spekulationsmotivs als Ursache der Kassenhaltung zeigt bereits, daß hinter dem Liquiditätskoeffizienten auch bewußte Dispositionen der Geschäftsbanken stehen, die über das obligatorische Halten von Mindestreserven hinausgehen. Damit wird gleichzeitig deutlich, daß der Prozeß zur Erklärung des Geldangebots nicht als ein rein *mechanischer Multiplikatorprozeß*[58] zu verstehen ist, sondern eher als ein Prozeß, der von Verhaltensweisen der Geschäfts-

[56] „Ist ... Liquidität ein allgemeines Erfordernis rationeller Wirtschaftsführung in Haushalt und Unternehmung, so gewinnt dieser Begriff seine besondere Bedeutung für die Geldinstitute ... Für die finanziellen Dispositionen der Banken ist der Grad ihrer Liquidität geradezu der Maßstab für ihre Betätigung im Kreditgeschäft." — *Günter Schmölders*, Geldpolitik, a.a.O., S. 97.

[57] „Zwar können die Kreditinstitute täglich über ihre Zentralbankguthaben verfügen; da diese Guthaben aber im Tagesdurchschnitt des Monats das vorgeschriebene Mindestreserve-Soll erreichen müssen, sind sie — abgesehen von den Schwankungen, die im *Monatsverlauf* möglich sind — im wesentlichen als ‚gebundene Reserven' zu betrachten." — Methodische Erläuterungen zur Analyse der Bankenliquidität, Monatsberichte der Deutschen Bundesbank, a.a.O., S. 30.

[58] Vgl. z. B. *Erich Schneider*, Einführung in die Wirtschaftstheorie, Bd. III, a.a.O., S. 28 ff.

banken, die sich in Abhängigkeit von bestimmten ökonomischen Variablen verändern[59], geprägt wird.

Aus diesem Grunde spielen neben den Pflichtreserven *freiwillige liquiditätsorientierte Dispositionen* eine entscheidende Rolle.

Folgende Dispositionen der Geschäftsbanken führen zu Vermögensanlagen, die entweder echte Liquiditätsanlagen ohne jede Ertragsfähigkeit oder Anlagen mit spontaner Liquidisierbarkeit und verminderter Ertragsfähigkeit darstellen[60]:

— Erhöhung der *Kassenbestände* und der „Überschußguthaben" bei der Zentralbank[61]. Die Vermögensanlagen dieser Kategorie werden im allgemeinen unter Berücksichtigung der Kosten und Mühen der Investierung und Desinvestierung in bzw. aus Anlagen mit spontaner Liquidisierbarkeit so gering wie möglich gehalten werden, da eine Ertragsfähigkeit gar nicht besteht (oder hinter der der folgenden Kategorie liquiditätsorientierter Dispositionen zurückbleibt)[62].

— Erwerb solcher Wertpapiere, die eine spontane Liquidisierbarkeit besitzen, da sie von der Zentralbank in die Geldmarktregulierung einbezogen sind und von ihr im Rahmen ihrer Offenmarkttätigkeit jederzeit angekauft werden. Hierbei handelt es sich — bezugnehmend auf die Verhältnisse in der BRD — vor allem um staatliche *Geldmarktpapiere* (insbesondere Schatzwechsel, unverzinsliche Schatzanweisungen).

  Diese Kategorie zeichnet sich dadurch aus, daß sie gegenüber der ersten eine verbesserte Ertragsfähigkeit und trotzdem — von gelegentlichen leichten Verlustmöglichkeiten abgesehen — den Status der spontanen Liquidisierbarkeit besitzt, da sie jederzeit beim Zentralbanksystem in Zentralbankgeld eintauschbar ist[63]. Dabei wird die Höhe der Erträge von der Notenbank mittels Abgabe- und Rücknahmesätze festgelegt.

— Bildung *kurzfristiger Auslandsanlagen* (Guthaben bei ausländischen Banken sowie der Erwerb ausländischer Geldmarktpapiere).

---

59 "Once we get away from the simple, mechanical link between reserves, deposits, and money, the supply of money has an independent existence as an economic variable determined by behavior and subject to analysis." — *David I. Fand,* Some Implications of Money Supply Analysis, a.a.O., S. 380.

60 Hierbei wurde versucht, soweit wie möglich Übereinstimmung mit der Analyse der Bankenliquidität seitens der Bundesbank (vgl.: Methodische Erläuterungen zur Analyse der Bankenliquidität, a.a.O., S. 29 ff.; sowie: Erläuterungen zur Liquiditätsanalyse der Bundesbank, a.a.O., S. 28 ff.) zu erzielen, um die statistische Überprüfbarkeit zu gewährleisten.

61 Überschußguthaben sind alle Zentralbankguthaben der Banken abzüglich der durch Mindestreservevorschriften gebundenen Reserven.

62 Vgl. hierzu: *Friedrich A. Lutz,* Die Nachfrage nach Geld, a.a.O., S. 98.

63 Vgl. z. B. *E. Brehmer,* Struktur und Funktionsweise des Geldmarktes der Bundesrepublik Deutschland seit 1948, 2. A., Tübingen 1964, S. 44.

Diese Vorkehrungen (Mindestreserven und freiwillige Liquiditätsanlagen bzw. Anlagen mit spontaner Liquidisierbarkeit) schieben sich im Bereich der Geschäftsbanken als *Liquiditätspolster* zwischen die marktbedingten und zentralbankbestimmten Zuflüsse und die nichtliquiditätsorientierten Abflüsse von Zentralbankgeld.

b) Bestimmung des Liquiditätskoeffizienten

(1) Um die Determinanten der liquiditätsorientierten Dispositionen, wie sie sich in Mindestreserven einerseits sowie echten Liquiditätsanlagen und Anlagen mit spontaner Liquidisierbarkeit andererseits niederschlagen, zu erhalten, wird auf die Einteilung der ertragsorientierten Anlagen, für deren Durchführung die liquiditätsorientierten Dispositionen schließlich getroffen werden, in Form festverzinslicher Wertpapiere (${}_W D$) und in Form einer Vergabe von à-Konto-Krediten zurückgegriffen (${}_K D$). Eine der beiden Anlagearten erfüllt jeweils eines der beiden Kriterien, die die liquiditätsorientierte Anlage charakterisieren, nicht: Die Wertpapieranlage ist bei einem funktionsfähigen Kapitalmarkt zwar jederzeit — aber nicht jederzeit ohne Verluste — liquidisierbar (shiftable, but not capital safe), die à-Konto-Kreditvergabe ist zwar (aufgrund ihres festen Kapitalwerts) ohne Verluste — aber nicht jederzeit — liquidisierbar (not shiftable, but capital safe).

(2) Für das Verhältnis jeder der beiden Kategorien der ertragsorientierten Anlagen zu den liquiditätsorientierten Dispositionen sind die folgenden Faktoren gemeinsam relevant:

— Mindestreservesätze für die verschiedenen Arten der Depositen (sm, zm),

— Höhe der Zinsdifferenz zwischen ertrags- und liquiditätsorientierten Anlagen oder, anders ausgedrückt, die Höhe der Opportunitätskosten der liquiditätsorientierten Dispositionen (${}_K i$ (${}_W i$) — ${}_L i$)[64].

Für das Verhältnis von Wertpapieranlagen zu liquiditätsorientierten Dispositionen kommt noch als dritte Determinante

— die erwartete Entwicklung der Ertragsdifferenz zwischen Wertpapier- und Liquiditätsanlage $\left({}^{e}_{W}i - {}^{e}_{L}i\right)$ hinzu,

während für das Verhältnis von à-Konto-Kreditvergabe zu liquiditätsorientierten Dispositionen als dritte Determinante

---

[64] Vgl. z. B. *Frank Brechling* and *George Clayton*, Commercial Banks' Portfolio Behaviour, a.a.O., S. 294.

— eine ungewollte Liquiditätsanlage infolge mangelnder Möglichkeit der à-Konto-Kreditvergabe (^{u}K)[65] in Rechnung zu stellen ist.

(3) Insgesamt ergeben sich für den Liquiditätskoeffizienten (K/O) folgende Bestimmungsgrößen: ${}_{S}m$, ${}_{Z}m$; ${}_{K}i$ $({}_{W}i) - {}_{L}i$; ${}^{e}_{W}i - {}^{e}_{L}i$ bzw. ^{u}K .

— Zwischen der Höhe des Liquiditätskoeffizienten und der ersten Determinanten besteht eine positive Korrelation: Eine Senkung der Mindestreservesätze für Depositen bedeutet, daß im Rahmen einer gegebenen Operationsbasis ein geringerer prozentualer Anteil des Bestandes an Depositen in Form von gebundenen Zentralbankguthaben der Geschäftsbanken gehalten werden muß, d. h. der Liquiditätskoeffizient wird ceteris paribus sinken und vice versa.

— Zwischen dem Liquiditätskoeffizienten und der zweiten Determinanten besteht — wie schon im Zusammenhang mit der Geldnachfrage abgeleitet — eine negative Korrelation: Ein Rückgang der Opportunitätskosten der liquiditätsorientierten Anlagen (Verringerung der Differenz zwischen der Verzinsung der ertrags- und der liquiditätsorientierten Anlagen), der oftmals mit einem Anwachsen der Anlagerisiken verbunden ist, erhöht die Neigung der Geschäftsbanken, den Anteil des im Zusammenhang mit ertragsorientierten Dispositionen abfließenden Bargelds zugunsten der liquiditätsorientierten Dispositionen zu verringern.

— Die Beziehung zwischen dem Liquiditätskoeffizienten und der dritten Determinanten ist ebenfalls bereits im Zusammenhang mit der Bestimmung der Geldnachfrage abgeleitet worden: Erwartungen verstärken die negative Korrelation der zweiten Determinanten, wenn sie auf einen Wiederanstieg der Zinsdifferenz (in erster Linie infolge eines sinkenden Wertpapierkurses) gerichtet sind; sie bremsen sie, wenn mit einem weiteren Absinken dieser Differenz gerechnet wird.

— In dem Verhältnis von liquiditätsorientierten und ertragsorientierten Anlagen in Form von à-Konto-Krediten kann in bestimmten konjunkturellen Situationen neben den von der Notenbank erzwungenen und den freiwilligen liquiditätsorientierten Dispositionen eine dritte Kategorie, die vom Markt erzwungene Erhöhung des Liquiditätskoeffizienten, eine Veränderung bringen.

---

65 „Hier handelt es sich um den Fall, daß anlagebestimmte Gelder nicht verwendet werden können, weil keine Anlagemöglichkeiten von ausreichender ‚Bonität' bestehen." — *Walter Adolf Jöhr*, Die Konjunkturschwankungen, a.a.O., S. 474.

Eine Rezession kann bewirken, daß liquiditätsorientierte Dispositionen von den ertragsorientierten in Form von à-Konto-Krediten deshalb zugunsten ersterer von der geplanten Relation abweichen, weil aufgrund mangelnder Kreditnachfrage der Wirtschaft die ertragbringenden Anlagemöglichkeiten fehlen. Hinzu kommt, daß bei räumlich beschränkter Rezession aufgrund des eintretenden Preis- und Einkommensgefälles zum Ausland eine zusätzliche Nachfrage des Auslands nach Gütern eintritt, die die Operationsbasis der Geschäftsbanken ausweitet und damit ceteris paribus die Gefahr der ungewollten Liquiditätsdispositionen erhöht.

Dem stehen allerdings zwei Gegentendenzen gegenüber: Zum einen wird durch die zusätzliche ausländische Nachfrage der mit dem heimischen Nachfrageverfall nach Gütern verbundene Rückgang der Nachfrage nach Geld gebremst, so daß die Notwendigkeit, ungewollte Liquiditätsdispositionen vorzunehmen, verringert wird. Zum anderen wird durch die Einbeziehung des Staates das Argument für ungewollte Liquiditätsdispositionen insofern erheblich abgeschwächt, als bei Rezessionen oftmals der nachlassenden Privatnachfrage eine antizyklische staatliche Nachfrage zur Seite tritt, die für die Geschäftsbanken ertragbringende Anlagemöglichkeiten schafft.

Bei allen Überlegungen ist jedoch zu bedenken, daß nicht die gesamte Aufteilung in ertrags- und liquiditätsorientierte Dispositionen von einer ungewollten Erhöhung des Liquiditätskoeffizienten betroffen sein kann; denn ertragsorientierte Anlagen sind nicht nur aufgrund einer Befriedigung neu entfalteter Kreditnachfrage möglich, sondern auch aufgrund eines Ankaufs bereits im Umlauf befindlicher Wertpapiere — eine Anlage, die in einer Volkswirtschaft mit organisiertem Kapitalmarkt jederzeit möglich sein wird.

Das spricht dafür, daß es eine Abweichung des gewünschten Liquiditätsverhältnisses vom realisierten insgesamt nicht gibt — es sei denn, die bei der Notenbank obligatorisch zu haltenden Liquiditätsanlagen seien höher als die gewünschten. Sieht man davon ab, so muß eine Variation des *gesamten* Liquiditätskoeffizienten (Rotation der 0α-Geraden um 0) immer den Absichten der Geschäftsbanken entsprechen.

(4) Wie statistische Überprüfungen zeigen, kann durchaus eine erhebliche Elastizität des Liquiditätskoeffizienten in Abhängigkeit von den genannten Determinanten unterstellt werden[66].

---

[66] Vgl. hierzu die statistischen Angaben für die BRD im letzten Kapitel (S. 207 und 221 f.).

3. *Desired Currency Ratio*

(1) Mit der Bestimmung der Operationsbasis und des Liquiditätskoeffizienten der Geschäftsbanken ist die Zentralbankgeldmenge gegeben, die für ertragsorientierte Dispositionen zur Verfügung steht.

Da über einen Teil der von den Banken bereitgestellten Geldmittel nicht durch Barabhebung, sondern durch Überweisung von Konto zu Konto verfügt wird, kann sich entsprechend dieser Gewohnheit (Zahlungssitten) das Gesamtangebot an Geld aus Bargeld *und* Sichtguthaben zusammensetzen (vgl. Abbildungen 4 und 6). Ist die ‚desired currency ratio' (k), die in der Neigung der Geraden $0b$ zum Ausdruck kommt, hoch, so ist der auf dem Geldangebot in Form von Bargeld aufstockbare Betrag zusätzlicher Sichtguthaben für die Wirtschaft gering und vice versa.

(2) Die ‚desired currency ratio' soll nicht als ein Datum betrachtet werden, das den Prozeß der Bereitstellung des Geldangebots beeinflußt, aber von ihm selbst nicht beeinflußt wird[67]; denn es läßt sich feststellen, daß sie sich zum einen mit den liquiditätsorientierten Anlagen des Finanzvermögens seitens der Privatwirtschaft in Form einer Erhöhung der indirekten Kassenhaltung (${}^{i}L$) verändert, die ihrerseits wiederum — wie noch zu zeigen sein wird[68] — eine Prozeßvariable darstellt, und zum anderen mit einem Geldabfluß aus dem Staatssektor an die Geschäftsbanken im Zusammenhang mit einem Budgetüberschuß ($Ü_B$). Als wichtigste Determinanten für die currency ratio (k) sind somit ${}^{i}L$ und $Ü_B$ zu nennen.

(3) Zwischen der currency ratio und der ersten Determinanten besteht eine negative Korrelation. Steigen die liquiditätsorientierten Anlagen in Form indirekter Kassenhaltung in der Privatwirtschaft, sinkt die currency ratio ab.

---

[67] So u. a. bei *Karl Brunner* and *Allan H. Meltzer*, A Credit Market Theory of the Money Supply and an Explanation of Two Puzzles in U.S. Monetary Policy, a.a.O., S. 155. — Die Klassifizierung der currency ratio als Datum würde nicht auch bedeuten, daß diese Größe als eine Konstante anzusehen wäre; denn unabhängig vom Prozeß der Geldbereitstellung aufgrund des zunehmend bargeldlosen Zahlungsverkehrs und damit einhergehend der zunehmend bargeldlosen Kassenhaltung läßt sich eine langfristige Tendenz zur Reduzierung der currency ratio feststellen, die den Abfluß von Geld an den Bankensektor im Rahmen gegebener liquiditätsorientierter Anlagen erhöht. Ein Indiz dafür ist die zu beobachtende ständige Verringerung des Anteils des Bargeldumlaufs an der gesamten Geldmenge. — Vgl. Monatsberichte der Deutschen Bundesbank, Statistischer Teil, I, Bankenstatistische Gesamtrechnungen. — „Diese ‚Giralgeldkapazität' der Volkswirtschaft ist in steter Ausweitung begriffen; immer mehr Zahlungsverpflichtungen werden in Buchgeld geregelt, selbst die bargeldlose Lohnzahlung ist in raschem Vordringen." — *Günter Schmölders*, Geldpolitik, a.a.O., S. 101.

[68] Vgl. S. 152 ff.

Dieser Zusammenhang läßt sich wie folgt begründen: Eine Erhöhung der liquiditätsorientierten Anlagen der Privatwirtschaft insgesamt führt zu einer Verringerung der *umlaufenden Geldmenge;* die *Geldmenge außerhalb des Bankensektors* wird davon nicht berührt.

Während bei Erhöhung der direkten Kassenhaltung zusätzlich Bargeld im Nichtbankensektor gehortet wird, ist eine Erhöhung der indirekten Kassenhaltung mit einem geringeren Ausnutzungsgrad von Sichtguthaben gleichzusetzen. Das bedeutet nichts anderes, als daß im Rahmen einer gegebenen Geldmenge außerhalb des Bankensektors die ertragsorientierten Dispositionen der Geschäftsbanken mit einer geringeren Barabhebungsquote verbunden sind als vor Erhöhung der indirekten Kassenhaltung. Im Vergleich zu vorher wird ein größerer Teil der Sichtguthaben nicht genutzt. Für den nicht wirksamen Teil der Sichtguthaben aber braucht nicht mit einem Bargeldabfluß gerechnet zu werden. „Die Erfahrung hat ... gezeigt, daß ein bestimmter Teil der Sichteinlagen, der sogenannte Bodensatz, dem Kreditinstitut ständig zur Verfügung steht[69]."

Durch Erhöhung der indirekten Kassenhaltung der Privatwirtschaft wächst dieser ‚Bodensatz', d. h. die currency ratio sinkt ab, und das Geldangebot kann — ceteris paribus — ausgeweitet werden[70].

(4) Zwischen currency ratio und der zweiten Determinanten besteht ebenfalls eine negative Korrelation.

Ist aufgrund der konjunkturellen Situation nicht mit einer die private Nachfrage ergänzenden staatlichen Nachfrage nach Geld zu rechnen[71], sondern mit einem Budgetüberschuß, der beim Bankensektor angelegt wird, so stellt sich diese Situation wie folgt dar (Abb. 7): Wie in Abbildung 3 sind auf dem negativen Ast der Abszisse die verfügbaren Einkommen ($^{v}_{P}Y$), auf dem negativen Ast der Ordinate die Steuerzahlungen (*T*) der nichtstaatlichen Sektoren abgetragen. Auf dem negativen Ast der Ordinate stehen außerdem die Ausgaben des Staates (*GY*), auf dem positiven Ast der Abszisse der gesamte Budgetüberschuß ($\ddot{U}$) sowie der Teil, der bei der Zentralbank gehalten wird ($\ddot{U}_Z$), auf dem positiven Ast der Ordinate der Teil, der bei den Geschäftsbanken angelegt wird ($\ddot{U}_B$).

Im Gegensatz zur Darstellung der Geldnachfrage des Staates[72] liegen die Ausgaben des Staates (GY_1) im vierten Quadranten niedriger als die Steuereinnahmen (Gerade T_1), so daß eine Differenz in Form eines

---

[69] *Karl Fr. Hagenmüller*, Bankbetrieb und Bankpolitik, a.a.O., S. 64.

[70] In diesem Zusammenhang ist die Möglichkeit des ‚revolving' von Krediten erwähnenswert. — Vgl. hierzu *Hans Besters*, Das Revolving-System als Instrument der Industriefinanzierung, Gutachten 1959.

[71] Vgl. hierzu S. 76 ff.

[72] Vgl. Abb. 3, S. 78.

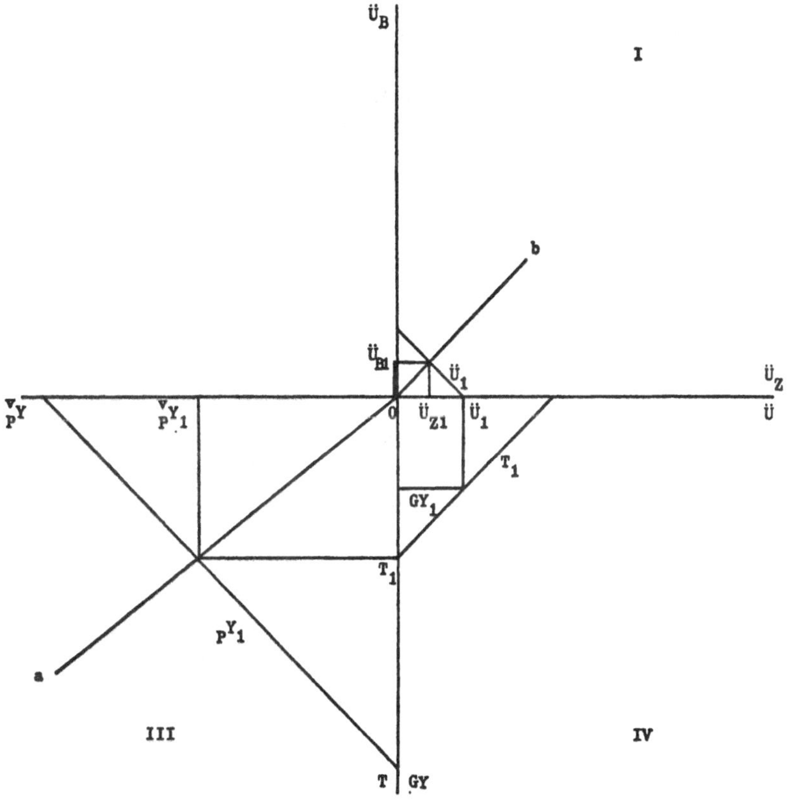

Abb. 7. Darstellung des Geldabflusses aus dem Staatssektor

Budgetüberschusses ($\dot{U}_1$) entsteht. Dieser Budgetüberschuß führt gemäß der Neigung der Geraden $0b$ im ersten Quadranten zur Anlage bei der Zentralbank ($\dot{U}_{Z1}$) und bei den Geschäftsbanken ($\dot{U}_{B1}$). Die stark eingezeichnete Strecke $0\dot{U}_{B1}$ ergibt somit den Teil des Budgetüberschusses, der bei den Geschäftsbanken angelegt wird; er steigt ceteris paribus mit den Steuereinnahmen des Staates (T) und sinkt ceteris paribus mit zunehmendem Anteil der Staatsausgaben (GY) an den Einnahmen (T) und des bei der Zentralbank angelegten Teils ($\dot{U}_Z$) am gesamten Budgetüberschuß ($\dot{U}$).

Wächst nun der bei den Geschäftsbanken angelegte Budgetüberschuß, so sinkt die currency ratio. Der angelegte Überschuß besteht aus Bargeld und Sichtguthaben der Privatwirtschaft. Während das Bargeld an die Geschäftsbanken abfließt und die Geldmenge außerhalb des Bankensektors kleiner wird, erfolgt bei den Sichtguthaben nur eine Umschichtung von der Privat- zur Staatswirtschaft. Damit sinkt die currency ratio. Sie sinkt darüber hinaus aber auch — ähnlich wie bei Erhöhung der indirekten Kassenhaltung der Privatwirtschaft —, weil im Vergleich zu vorher ein größerer Teil der Sichtguthaben nicht genutzt wird, da der Staat über sie nicht verfügt. Für den nicht wirksamen Teil der Sichtguthaben muß nicht mit einem Bargeldabfluß gerechnet werden, so daß ceteris paribus das Geldangebot zusätzlich auch aus diesem Grund ausgeweitet werden kann.

Als Determinanten für einen Budgetüberschuß, der bei den Geschäftsbanken angelegt wird, soll — wie bei der Analyse der Bestimmungsgründe der staatlichen Geldnachfrage[73] — gemäß der primären finanzpolitischen Zielsetzung der Befriedigung von Kollektivbedürfnissen von der notwendigen Höhe der Staatsausgaben ausgegangen werden, der aufgrund der erwarteten Sozialproduktentwicklung durch die Festlegung bestimmter Steuersätze ein entsprechendes Volumen der Staatseinnahmen zugeordnet ist.

Unter dieser Voraussetzung ergeben sich im wesentlichen zwei Determinanten eines Budgetüberschusses, der bei den Geschäftsbanken angelegt wird:

— der Anteil der Ausgaben an den Gesamteinnahmen,

— der Anteil des bei der Zentralbank angelegten Budgetüberschusses.

Auf beide Determinanten kann der Staat in Zusammenarbeit mit der Zentralbank einwirken, und zwar im Sinne einer Stabilisierung des gesamtwirtschaftlichen Vollbeschäftigungsgleichgewichts bzw. einer kontinuierlichen — aber nicht-exzessiven — Liquiditätsversorgung der Wirtschaft. Wie bereits im Zusammenhang mit der staatlichen Geldnachfrage erwähnt wurde, stehen ihm dazu im Rahmen der Fiscal Policy einerseits eine aktive Budgetpolitik und andererseits die Einlagenpolitik zur Verfügung:

— Die aktive Budgetpolitik, die zu einer Stabilisierung der Wirtschaft in der Nähe des Vollbeschäftigungsgleichgewichts beitragen soll, kann beim Überschreiten des gesamtwirtschaftlichen Vollbeschäftigungsgleichgewichts neben einer Politik der Budgetverkürzung vor allem als eine Politik zur Erzielung von Budgetüberschüssen ausgestaltet werden (Konjunkturausgleichsrücklage).

— Mit der Einlagenpolitik kann der Staat seinen Budgetüberschuß in der Weise zwischen Zentralbank und Geschäftsbanken verlagern, daß er die Zentralbank bei der Erreichung des Ziels einer kontinuierlich dosierten Liquiditätsversorgung der Wirtschaft unterstützt.

---

[73] Vgl. S. 79 f.

Er kann das tun, indem er zum Zwecke der Liquiditätsverengung der Geschäftsbanken Budgetüberschüsse in stärkerem Maße auf die Zentralbank dirigiert.

4. *Aufteilung ertragsorientierter Dispositionen*

(1) Neben der Bestimmung der Operationsbasis der Geschäftsbanken, der Aufteilung in ertrags- und liquiditätsorientierte Dispositionen und der currency ratio spielt für die Entwicklung des Geldangebots die gewünschte Zusammensetzung der ertragsorientierten Dispositionen eine Rolle.

Der ‚portfolio theory'[74] zufolge ist diese Zusammensetzung von Ertrags- und Risikoüberlegungen in der Weise bestimmt, daß — von einer Gleichgewichtssituation ausgehend — die Bereitschaft, zusätzliche Risiken zu laufen, nur durch höhere (erwartete) Erträge ausgelöst werden kann.

(2) Geht man vereinfachend von den bereits erwähnten ertragsorientierten Anlagekategorien der Banken, à-Konto-Krediten und Wertpapieranlagen, aus, so kann angenommen werden, daß die Ertragsfähigkeit und das Risiko der à-Konto-Kredite im allgemeinen größer sind als die Ertragsfähigkeit und das Risiko der Wertpapier- (insbesondere Staatspapier-)anlagen[75].

Je nach der Risikobereitschaft der einzelnen Bankinstitute ergibt sich aus Ertrags- und Risikogefälle der Anlagearten eine als optimal angesehene Zusammensetzung der ertragsorientierten Anlagen (optimal-portfolio-configuration), wie sie in Abbildung 8 dargestellt wird.

Auf der Abszisse ist die prozentuale Aufteilung zwischen Wertpapieranlage und à-Konto-Kreditvergabe abgetragen, wobei Punkt *A* eine 100 %ige Wertpapieranlage und Punkt *B* eine 100 %ige à-Konto-Kreditvergabe anzeigt; auf der Ordinate stehen die prozentualen Ertrags- (i)[76] und Risikowerte (q) der alternativen Anlagen. Die $q_1 q_1$-

---

[74] Zur Literaturzusammenstellung vgl. z. B.: *Edward J. Kane* and *Burton G. Malkiel*, Bank Portfolio Allocation, Deposit Variability and the Availability Doctrine, The Quarterly Journal of Economics, LXXIX (1965), S. 114 f.; vgl. ferner *John Hicks*, Critical Essays in Monetary Theory, a.a.O., The Two Triads, Lecture II, der eine andere Art der Darstellung einer optimalen Portfolioauswahl gibt.

[75] "In effect, the availability doctrine argues that while the holding-period yield on loans is likely to be higher than that for government bonds, risk can always be reduced (in the range of efficient portfolio allocations) by substituting governments for loans." — *Edward J. Kane* and *Burton G. Malkiel*, Bank Portfolio Allocation, Deposit Variability and the Availability Doctrine, a.a.O., S. 116.

[76] Im Ertrag der Wertpapieranlage sind Kapitalgewinne bzw. -verluste enthalten.

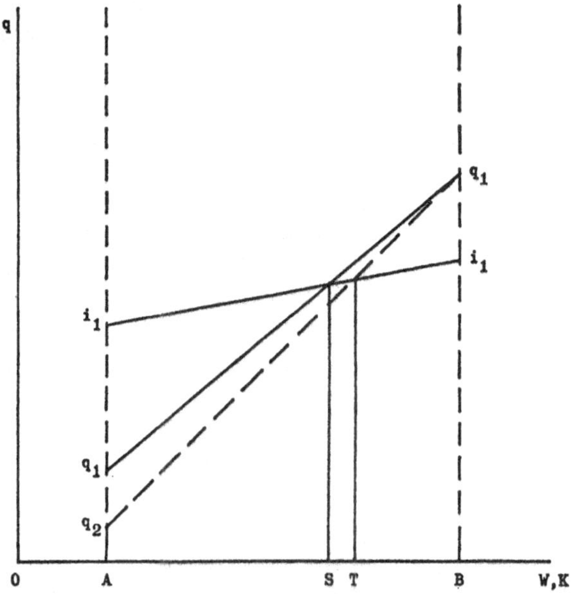

Abb. 8. Portfolioaufteilung ertragsorientierter Anlagen bei unterschiedlichem Risikogefälle

und i_1 i_1-Kurven geben das Risiko- bzw. Ertragsgefälle für unterschiedliche Kombinationen von Wertpapier- und à-Konto-Kreditanlagen wieder, wobei entsprechend den Annahmen der Portfolio-Theorie die Ertragsmaximierung bei 100 %iger à-Konto-Kreditvergabe erfolgt. Da aber bei dieser Anlageweise das tragbare Risiko überschritten wird (Risiko > Ertragsaussichten), liegt das Optimum der Portfoliozusammensetzung bei dem Punkt, bei dem unter Beachtung des *maximal tragbaren* Risikos der höchste Ertrag einer Portfoliozusammensetzung möglich ist (Punkt *S*)[77].

(3) Unabhängig von der unterschiedlichen Zusammensetzung des Portfolios in den einzelnen Bankinstituten bestimmen folgende Faktoren, deren Änderungen entsprechende Umschichtungen auslösen, die ‚optimal-portfolio-configuration':

— Risiken der à-Konto-Kreditvergabe und der Wertpapieranlage ($_Kq$; $_Wq$),

— Erträge der à-Konto-Kreditvergabe und der Wertpapieranlage ($_Ki$; $_Wi$),

---

[77] "Spreading of risks is the great way of diminishing uncertainty." — *John Hicks*, Critical Essays in Monetary Theory, a.a.O., S. 29.

— der Realwert des Wertpapierbestandes $\left(\frac{I}{P}\right)$.

(4) Im einzelnen ergibt sich folgendes Bild:

(a) Eine Senkung des Risikos einer der beiden Anlagekategorien wird zu einer Erhöhung der risikostärkeren Anlageart führen und vice versa. Wenn also die Wertpapieranlage risikoschwächer wird, weil z. B. die Notenbank Stützungskäufe und -verkäufe zur Stabilisierung des Kursniveaus vornimmt[78], sehen sich die Geschäftsbanken veranlaßt, die à-Konto-Kreditvergabe zur Erhaltung der ‚optimal-portfolio-configuration' zu verstärken[79].

Die Risikominderung der Wertpapieranlage kommt in Abb. 8 durch eine Verschiebung der Risiko-Kurve von $q_1 q_1$ auf $q_2 q_1$ zum Ausdruck. Das neue Portfolio-Optimum im Schnittpunkt von Ertrags- und geänderter Risikokurve liegt im Punkt *T;* es ist über eine Substitution von Wertpapieranlagen durch à-Konto-Kredite zu erreichen.

(b) Die gleiche Wirkung, nämlich die anteilmäßige Erhöhung der risikostärkeren Anlage wird durch eine Steigerung der Erträge einer der beiden oder beider Anlagekategorien erzielt und vice versa.

So verschiebt sich z. B. in Abb. 9, die die gleichen Achsenbezeichnungen trägt wie Abb. 8, durch eine Erhöhung des Zinssatzes auf à-Konto-Kredite die Ertragskurve von $i_1 i_1$ auf $i_1 i_2$. Das bringt eine Verlagerung des Punktes optimaler Portfolio-Aufteilung von *S* auf *T* mit sich. Um diesen Punkt zu erreichen, muß eine Substitution von Wertpapieranlagen zugunsten von à-Konto-Krediten stattfinden. Aber nicht nur eine einseitige Erhöhung des Zinssatzes auf à-Konto-Kredite verändert die Zusammensetzung zugunsten der Kreditvergabe, sondern neben einer gleichmäßigen Ertragserhöhung beider Anlagekategorien auch eine einseitige Erhöhung der Wertpapiererträge, wie eine Verschiebung der Ertragskurve von $i_1 i_1$ auf $i_3 i_1$ beweist, die ebenfalls mit einer Verschiebung der ‚optimal-portfolio-configuration' zugunsten der à-Konto-Kredite, und zwar von *S* nach *U*, verbunden ist. Es ist allerdings darauf hinzuweisen, daß diese Aussage nur ceteris paribus, d. h. bei gleichbleibendem Risikogefälle ($q_1 q_1$) gilt.

(c) Eine mit einer Erhöhung der Erträge für Wertpapieranlagen (Abb. 9, Verschiebung der *i*-Kurve von $i_1 i_1$ auf $i_3 i_1$) verbundene Senkung des Realwerts dieser Anlageart führt dazu, daß der Gesamtwert

---

[78] Solche Aktionen sind vor allem im Zusammenhang mit Staatspapieren zu erwarten (debt management).

[79] Vgl. z. B. *Ira O. Scott*, The Availability Doctrine: Theoretical Underpinnings, The Review of Economic Studies, XXV (1957), S. 41 ff.

des Portfolios und mit ihm der Anteil der weniger risikobehafteten Anlage am Portfolio sinkt. Um die gewünschte Risiko-Ertrags-Relation wieder zu erreichen, muß eine Substitution von à-Konto-Krediten durch Wertpapiere erfolgen, wodurch eine Gegentendenz zur verstärkten à-Konto-Kredit-Anlage aufgrund von Ertragssteigerungen entsteht.

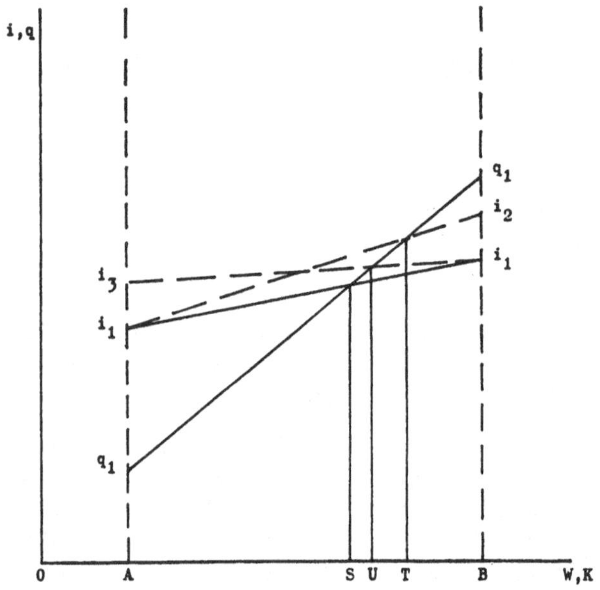

Abb. 9. Portfolioaufteilung ertragsorientierter Anlagen bei unterschiedlichem Ertragsgefälle

(5) Für die hier skizzierten Reaktionen im Hinblick auf eine Veränderung in der Zusammensetzung des Portfolios infolge von Ertrags- und Risikoänderungen sind einige Qualifikationen angebracht, die sich nur zum Teil mit einer Ausrichtung an der ,optimal-portfolio-configuration' in Einklang bringen lassen.

(a) Eine Modifikation der oben gemachten Aussagen entsteht durch den bereits erwähnten lock-in-effect, in seiner ,optimized' und ,predilected' Form:

— Entsprechend dem ,optimized lock-in-effect' wird eine Ertragserhöhung (Risikosenkung) dann nicht die dargestellte Portfolioumschichtung zur Folge haben, wenn erwartet wird, daß sich die Erträge (einschließlich der Kapitalgewinne) der Wertpapieranlage in Zukunft günstiger entwickeln werden als die relativ unbeweglichen Zinsen für à-Konto-Kredite[80].

— Der ‚predilected lock-in-effect' (Roosa-Effekt) hingegen leitet sich daraus her, daß der zusätzlichen Ertragsmöglichkeit eines Aktivtausches der Banken (à-Konto-Kredite statt Wertpapieranlage) ein tatsächlicher oder potentieller Kapitalverlust gegenübersteht, der durch einen Verkauf von Wertpapieren bei steigenden Zinssätzen ausgelöst wird und der den Bankier veranlaßt, Wertpapiere im Portfolio zu behalten, selbst wenn durch ihren Verkauf in der Absicht, à-Konto-Kreditanlagen vorzunehmen, die Portfoliozusammensetzung näher an das Ertrags-Risiko-Optimum herangebracht würde.

(b) Die Reaktionen auf Ertrags- und Risikoveränderungen können des weiteren verhindert werden, wenn für à-Konto-Kredite die Anlagemöglichkeit fehlt. Dieser Fall kann — wie bereits an anderer Stelle dargestellt[81] — entweder zu umsatzverwehrter Kasse führen oder aber eine andere als die durch Ertrags- und Risikorelation bestimmte Aufteilung des Portfolios zwischen Wertpapieren und à-Konto-Krediten zulasten der à-Konto-Kredite bedingen.

(c) Eine weitere Qualifikation bezieht sich auf die von der Portfolio-Theorie angenommene Voraussetzung, daß sich das gesamte Risiko des Portfolios mit einer anteilmäßigen Erhöhung der à-Konto-Kredite *vergrößere*. Dieser Aussage widersprechen Kane und Malkiel[82], indem sie für eine bestimmte Gruppe von à-Konto-Krediten (L*-loans) vermuten, daß ihre Vergabe das Risiko des Portfolios verringert. Durch die Einführung von L*-loans[83] sind in Anlehnung an Hodgeman[84] die Beziehungen zwischen Kreditgeber und -nehmer in der Weise einbezogen, daß neben der Betrachtung von Risiko und Ertrag der spezifischen Anlage der Verlust oder Gewinn einer langfristigen Geschäftsverbindung mitberücksichtigt wird. Unter Einbeziehung dieser Tatbestände

---

80 "The portfolio manager does not switch from governments to loans because to do so would — on account of both risk and earnings considerations — move him away from his optimal portfolio configuration." — *Edward J. Kane* and *Burton G. Malkiel*, Bank Portfolio Allocation, Deposit Variability and the Availability Doctrine, a.a.O., S. 117.

81 Vgl. S. 109 f.

82 Vgl. *Edward J. Kane* and *Burton G. Malkiel*, Bank Portfolio Allocation, Deposit Variability, and the Availability Doctrine, a.a.O., S. 119 ff.

83 "... a bank's L* applicants are those depositor-borrowers whose custom is afforded an important and favorable role in calculations of its expected profits and aggregate risk exposure. They are customers whose past behavior is characterized by their tendency to maintain stable or improving relationships." Ebenda, S. 120.

84 Vgl. *Donald R. Hodgeman*, The Deposit Relationship and Commercial Bank Investment Behavior, The Review of Economics and Statistics, XLIII (1961), S. 257 ff.

betreffen L*-loans solche Kreditersuchen, die — wenn eben möglich — erfüllt werden sollten, da ihre Nichtvergabe durch den Verlust stabiler Geschäftsbeziehungen sowohl das Gesamtrisiko des Portfolios erhöht sowie die zu erwartenden Erträge reduziert, da zu einem späteren Zeitpunkt evtl. unbeständigere Kreditbeziehungen eingegangen werden müssen.

Die vorrangige Bedienung von L*-loans in Zeiten der Kreditanspannung läßt in Zeiten einer Marktsättigung eine relativ — zu anderen Banken — gute Annäherung an die gewünschte Portfolioaufteilung zu[85].

Damit modifizieren sich die eingangs aufgestellten Handlungsmaximen in der Weise, daß zur Pflege von Geschäftsbeziehungen trotz kurzfristig gegenläufiger Ertrags- und/oder Risikoentwicklung eine Vorliebe für die à-Konto-Kreditvergabe in Form von L*-loans besteht. Auch das Wirken der lock-in-effects wird durch L*-loans geschwächt.

5. *Einwirkung von Notenbank und Staat auf das Geldangebot*

(1) Die Notenbank versucht — sieht man von der Möglichkeit einer Kreditplafondierung ab —, in zweifacher Weise auf den Abfluß an Zentralbankgeld im Zuge ertragsorientierter Dispositionen der Geschäftsbanken einzuwirken[86]: zum einen durch Beeinflussung der Operationsbasis, zum anderen durch Einwirken auf den Liquiditätskoeffizienten.

(a) Wenn die Notenbank aufgrund ihrer Zielsetzung einer kontinuierlichen, aber nicht-exzessiven, also Preissteigerungen vermeidenden

---

[85] "To the extent that loan opportunities in recession turn out to be a function of bank loan policy in previous booms, bankers are led to extend more loans during times of credit restraint than they might otherwise regard as optimal." *Edward J. Kane* and *Burton G. Malkiel*, Bank Portfolio Allocation, Deposit Variability, and the Availability Doctrine, a.a.O., S. 127.

[86] Vgl. hierzu vor allem *Claus Köhler* (Orientierungshilfen für die Kreditpolitik, a.a.O., S. 23 ff.), der neben der Beeinflussung des Geldangebots durch Einwirkung auf Umfang (Grobsteuerung) und Verwendung (Feinsteuerung) liquider Mittel als dritte Kategorie die Lenkung der Geldnachfrage durch Beeinflussung des Verhaltens von Investoren und Konsumenten aufführt.

Vgl. auch ‚Report of the Committee on the Working of the Monetary System', London 1959, S. 130, der die Einwirkung der Notenbank auf das Geldangebot ebenfalls in zweifacher Weise sieht: "First, by bringing about a change in interest rates, the monetary authorities can induce a change in the incentive to purchase capital goods and so cause a change in actual spending on labour and other means of production of those goods ... Secondly, the monetary authorities can bring about a change in the liquidity condition of financial institutions ..., so that those wanting money to spend find it more (or less) difficult to get than it was before. We may call the first effect the interest incentive effect, and the second the general liquidity effect. The contrast, however, is incomplete, for we shall argue that movements in the rate of interest have a central part to play in bringing about changes in liquidity."

Liquiditätsversorgung bestrebt ist, den Abfluß an Zentralbankgeld aus dem Bankensystem im Zuge ertragsorientierter Dispositionen zu erhöhen, wird sie wie folgt auf die Operationsbasis der Geschäftsbanken einwirken:

— Sie wird den Refinanzierungsspielraum in Form der Differenz zwischen R_1 und R_2 und damit zwischen O_1 und O_2 (Abb. 6) erhöhen, um auf diese Weise bei gleichbleibendem Liquiditätskoeffizienten das potentielle Angebot zu vergrößern. Die entgegengesetzten Maßnahmen werden ergriffen in einer Situation, in der es angebracht erscheint, den Abfluß an Zentralbankgeld aus dem Bankensystem im Zuge ertragsorientierter Dispositionen zu verringern.

— Gleichzeitig wird die Notenbank versuchen, auf die Bedingungen einzuwirken, zu denen dieses Angebot am Markt auftritt.

Durch Senkung der Zinssätze, die bei der Refinanzierung zu zahlen sind, kann sie einerseits erreichen, daß sich die Verdienstspanne der Geschäftsbanken erhöht, so daß diese ceteris paribus zu einer erhöhten Kreditgewährung aufgrund der verbilligten Ausnutzungsmöglichkeit des Refinanzierungsspielraums bereit sind; zum anderen kann die Notenbank erwarten, daß die Zinssenkung (teilweise) in den Bedingungen für die Kreditgewährung im allgemeinen und für den Ankauf der zur Refinanzierung vorgesehenen Wertpapiere im besonderen weitergegeben wird[87]. Im letzteren Fall wird der Anreiz, über eine verbilligte Ausnutzung des Refinanzierungsspielraums das potentielle Geldangebot stärker auszuschöpfen, durch eine verstärkte Geldnachfrage erhöht, wobei allerdings eine entsprechende Zinselastizität vorausgesetzt werden muß.

Entgegengesetzte Erwartungen sind bei einer Erhöhung der Refinanzierungssätze angebracht[88].

---

[87] Die volle Weitergabe der Zinssenkung ist nur bei einer administrativen Bindung der Marktzinsen an die Zinssätze der Refinanzierung gewährleistet. „Fehlt eine administrative Bindung zwischen dem Diskontsatz und dem Lombardsatz einerseits und den Kredit- und Einlagezinsen andererseits, so ist der Einfluß der Zinspolitik erheblich geschwächt. Die Zinsen werden sich auch ohne administrative Bindung nicht frei nach Angebot und Nachfrage entwickeln, da die Banken oder Bankenverbände gegenüber den Kunden eine relativ starke Stellung haben ... Bei einer Diskontsenkung werden die Habenzinsen der Banken rasch gesenkt, die Sollzinsen weniger stark oder mit zeitlicher Verzögerung." — *Claus Köhler*, Orientierungshilfen für die Kreditpolitik, a.a.O., S. 38 f.

[88] „Es ist wohl mehr als ein bloßes ‚standesgemäßes Verhalten' der Kreditinstitute, wenn sie in Zeiten einer konjunkturellen Überhitzung durch die Diskonterhöhung der Zentralbank zur Einschränkung ihrer Kreditgewährung veranlaßt werden; die Weckung schlummernder Risikobefürchtungen und die Aktivierung eines gesunden Mißtrauens gegenüber der bevorstehenden Entwicklung der Wirtschaftslage beschränkt sich ja keineswegs auf die Leiter der Kreditinstitute, sondern ergreift weite Kreise der Geschäftswelt, insbesondere die Kreditnehmer." — *Günter Schmölders*, Geldpolitik, a.a.O., S. 247.

— Schließlich wird die Notenbank auf die Operationsbasis der Geschäftsbanken in der Weise einwirken, daß sie Offenmarktoperationen mit privaten Nichtbanken vornimmt. Durch einen Kauf von Wertpapieren verringert sie zum einen ceteris paribus die Geldnachfrage seitens der Nichtbanken gegenüber den Geschäftsbanken und ändert via Zinsbeeinflussung die Zusammensetzung der ertragsorientierten Anlagen bei den Geschäftsbanken und bei den Nichtbanken[89].

Darüber hinaus kann sich aufgrund des folgenden Zusammenhangs eine Ausweitung des Geldangebots der Geschäftsbanken ergeben: Ein Verkauf von Wertpapieren der Nichtbanken an die Notenbank zur Befriedigung ihrer Geldnachfrage führt zu einem Zufluß von Zentralbankgeld an die Geschäftsbanken, denen nur ein — durch die currency ratio bestimmter — geringerer Geldabfluß zu den Geldnachfragern gegenübersteht, so daß sich die Operationsbasis erhöht. Dieser Erhöhung entsteht durch das Anwachsen der obligatorischen Liquiditätsdispositionen aufgrund der Mindestreserveverpflichtungen für gestiegene Sichtdepositen ein gewisses Gegengewicht. Ebenfalls ergibt sich eine Erhöhung des Geldangebots der Geschäftsbanken, wenn der Verkauf von Wertpapieren seitens der Nichtbanken an die Notenbank zum Zwecke des Erwerbs von Zeitdepositen erfolgt. Es kommt ebenfalls zu einem Zufluß an Zentralbankgeld von der Notenbank, so daß eine Erhöhung der Operationsbasis (und des Liquiditätskoeffizienten) zu verzeichnen ist. Eine Verringerung des Geldangebots der Geschäftsbanken tritt bei einem Verkauf von Wertpapieren an private Nichtbanken ein.

(b) Die zweite Möglichkeit, den Abfluß von Zentralbankgeld an die Wirtschaft zu forcieren, ist in der Verringerung des Liquiditätskoeffizienten zu sehen. Eine Linksdrehung der $0a$-Geraden um 0 zu $0a'$ (Abb. 6) macht diese Möglichkeit deutlich. Im Rahmen einer gegebenen Operationsbasis steigt das Geldangebot.

— Zum einen beabsichtigt die Zentralbank, diese Wirkung durch Senkung der Mindestreserven und Verringerung der Anlagen mit spontaner Liquidisierbarkeit zu erzielen. Durch diese beiden Maßnahmen ist eine Umschichtung innerhalb der Liquiditätsanlagen beabsichtigt mit dem Ziel, die Bereitschaft zur Ausdehnung des Geldangebots seitens der Geschäftsbanken zu erhöhen. Das soll zum einen durch eine Verringerung der obligatorischen Liquiditätsanlagen und zum anderen durch eine derartige Ausgestaltung der Bedingungen für Liquiditätspapiere geschehen, daß den Geschäftsbanken ein vorzeitiges Abstoßen dieser Liquiditätspapiere ertragsbringender erscheint als ein Halten bis zur Fälligkeit (Offenmarkttransaktionen).

[89] Vgl. S. 94 ff. und 117 ff.

— Zum anderen kann die Zentralbank versuchen, mittels der Swapsatzpolitik auf die Auslandsanlagen der Geschäftsbanken mit spontaner Liquidisierbarkeit einzuwirken, indem sie entweder zur Beeinflussung des Kassa- und/oder Terminkurses Mengenfixierung auf beiden Märkten betreibt oder aber den Kassa-, Terminkurs oder Swapsatz selbst fixiert[90]. Durch diese Interventionen erfolgt in beiden Fällen eine Änderung der Kurssicherungskosten, die in ihrer Höhe für Geldexporte der Geschäftsbanken (aber auch für den allgemeinen internationalen Zahlungsverkehr und die Spekulation) von Bedeutung sind.

(c) Ob diese Einwirkung der Zentralbank in der beabsichtigten Weise gelingt, hängt von der Gültigkeit der hier angewandten ceteris-paribus-Betrachtung ab. Ob die Geschäftsbanken bei dem Versuch der Notenbank, den Liquiditätskoeffizienten zu verringern, Möglichkeit und Anlaß haben, Gegendispositionen durchzuführen, bzw. ob sie bereit sind, den vergrößerten und verbilligten Refinanzierungsspielraum zur Erhöhung ertragsorientierter Anlagen zu nutzen[91], ist eine Frage ihres Ermessensspielraums.

(2) Die Notenbankpolitik zur kontinuierlich dosierten Liquiditätsversorgung kann durch die staatliche Aktivität unterstützt werden. Soll der Abfluß an Zentralbankgeld im Rahmen ertragsorientierter Dispositionen erhöht oder verringert werden, so kann der Staat durch die Einlagen- und Schuldenpolitik sowohl über Geldnachfrage[92] als auch über Geldangebot der Geschäftsbanken versuchen, Einfluß auf den Liquiditätsstatus der Wirtschaft zu nehmen. Er müßte zum Zwecke der Liquiditätsausweitung nicht nur den laufenden Budgetüberschuß, sondern auch bereits bestehende Einlagen bei der Zentralbank auf die Geschäftsbanken umschichten, um so deren Operationsbasis zu erweitern und vice versa[93].

---

[90] Vgl. *Paul Einzig*, A Dynamic Theory of Forward Exchange, London 1961.

[91] Vgl. hierzu S. 201 ff.; 221 ff.

[92] Vgl. S. 79 f.

[93] Mit Hilfe der Fiscal Policy kann der Staat nur indirekt auf das Geldangebot der Geschäftsbanken einwirken. Durch Budgetüberschüsse und -defizite wird ceteris paribus das verfügbare Einkommen der Privatwirtschaft und damit der Geldabfluß dieses Bereichs an den Bankensektor verringert oder erhöht.

Sechstes Kapitel

Zusammenfassung und Ergebnis der zweiten Stufe der Analyse

A. Die geld- und güterwirtschaftliche Bestimmung von Geldnachfrage und Geldangebot

Ziel der zweiten Stufe der Analyse war es, eine Umformung der Geldtheorie zum Zwecke ihrer Verzahnung mit der Gütertheorie vorzunehmen. Aus diesem Grunde sind die entscheidenden Größen der Geldnachfrage der Privatwirtschaft und des Staates und des Geldangebots der Geschäftsbanken analysiert worden, aus deren Zusammenspiel die Geldmenge außerhalb des Bankensektors resultiert. Es zeigte sich, daß sowohl Geldnachfrage als auch Geldangebot durch einen Komplex geld- *und* güterwirtschaftlicher Größen bestimmt werden.

(1) Für die Geldnachfrage ergibt sich im einzelnen folgendes Bild:

— Die private Nachfrage nach Geld gegenüber den Geschäftsbanken steigt ceteris paribus mit der Erhöhung der geplanten Ausgaben der Unternehmungen, die als durch verschiedene Gütertheorien determiniert betrachtet werden.

— Die private Nachfrage nach Geld gegenüber den Geschäftsbanken sinkt ceteris paribus mit der Erhöhung des von den Unternehmungen aus Einnahmen, die nicht Bankkredite sind, finanzierbaren Anteils der geplanten Gesamtausgaben.

Dieser Anteil wächst ceteris paribus zum einen mit dem Außenbeitrag eines Landes und den Ausgaben des Staates für Güter und Dienste, deren Determinanten in dieser Arbeit nicht untersucht worden sind, sowie andererseits mit dem Anteil der Ausgaben der Haushalte für laufende Transaktionen (Konsum) am verfügbaren Einkommen. Dieser Anteil am Einkommen bleibt in etwa konstant, sofern es sich um eine kontinuierliche Aufwärtsentwicklung des Einkommens handelt.

Das trifft jedoch nicht zu bei Einkommenserhöhungen, denen Einkommenssenkungen vorangegangen sind, sowie bei pessimistischen Erwartungen hinsichtlich der zukünftigen Entwicklung. Ferner hat die Untersuchung ergeben, daß die allgemein mit dem real balance effect angenommene positive Korrelation zwischen dem Realwert der Anlagen des Finanzvermögens und dem Anteil der Konsumausgaben der Haushalte an ihrem Einkommen kaum besteht, da die Gegenkräfte, wie real consumption effect, Substitutionseffekt, Ertragseffekt der Sparanlagen, real indebtness effect und monetary imbalance effect so stark sind, daß eher eine gegenläufige Korrelation vermutet werden kann.

— Die private Nachfrage nach Geld gegenüber den Geschäftsbanken sinkt ceteris paribus mit der Zunahme der Offenmarktoperationen der Zentralbank mit den Unternehmungen in Form eines Kaufs von Wertpapieren. Diese Operationen werden in erster Linie von der konjunkturellen Situation sowie von dem Engagement der Zentralbank im debt management sowie von der Höhe der Staatsschuld bestimmt.

— Die staatliche Geldnachfrage gegenüber den Geschäftsbanken steigt ceteris paribus mit den geplanten Ausgaben des Staates, deren Höhe als — weitgehend durch politische Entscheidungen — bestimmt betrachtet werden kann.

— Die staatliche Geldnachfrage gegenüber den Geschäftsbanken sinkt ceteris paribus mit der Erhöhung des mit ordentlichen Einnahmen finanzierbaren Anteils an den Gesamtausgaben. Dieser Anteil ist ebenfalls als weitgehend politisch determiniert zu betrachten; er kann aber durch eine aktive Budgetpolitik im Rahmen der Konjunkturstabilisierung beeinflußt werden.

— Die staatliche Geldnachfrage gegenüber den Geschäftsbanken sinkt ceteris paribus, wenn der Anteil der Geldnachfrage steigt, den der Staat mit Hilfe der Schuldenpolitik auf die Zentralbank lenkt. Auch hierfür ist in erster Linie die konjunkturelle Situation entscheidend.

(2) Für das Geldangebot zeigen sich folgende Abhängigkeiten:

— Das Geldangebot der Geschäftsbanken gegenüber den Nichtbanken steigt ceteris paribus mit der Höhe der den Geschäftsbanken als Operationsbasis zur Verfügung gestellten Zentralbankgeldmenge. Diese wächst mit den Bargeldzuflüssen vom Nichtbankensektor (von den Haushalten) und den Zentralbankgeldzuflüssen von der Notenbank.

Der Bargeldzufluß von den Haushalten steigt ceteris paribus zum ersten mit dem Anteil der Anlagen des Finanzvermögens der Haushalte am verfügbaren Einkommen, dessen Determinanten bereits im Zusammenhang mit der Geldnachfrage abgehandelt worden sind. Zum zweiten wächst er ceteris paribus mit dem Anteil der ertragsorientierten Dispositionen am gesamten Finanzvermögen, der wiederum in erster Linie positiv mit der (erwarteten) Ertragsdifferenz zwischen Wertpapier-(Zeitdepositen-)anlage und liquiditätsorientierten Dispositionen korreliert ist[1]. Zum dritten sinkt der Bargeldzufluß vom Nichtbankensektor durch die Offenmarktoperationen der Zentralbank mit den Haushalten in Form eines Verkaufs von Wertpapieren, die in erster Linie wiederum von der konjunkturellen Situation bestimmt werden.

Der Zufluß an Zentralbankgeld von der Notenbank wächst zum einen mit der Ausnutzung des Refinanzierungsspielraums, die positiv korreliert ist mit der (erwarteten) Differenz zwischen den Erträgen der Wertpapieranlage (à-Konto-Kreditvergabe) und den Kosten der Refinanzierung und negativ mit der absoluten Höhe der (erwarteten) Kreditaufnahmekosten. Zum anderen steigt er mit einem Nettodevisenverkauf an die Zentralbank.

— Das Geldangebot der Geschäftsbanken gegenüber den Nichtbanken sinkt ceteris paribus mit dem Anstieg der liquiditätsorientierten Dispositionen der Geschäftsbanken. Diese steigen mit der Höhe der Mindestreserven, sind negativ korreliert mit der (erwarteten) Zinsdifferenz zwischen Wertpapieranlage (à-Konto-Kreditvergabe) und liquiditätsorientierten Dispositionen und rekrutieren sich zum Teil aus einer ungewollten Liquiditätsanlage infolge mangelnder Möglichkeit der à-Konto-Kreditvergabe.

— Das Geldangebot der Geschäftsbanken gegenüber den Nichtbanken ist ceteris paribus um so größer, je kleiner die ‚desired currency ratio' ist. Die currency ratio sinkt zum einen mit einer Erhöhung der liquiditätsorientierten Anlagen der Privatwirtschaft in Form der indirekten Kassenhaltung und zum anderen mit einem Geldabfluß aus dem Staatssektor an die Geschäftsbanken im Zusammenhang mit einem Budgetüberschuß. Der Geldabfluß an die Geschäftsbanken steigt im Gefolge einer aktiven Budgetpolitik und sinkt mit einer zugunsten der Zentralbank betriebenen Einlagepolitik des Staates.

— Das Geldangebot der Geschäftsbanken gegenüber den Nichtbanken ist in seiner Aufteilung auf à-Konto-Kreditvergabe im Gegensatz zur Wertpapieranlage — von einer optimalen Portfolio-Aufteilung ausgehend — negativ mit einer Erhöhung des Risikos und positiv mit einer Erhöhung der Erträge (einer) der beiden Anlagekategorien sowie positiv mit einem Anstieg des Realwerts des Wertpapierbestandes korreliert. Hier sind jedoch Qualifikationen aufgrund der lock-in-effects, der fehlenden Anlagemöglichkeit für à-Konto-Kredite und der L*-loans angebracht.

---

[1] Die Aufteilung innerhalb der ertragsorientierten Dispositionen auf Wertpapier- und Zeitdepositenanlage ist nicht für den Geldzufluß, wohl aber für die liquiditätsorientierten Dispositionen der Geschäftsbanken und damit für das Geldangebot von Bedeutung.

— Das Geldangebot der Geschäftsbanken gegenüber den Nichtbanken steigt ceteris paribus zum ersten mit Maßnahmen der Zentralbank zu einer Ausweitung des Refinanzierungsspielraums sowie zur Senkung der Refinanzierungskosten; zum zweiten mit Offenmarktoperationen der Zentralbank mit privaten Nichtbanken in Form eines Kaufs von Wertpapieren; zum dritten mit Maßnahmen der Zentralbank zur Verringerung des Liquiditätskoeffizienten und zum vierten mit Maßnahmen des Staates zur Umschichtung seiner laufenden und akkumulierten Einlagen von der Zentralbank auf die Geschäftsbanken. Diese Maßnahmen werden in erster Linie von der konjunkturellen Entwicklung bestimmt.

B. Die Änderung der Geldmenge als Resultante des Zusammenwirkens von Geldnachfrage und Geldangebot

(1) Aus dem Zusammenwirken von Geldnachfrage und Geldangebot, wie sie in den vorangegangenen Abschnitten abgeleitet worden sind, resultiert die (Änderung der) Geldmenge außerhalb des Bankensektors.

Diese Zusammenhänge sollen in Abbildung 10 dargestellt werden, wobei für Nachfrage nach und Angebot an Geld — im Gegensatz zu Abbildungen 2 bis 4 — nur noch die unmittelbaren und nicht mehr die mittelbaren Determinanten herangezogen werden. Auf den Achsen stehen folgende in Geld ausgedrückte Größen: auf der Abszisse die Änderung der Geldmenge *(M);* auf dem positiven Ast der Ordinate der aus Einnahmen finanzierbare Teil der Ausgaben des Unternehmens- und Staatssektors einschließlich der durch die Notenbank finanzierten Geldnachfrage $(_EX)$ und auf dem negativen Ast der Ordinate die liquiditätsorientierten Dispositionen der Geschäftsbanken *(K).*

Im oberen Quadranten wächst die Nachfrage nach Geld seitens des Unternehmens- und Staatssektors *(N)* mit der geplanten Ausgabenhöhe dieser Sektoren (X_1, X_2 etc.); sie sinkt mit der Erhöhung des Anteils der aus Einnahmen finanzierbaren Ausgaben von Unternehmungen und Staat sowie des Anteils der durch die Notenbank finanzierten Geldnachfrage $(_EX)$.

Im unteren Quadranten steigt das Angebot an Geld seitens des Bankensektors *(A)* mit der Operationsbasis (O_1, O_2 etc.) und sinkt mit einer Erhöhung des Anteils der liquiditätsorientierten Dispositionen *(K)* an den Gesamtdispositionen[2].

Werden die der jeweiligen *X*- und $_EX$-Konstellation entsprechende Nachfrage nach Geld und das der jeweiligen *O*- und *K*-Konstellation

---

2 Darüber hinaus verändert sich das Angebot gegenläufig zur Veränderung der currency ratio: steigt die currency ratio, sinkt das Angebot und vice versa.

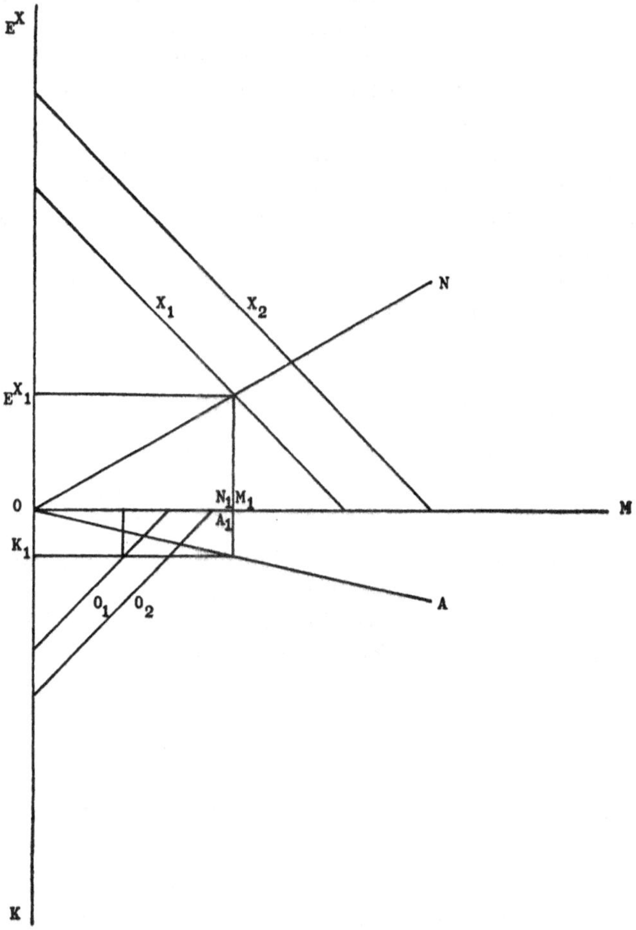

Abb. 10 Bestimmung einer Geldmengenänderung

zugehörige Angebot an Geld auf die x-Achse projiziert, so stellt die jeweils kleinere Größe die Änderung der Geldmenge außerhalb des Bankensystems *(M)* dar. Es ist Gegenstand der weiteren Untersuchung, aus dem Zusammenwirken der geld- und güterwirtschaftlich bestimmten Nachfrage- und Angebotsgrößen Anhaltspunkte für Änderungen der Geldmenge zu gewinnen.

(2) Aus dieser Darstellung läßt sich zu diesem Zeitpunkt nur soviel erkennen: Eine Theorie, die mit einer autonomen Geldmenge bzw. Geldmengenänderung argumentiert, muß zu falschen Schlußfolgerungen

führen. Das zeigt sich beispielsweise an der Quantitätstheorie, die die ceteris-paribus-Methode anwendet, um den Zusammenhang zwischen der Änderung einer Größe des äußeren Kreislaufs und Änderungen der Preisvariablen des inneren Kreislaufs abzuleiten. Sie sieht von Änderungen der Mengenvariablen des inneren Kreislaufs ab.

Wenn sich die Geldmenge aus dem Zusammenspiel von Geldangebot und Geldnachfrage ergibt, wobei letztere in aller Regel mit Änderungen der Mengenvariablen des inneren Kreislaufs untrennbar verbunden ist, dann muß auf die ceteris-paribus-Methode als erkenntnistheoretisches Hilfsmittel verzichtet werden, da Interdependenzen, die für den gewünschten Erkenntniszweck konstitutiv sind, durchschnitten werden oder aber außer acht gelassen wird, daß mit der Änderung einer Größe *zwangsläufig* eine Änderung der konstant gehaltenen Größen einhergehen wird.

DRITTE STUFE DER ANALYSE

Gewinnung materieller Kriterien zur Verzahnung der Geldtheorie mit der Gütertheorie durch eine Analyse des Zusammenwirkens von Geldnachfrage und Geldangebot

In der dritten Stufe der Analyse sollen die Erkenntnisse der zweiten Stufe genutzt werden, indem die formalen Kriterien einer Verzahnung von Geld- und Gütertheorie, wie sie in der ersten Stufe gewonnen worden sind, zu materiellen umgestaltet werden.

(1) Die erste Stufe hat gezeigt, daß die Gütertheorie ihre volle Aussagekraft erst dann erhält, wenn sie

— Datenänderungen und damit verbunden Änderungen der Variablen im inneren Kreislauf unter Einbeziehung *der geld- und güterwirtschaftlich bestimmten Variablen des äußeren Kreislaufs* erklärt bzw. die Auswirkungen von Datenänderungen des äußeren auf die Größen des inneren Kreislaufs in die Analyse einbezieht,

— die gestörten Kreislaufaxiome durch kompensatorische Änderungen der *Preis- und Mengenvariablen des inneren sowie der Größen des äußeren Kreislaufs* zum Ausgleich kommen läßt und

— die Wirkungen eintretender *Preisänderungen* auf die Größen des inneren Kreislaufs nicht nur direkt, sondern auch *indirekt* — d. h. unter Einschaltung der Größen des äußeren Kreislaufs — bestimmt.

(2) Die Analyse der zweiten Stufe hat die in der ersten Stufe postulierten *geld- und güterwirtschaftlich bestimmten Variablen* des äußeren Kreislaufs geliefert:

— Mit der Bestimmung der Geldmenge außerhalb des Bankensektors als Ergebnis bestimmter Konstellationen von geld- und güterwirtschaftlich determinierten Geldnachfrage- und -angebotsgrößen ist die zentrale Variable des äußeren Kreislaufs erfaßt worden.

— Im Zuge der Analyse von Geldnachfrage und Geldangebot sind außerdem die übrigen in der Kreislaufmatrix (Abb. 1) aufgeführten Variablen des äußeren Kreislaufs, die liquiditätsorientierten Vermögensanlagen der Privatwirtschaft und des Staates, die liquiditätsorientierten Dispositionen der Geschäftsbanken sowie die Transaktionen der Notenbank mit den Nichtbanken bestimmt worden.

Siebtes Kapitel

Erhöhung der Geldnachfrage

Um das erste formale Kriterium materiell auszugestalten, ist von einer Datenänderung im inneren Kreislauf auszugehen. Einbezogen werden müssen die geld- und güterwirtschaftlich bestimmten Variablen des äußeren Kreislaufs.

Um das Zusammenwirken der komplex bestimmten Größen von Geldangebot und Geldnachfrage in Vollständigkeit zu zeigen und damit einen umfassenden Beitrag zu der sich durch die Geldgeschichte bis zur Gegenwart hinziehenden Kontroverse[1] zwischen Banking- und Currency-Theorie zu leisten, müßten Datenänderungen untersucht werden, die in vierfacher Weise — über eine Erhöhung und Senkung der Geldnachfrage sowie eine Erhöhung und Senkung des Geldangebots — auf die Geldmenge Einfluß nehmen.

Diese Arbeit beschränkt sich jedoch auf die Untersuchung eines Falles, der als repräsentativ für den Gesamtkomplex angesehen werden kann: auf das Zusammenwirken von Geldangebot und Geldnachfrage im Anschluß an eine (güterwirtschaftlich bedingte) Geld*nachfrageerhöhung*.

Keineswegs kann schon daraus, daß die Problembetrachtung auf die Reaktionen und nicht auf die Aktionen des Geldangebots abstellt, auf eine Prädominanz der Banking-School-Auffassung geschlossen werden, nach der „an increase in the supply of money cannot be relied upon to cause real or inflationary expansion" (you cannot push on a string) und nach der „contractionary monetary policy may be unsuccessful in halting a boom" (you cannot even pull on a string)[2]. Gleichwohl ist es denkbar, daß die Nachfrage nach Geld seitens der Unternehmungen und des Staates güterwirtschaftlich bedingt ist oder aber durch eine erhöhte Nachfrage nach Kasse ausgelöst wird[3].

---

[1] Vgl. hierzu *Laurence Harris*, Professor Hicks and the Foundation of Monetary Economics, a.a.O., S. 196 f.

[2] *Laurence Harris*, Professor Hicks and the Foundations of Monetary Economics, a.a.O., S. 196 u. 196 Fn. 2.

[3] Dabei kann zunächst einmal, d. h. ohne nähere Prüfung, davon ausgegangen werden, daß eine güterwirtschaftlich bestimmte Erhöhung der Geldnachfrage, die zu einer Ausweitung der Geldmenge führt, eine sinnvolle Anwendung der ceteris-paribus-Klausel der Quantitätstheorie in bezug auf

A. Monetär bedingte Erhöhung der Geldnachfrage als Randerscheinung

(1) Die Möglichkeit einer Erhöhung der Nachfrage nach Geld aufgrund einer spontanen Nettonachfrage nach Kasse muß unter den Determinanten als extremer Sonderfall betrachtet werden. Denn sieht man einmal von Änderungen der Zahlungstermine ab, so wird zusätzliches Geld nur von der Gruppe der Wertpapieranleger, die auf einen größtmöglichen Gewinn bei tragbarem Risiko abzielen, gegen den Verkauf aus ihrem *Wertpapierbestand* nachgefragt, weil bestimmte Kurs- bzw. Zinserwartungen die Geldanlage günstiger erscheinen lassen. Ein Defizit im Bankensektor aber entsteht im wesentlichen nicht durch ‚Entsparen' der Wertpapierbesitzer, sondern durch Kreditgewährung, die Sohmen als einzige Möglichkeit der Geldvermehrung zu unterstellen scheint, wenn er für die Wahrscheinlichkeit einer Kompensation eines Bankendefizits durch einen Überschuß in der Wirtschaft (im Unternehmens- und Staatssektor) ausführt: „Die ‚Liquiditätsfalle' ist ..., wenn sie überhaupt jemals auftritt, nur für kleine Veränderungen des Geldvolumens denkbar. Die Geldmenge kann nur dadurch erhöht werden, daß sich die Nichtbanken im selben Umfang verschulden. Nach der Hypothese einer *unbegrenzten* ‚Liquiditätsfalle' müßte die Wirtschaft außerhalb des Bankensektors bereit sein, zu einem positiven (wenn auch geringen) Zinssatz in unbegrenztem Maße Kredit aufzunehmen und die auf diese Weise erworbenen (ertraglosen) Bankguthaben zu horten. Die positive Zinsdifferenz für ein im Grenzfall unendlich hohes Kreditvolumen (das von der Wirtschaft laut Voraussetzung nicht gewinnbringend verwendet würde) bedeutet, daß die Wirtschaft bereit sein müßte, für diese Kredite Tag für Tag unendlich hohe Kreditkosten zu bezahlen[4]."

Sieht man davon ab, daß hier eine Erhöhung der Geldmenge außerhalb des Bankensektors und eine Ausweitung des Kreditvolumens in verallgemeinernder Weise gleichgesetzt werden, so läßt diese Darstellung erkennen, daß die Annahme einer ‚Liquiditätsfalle' (kompensatorische Salden zwischen den Sektoren) für den Fall, daß eine Geldmengenerhöhung mit einer Kreditausweitung verbunden ist, wenig

---

die Entwicklung des Handelsvolumens nicht zuläßt. Ohne weitere Prüfung kommt dafür nur der Fall in Frage, in dem eine Nachfrage nach Geld eine Nettonachfrage nach Kasse darstellt. Dieses Beispiel kompensatorischer Salden in den Sektoren Banken einerseits sowie Unternehmungen und Staat andererseits, bei denen die ceteris-paribus-Klausel als gerechtfertigt anerkannt wird, kann jedoch die Quantitätstheorie nicht stützen, da die Wirkungen von Geldmengenänderungen gar nicht bis zu den Preisen hin durchschlagen: Eine Erhöhung der gesamten Geldmenge außerhalb des Bankensektors wird nicht zu einer Erhöhung der umlaufenden Geldmenge.

[4] *Egon Sohmen*, Preisniveau und Preiserwartungen in der makroökonomischen Theorie, Weltwirtschaftliches Archiv, 98 (1967), S. 45 f. (Hervorhebung im Original gesperrt).

plausibel erscheint. Nur wenn die Geldmenge durch eine Umschichtung des Wertpapierbestandes vom Publikum zu den Banken erhöht wird, kann der Fall der ‚kompensatorischen' Salden (eines Defizits im Bankensektor bei gleichzeitigem Überschuß im Unternehmenssektor) überhaupt von Bedeutung sein.

(2) Wenn in der Keynesschen Theorie dennoch die Möglichkeit einer Geldmengenerhöhung, die bei einer vollkommen elastischen Liquiditätspräferenz in der Liquiditätsfalle verschwindet, eine erhebliche Rolle spielt, so scheint diese Vorstellung auf der Annahme einer extern gegebenen Geldmenge zu basieren, wie sie der quantitätstheoretischen Betrachtung zugrunde liegt: Ausgehend von einer Geldmengenerhöhung muß, da — im Gegensatz zur Quantitätstheorie, in der jede Erhöhung des Geldangebots zu einer Ausdehnung der Güternachfrage führt — eine güterwirtschaftlich bedingte Nachfrage nicht besteht[5], eine unendlich große Nettonachfrage nach Kasse angenommen werden.

Wenn aber feststeht, daß eine Geldmengenerhöhung erst das Ergebnis von Angebot und Nachfrage ist und die Nettonachfrage nach Kasse nur in dem aufgezeigten Sonderfall der Vermögensumschichtung relevant ist, dann bildet die ‚These von der unbegrenzten Liquiditätsfalle' eine unzulässige Verallgemeinerung einer Randerscheinung[6].

Sind folglich die Fälle, in denen Defizite im Banken- oder Unternehmenssektor durch Überschüsse im jeweils anderen Sektor kompensiert werden, ohne große Bedeutung, muß sich die Analyse auf die ‚reinen', nicht kompensatorischen Defizite konzentrieren, wie sie durch eine *güterwirtschaftlich* bedingte Geldnachfrage entstehen.

B. Beispiel einer güterwirtschaftlich bedingten Erhöhung der Geldnachfrage: Ausdehnung der privaten Investitionstätigkeit

(1) Die Ausweitung der Investitionstätigkeit mit dem Ziel, eine Erhöhung (Verbesserung, Verbilligung) des Konsumgüterangebots zu er-

[5] Diese Unterstellung wird hier annahmegemäß, bei Keynes aus den konjunkturell bedingten negativen Erwartungen der Unternehmer heraus gemacht.

[6] Versuchen, die These von der Zinsabhängigkeit der Kassenhaltung im allgemeinen und von der ‚liquidity trap' im besonderen anhand statistischer Daten zu verifizieren (vgl. *James Tobin*, Liquidity Preference as Behaviour Towards Risk, The Review of Economic Studies, XXV [1957—58], S. 65 ff.), stehen andere gegenüber (z. B. *Milton Friedman*, The Demand for Money: Some Theoretical and Empirical Results, a.a.O., S. 1 ff.), die die Zinselastizität für so gering halten, daß der Einfluß des Zinses zu vernachlässigen sei. Zur vollständigen Übersicht der empirischen Überprüfung von Geldnachfragefunktionen und zur Kritik vgl. *Artur Woll*, Die Theorie der Geldnachfrage: Analytische Ansätze und statistische Ergebnisse für die Bundesrepublik Deutschland, a.a.O., S. 64 ff.

reichen, soll stellvertretend als güterwirtschaftliche Datenänderung zur Bestimmung einer Erhöhung der Geldnachfrage analysiert werden.

Mit einem gegebenen Kapitalstock und Bestand an Arbeitskräften im Unternehmenssektor sind Produktionskapazitäten vorgegeben, mit denen die Unternehmungen in der Lage sind, eine bestimmte Menge von Investitions- und Konsumgütern zu erzeugen. Die Produktion von Investitionsgütern bedeutet das Einschlagen eines Produktionsumweges zur Erzeugung von Konsumgütern. Erstere steht zur letzteren in einem Mittel-Zweck-Verhältnis und nicht gleichberechtigt mit ihr auf einer Stufe, wie das aus der Betrachtung der Sozialproduktstatistik leicht gefolgert werden könnte. Diese Sicht legt nahe, eine *technisch* erfolgreiche Investitionsgüterproduktion nicht eher als wohlstandssteigernd anzusehen[7], bis ihr Erfolg auch ökonomisch nachgewiesen ist, sie sich also nicht als Fehlinvestition herausgestellt hat. Eine Fehlinvestition würde bei dieser Betrachtung wegen der Vergeudung knapper Ressourcen eine potentielle Wachstumsminderung bedeuten, während sie in der simultanen Betrachtung von Konsum und Investition in der Wachstumstheorie und in der Volkswirtschaftlichen Gesamtrechnung als Wachstumssteigerung zu deuten wäre. Die Erhöhung der Konsumgütererzeugung muß — genau genommen — noch um Änderungen im Lagerbestand an fertigen Konsumgütern korrigiert werden, um auch hier Fehlproduktionen auszuschließen. Ähnlich wie die Investitionsgüter Mittelcharakter für die Konsumgüterproduktion haben, hat die Konsumgüterproduktion Mittelcharakter für den Verbrauch und Gebrauch in Haushalten. Erst der ökonomische Erfolg befreit die Konsumgüter vom Verdacht der Fehlproduktion; erst der Verkauf oder Nichtverkauf läßt eine Unterscheidung zwischen gewollten und ungewollten Lagerbeständen zu.

Aus diesen Gründen soll unter Wachstum im folgenden eine Erhöhung der Konsumgütererzeugung (± Änderung des Lagerbestandes) verstanden werden.

(2) Das Wachstum kann auf verschiedene Art und Weise zustandekommen:

— durch eine Erhöhung des Kapitalstocks und/oder des Arbeitskräftereservoirs bei gleichbleibender Produktionstechnik;

— durch eine Erhöhung der Effizienz des Kapitalstocks und/oder des Arbeitskräftereservoirs (technischer und organisatorischer Fortschritt bei gleichmäßiger Erhöhung der Produktivität beider Faktoren —

[7] Hierbei wird die Wohlstandssteigerung an einer quantitativen Besserversorgung der Konsumenten gemessen, an der sich letztlich auch die Wachstumstheorie orientiert. Zur Fragwürdigkeit dieses Wohlstandsmaßstabs vg. u. a. *Arnold Heertje*, Preferences and Economic Growth, Kyklos XX (1967), S. 411 ff.

neutraler technischer Fortschritt — oder bei unterschiedlicher Erhöhung — arbeits- und kapitalsparender technischer Fortschritt im Hicksschen Sinne)[8].

Diese wachstumssteigernden Maßnahmen können sich im Extremfall — im Gegensatz zur ersten Kategorie von Maßnahmen — ohne den Einsatz zusätzlicher Mittel vollziehen[9].

Verbesserte Fertigung durch organisatorischen Fortschritt bei der Kombination der Produktionsfaktoren sowie erhöhter Leistungswille auf der Seite des Faktors Arbeit, Ersatzinvestitionen mit höherem Kapazitätseffekt auf der Seite des Kapitals sind hier als wichtige wachstumserhöhende Möglichkeiten zu nennen.

— durch eine Kombination beider Kategorien.

(3) Da sich annahmegemäß die Erhöhung der Konsumgütererzeugung erstens spontan[10] vollziehen und zweitens eine Nachfrage nach Geld auslösen soll, sind von vornherein die beiden wachstumssteigernden Maßnahmekategorien in *reiner Form* als Impulse ausgeschlossen, da sich im ersten Fall keine spontane Investitionserhöhung und im zweiten Fall keine Investitionserhöhung, die zwangsläufig mit einer Nachfrage nach Geld verbunden wäre, begründen läßt.

Somit bleibt nur die durch eine Kombination beider Maßnahmenkategorien gekennzeichnete Investitionserhöhung übrig, um eine spontane Erhöhung des Konsumgüterangebots bei gleichzeitiger Erhöhung der Nachfrage nach Geld auszulösen.

(4) Es ergibt sich das Problem, ob eine solche Investitionserhöhung aufgrund vorhandener Investitionsfunktionen wahrscheinlich ist. Zur Beantwortung dieser Frage kann davon ausgegangen werden, daß eine Steigerung des Konsumgüterangebots — insbesondere wenn sie mit dem Einsatz zusätzlicher Mittel verbunden ist — *immer* im Zusammenhang mit der Nachfrageentwicklung gesehen werden muß, denn unabhängig davon, ob das Ziel Gewinnmaximierung oder Erhaltung bzw. Erhöhung des Marktanteils heißt, werden Investitionen nur durchgeführt, wenn die Entwicklung der Nachfrage die Realisierung des angestrebten Ziels erwarten läßt bzw. ihre Nichtvornahme die Erreichung des Ziels in Frage stellt. Deshalb ist Fellner zuzustimmen,

---

[8] Vgl. *Alfred Ott*, Technischer Fortschritt, Handwörterbuch der Sozialwissenschaften, Bd. 10, S. 304 f.

[9] Hierbei ist allerdings der wichtige, wenn auch schwer faßbare Fall des durch zusätzlichen Mitteleinsatz induzierten technischen Fortschritts ausgeschlossen.

[10] ‚Spontan' wird hier anstelle des im Zusammenhang mit Investitionen gebräuchlichen Ausdrucks ‚autonom' verwandt, um nicht nur die Unabhängigkeit einer Erhöhung des Konsumgüterangebots (Nettoinvestition) von Änderungen der Konsumnachfrage bzw. des Einkommens, sondern von allen geld- und güterwirtschaftlichen Größen des Systems anzudeuten.

wenn er — allerdings nur für die längerfristige Betrachtung — behauptet: "For long periods the distinction between 'induced' and 'autonomous' investment is not fruitfull because all justified investment must bear a reasonable relation to output trends[11]."

(5) Diese Feststellung schließt aber nicht aus, daß im Zusammenhang mit der Nachfrageentwicklung drei Investitionstypen unterschieden werden können: die durch eine (erwartete) Diskrepanz zwischen Angebot und Nachfrage *induzierte*, die eine Diskrepanz zwischen Angebot und Nachfrage *induzierende* und die eine Diskrepanz zwischen Angebot und Nachfrage (infolge eines Nachfragerückgangs) *verhindernde* Investition.

(a) Die *Investitionen des ersten Typs*, die von einer Diskrepanz zwischen Angebot und Nachfrage induziert werden und als *Anpassungsinvestitionen* bezeichnet werden können, erfolgen zur Ausnutzung einer günstigen Nachfrageentwicklung in der Vergangenheit bzw. Gegenwart, von der angenommen wird, daß sie in der Zukunft anhält, oder aber zur Ausnutzung einer bisher noch nicht eingetretenen, aber zu erwartenden günstigen Nachfrageentwicklung. Diese Investition *kann* auf einer reinen Erweiterung des Kapitalstocks und/oder des Arbeitskräftepotentials beruhen, da es lediglich darauf ankommt, mit einer erhöhten Produktion Nutzen aus der günstigen Nachfragesituation zu ziehen.

Dieser Zusammenhang kann — je nach Investitionstyp[12] — durch ein Ansteigen oder Nachlassen des Marktzinses abgeschwächt oder verstärkt werden.

(b) Anders verhält es sich mit den *Investitionen des zweiten Typs*, die erst eine Diskrepanz zwischen Angebot und Nachfrage induzieren und deshalb als *Offensivinvestitionen* einzustufen sind. Hier besteht weder eine aus der Vergangenheit und/oder Gegenwart in die Zukunft hineinragende günstige Nachfrageentwicklung, noch wird eine solche Entwicklung, unabhängig von der Vornahme der Investitionen, für die Zukunft erwartet, sondern die Investitionen müssen eine solche Entwicklung selbst einleiten.

---

[11] *William J. Fellner*, Long-Term Tendencies in Private Capital Formation. The Rate of Growth and Capital Coefficients, in Long-Range Economic Projection, Princeton 1954, S. 297.

[12] Vgl. z. B. die Unterscheidung zwischen konjunktur- und kreditabhängigen Investitionen bei *Werner Ehrlicher* (Geldkapitalbildung und Realkapitalbildung, Tübingen 1956, passim, z. B. S. 20 ff.) und die Unterscheidung in zinsempfindliche und zinsunempfindliche Investitionen (bezogen auf die Investitionsneigung) und kreditabhängige und kreditunabhängige Investitionen (bezogen auf die Investitionsmöglichkeit) bei *Erich Preiser*, Investition und Zins, Jahrbücher für Nationalökonomie und Statistik, 170 (1958), S. 100 ff. Vgl. ferner zur Frage der Zinsreagibilität der Investitionen: *Erich Schneider*, Wirtschaftlichkeitsrechnung. Theorie der Investition, 5. A., Tübingen - Zürich 1964; *Otto Hahn*, Auswirkungen einer Diskonterhöhung auf die Unternehmer-Entscheidungen, in: Der Betrieb, 44 (1960), S. 1254.

Dazu eignen sich aus der Sicht des Unternehmers die reinen Erweiterungsinvestitionen nur dann, wenn sich durch einen *big push* die Nachfrage für die zusätzlich erstellte Kapazität selbst schaffen läßt (konzertierte Offensivinvestitionen). Der einzelne Unternehmer kann bei der unterstellten Angebots-Nachfrage-Konstellation demzufolge nur dann mit einer zusätzlichen Nachfrage — wie sie durch seine Investition entsteht — für seine Produkte rechnen, wenn er annehmen kann, daß die anderen Unternehmer ebenfalls investieren. Das allerdings kann unter den genannten Bedingungen kaum mit Sicherheit erwartet werden.

Für den Unternehmer kommt es deshalb in dieser Situation darauf an, die Erhöhung der Produktion mit Anreizen in Form von Preissenkung, Qualitätsverbesserung etc. zu verbinden, um einen *größeren Anteil der bestehenden Nachfrage* an sich zu binden (individuelle Offensivinvestitionen). Dazu eignen sich jedoch nur die Investitionen der zweiten Kategorie.

Eine Veränderung des Marktzinses kann diesen Zusammenhang ebenfalls modifizieren, indem sie die Basis für die mit der Erhöhung der Produktion notwendigerweise zu verbindenden Anreize verbessert oder verschlechtert.

(c) Die *Investitionen des dritten Typs* schließlich, die als *Defensivinvestitionen* zu kennzeichnen sind, werden durchgeführt, um eine drohende negative Diskrepanz zwischen Angebot und Nachfrage zu verhindern. Insbesondere wenn die Anwendung technisch-organisatorischer Neuerungen verzögert wird oder aber die Unternehmungen darauf verzichten, sich an Verschiebungen in den Preisrelationen der Produktionsfaktoren (z. B. zugunsten der Löhne) durch Substitution der Produktionsfaktoren, sofern diese technisch möglich ist (kapitalintensivere Produktion), anzupassen, kann die bisherige Stellung am Markt gefährdet sein.

(6) Ein Anstieg der Nachfrage nach Geld aufgrund einer spontan geplanten Erhöhung des Konsumgüterangebots mittels einer Investitionsausweitung setzt eine Investitionsfunktion des zweiten Typs (nachfrageinduzierende Investition) voraus, die Effizienzsteigerung *und* Erhöhung des Faktoreinsatzes in sich vereinigt. Investitionen, die auf einer solchen Kombination von Faktoren beruhen (Investitionen der dritten Kategorie), sind realistisch; sie kennzeichnen die Investitionen der Schumpeterschen Innovatoren[13], die sich nicht nur in der Form von

---

[13] Vgl. *Joseph Schumpeter*, Theorie der wirtschaftlichen Entwicklung, 6. A., Berlin 1964, S. 88 ff.

Ersatz-, sondern und vor allem in der Form von Nettoinvestitionen vollziehen[14].

Wird eine beabsichtigte Investitionserhöhung und damit eine Erhöhung der Ausgaben im Unternehmenssektor in der beschriebenen Weise unterstellt, so kommt es ceteris paribus, d. h. bei entsprechendem Absinken des aus Einnahmen finanzierbaren Anteils der Ausgaben, zu einer Erhöhung der Nachfrage nach Geld[15].

---

[14] "In general, the growth of output must always result from the growth of the supply of ressources and/or from rising technological-organizational knowledge. In practice it results from both." — *William Fellner*, Modern Economic Analysis, New York, Toronto, London, Tokio 1960, S. 318.

[15] Im Vergleich zu einer gleichbleibenden Einkommensentwicklung im Haushalt, die darüber hinaus auch den Erwartungen entspricht, wirkt eine diskontinuierliche (oder nicht erwartete) Einkommensentwicklung modifizierend auf den einnahmefinanzierten Anteil der Ausgaben seitens des Unternehmenssektors und damit auf die Nachfrage nach Geld:

(a) Ergibt sich eine Diskrepanz zwischen erwarteten und realisierten Einkommen, so kommt es insofern zu einer Änderung des einnahmefinanzierten Anteils der Ausgaben im Unternehmenssektor und damit zu einer Änderung der Nachfrage nach Geld, als bei positiver Diskrepanz der einnahmefinanzierte Anteil ab- und die Nachfrage nach Geld zunimmt. Das Umgekehrte trifft bei negativer Diskrepanz zu.

(b) Liegt eine Einkommensänderung gegenüber dem früheren Höchststand (previous peak level) vor, so steigt bei Einkommenssenkungen der einnahmefinanzierte Anteil, und die Nachfrage nach Geld kann — ceteris paribus — absinken. Das Umgekehrte gilt für eine Einkommenserhöhung.

(c) Werden schließlich Erwartungen hinsichtlich einer abweichenden Einkommensentwicklung in der Zukunft gehegt, so wird bei optimistischen Erwartungen der einnahmefinanzierte Anteil an gegebenen Ausgaben steigen und die Nachfrage nach Geld ceteris paribus sinken können. Das Umgekehrte gilt bei pessimistischen Erwartungen.

Achtes Kapitel

Reaktionen auf eine erhöhte Geldnachfrage

Zur materiellen Ausgestaltung des zweiten formalen Kriteriums sind die kompensatorischen Änderungen zu untersuchen, die die durch die Datenänderung (spontaner Investitionsanstieg plus gleichzeitige Erhöhung der Geldnachfrage) gestörten Kreislaufaxiome zum Ausgleich bringen. Es sind dies Änderungen der Variablen des inneren und äußeren Kreislaufs.

In der vorliegenden Untersuchung, in der es um die Verzahnung der Gütertheorie mit monetären Größen geht, stehen dabei die Reaktionen der Größen des äußeren Kreislaufs — und hier der Geldmenge außerhalb des Bankensektors — im Vordergrund. Aus diesem Grund ist die Frage nach dem Verhalten des Geldangebots im Anschluß an eine Erhöhung der Geldnachfrage vorrangig.

A. Veränderungen im Bankensektor: Reaktionen des Geldangebots

(1) Ausgehend von einem Gleichgewicht zwischen Geldangebot und Geldnachfrage (Abb. 11: $N_1 = A_1$) und dem daraus resultierenden Geldmengenanstieg (M_1), erfolgt eine Erhöhung der geplanten Ausgaben von X_1 auf X_2. Da entsprechend den Determinanten von Geldnachfrage und Geldangebot zunächst keine Erhöhung des aus Einnahmen finanzierbaren Teils an den Gesamtausgaben zu erwarten ist, verschiebt sich die Geldnachfragekurve gegenüber den Geschäftsbanken von $0N$ auf $0N'$. Die Nachfrage nach Geld steigt von N_1 auf N_2 unter entsprechender Verringerung des Anteils der einnahmefinanzierten Ausgaben an den geplanten Gesamtausgaben:

$$\left(\frac{0_E X_1}{0X_1} \longrightarrow \frac{0_E X_1}{0X_2}\right)$$ [1]

(2) Solange die Annahme der neoklassischen Leihfondstheorie berechtigt erscheint, daß die Nachfrage nach Geld vom Bankensektor über den

---

[1] Durch Offenmarktpolitik der Zentralbank mit den Nichtbanken sowie durch die Schuldenpolitik des Staates kann ein Teil dieser Nachfrage direkt von der Zentralbank befriedigt werden. Hier wird unterstellt, daß die Nachfrage $0N_2$ gegenüber den Geschäftsbanken geltend gemacht wird.

Zins (und über sonstige Kreditkonditionen) in Übereinstimmung mit dem Angebot gebracht werden kann, ist ein neues Gleichgewicht zu erwarten. Der steigende Zins reduziert die Nachfrage nach Geld und erhöht das Geldangebot über eine Erhöhung von *O* und führt ein neues Gleichgewicht herbei. Angebots- und Nachfrageüberschüsse entstehen nur während des Anpassungsprozesses zu diesem neuen Gleichgewicht. Bei einem solchen Abstimmungsprozeß gilt die Stellung der Nachfrage als ebenso bedeutsam wie die des Angebots.

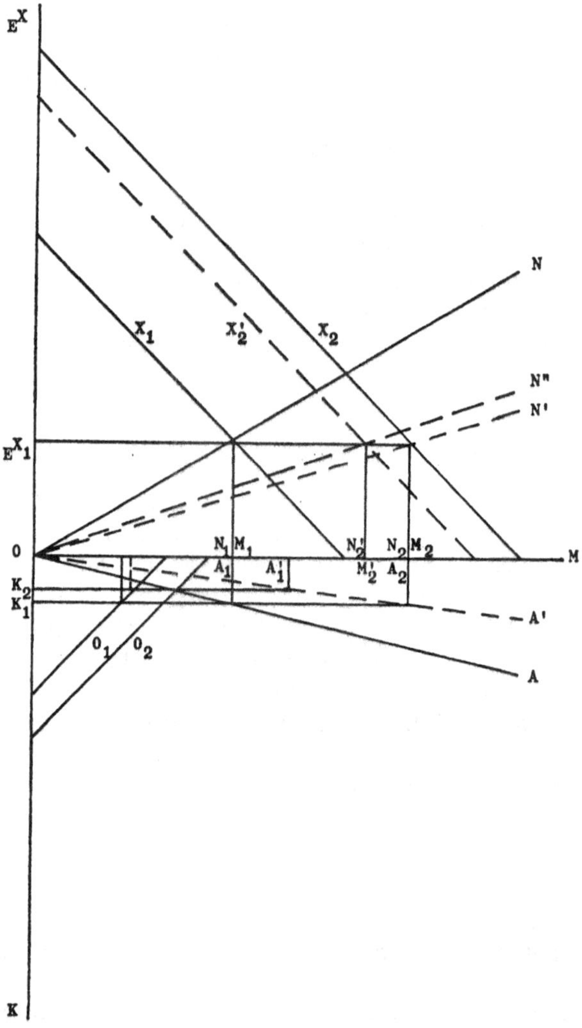

Abb. 11. Potentielle Reaktionen des Geldangebots auf eine Erhöhung der Geldnachfrage (I)

(3) Wenn aber die Abhängigkeit der Nachfrage- und Angebotsgrößen von weiteren Faktoren, die die gleichgewichtsherbeiführende Kraft des Zinssatzes (der Kreditkonditionen) überkompensieren[2] oder seine (ihre) Flexibilität beschränken können, anerkannt und berücksichtigt werden muß, kann ein Gleichgewicht zwischen Geldangebot und -nachfrage nicht mehr in jedem Fall erwartet werden. Es bleiben *Angebots- und Nachfrageüberschüsse* bestehen. Aus dieser Feststellung resultiert gleichzeitig die Erkenntnis, daß jeweils eine der Determinanten der Geldmenge eine dominierende Stellung erhalten kann.

(4) Das Interesse muß sich somit auf das Angebot an Geld ($0A$) seitens der Geschäftsbanken und seine Fähigkeit, einer Ausdehnung der güterwirtschaftlich bedingten Geldnachfrage zu entsprechen, konzentrieren: Die Geschäftsbanken können — wie aus den Bestimmungsgründen des Geldangebots hervorgeht — das Angebot an Geld an die erhöhte Nachfrage anpassen, indem sie den Liquiditätskoeffizienten verringern, eine Umschichtung innerhalb der ertragsorientierten Anlagen vornehmen und/oder die Operationsbasis entweder über den Grad der Ausnutzung des Refinanzierungsspielraums und/oder über eine Beeinflussung des Zuflusses aus der Wirtschaft erhöhen.

Diese Reaktionen können durch die Aktionen der Notenbank und des Staates gebremst oder gefördert werden.

(5) Die Angebotsanpassung erfolgt je nach der Höhe des Liquiditätskoeffizienten und nach der Zusammensetzung des Portfolios, je nach dem Ausnutzungsgrad des Refinanzierungsspielraums sowie nach der Beeinflussungsmöglichkeit des Zentralbankgeldzuflusses

— vollständig ohne Erhöhung des Zinssatzes (Phase I),
— vollständig nach Erhöhung des Zinssatzes, und zwar ohne (bei zinsunelastischer Geldnachfrage) oder mit (bei zinselastischer Geldnachfrage) Rückgang der ursprünglich geplanten Geldnachfrage gegenüber dem Sektor der Geschäftsbanken (Phase II),
— in einer Extremsituation gar nicht (Phase III)[3].

---

[2] "There is less agreement about the sensitivity of business investment spending to changes in credit terms. Traditional monetary theory assumed a high degree of sensitivity, but this has been disputed both on theoretical and empirical grounds. The observed dollar volume of business investment has shown little apparent sensitivity to interest rates, and businessmen have said that they are not influenced by changes in interest rates." — The Report of the Commission on Money and Credit: Money and Credit, Their Influence on Jobs, Prices, and Growth, Englewood/Cliffs, 1961, S. 51.

„Es ist nicht nur denkbar, sondern sogar sehr wahrscheinlich, daß sich eine Erhöhung des Nominalzinses in der realen Welt in der Mehrzahl der Fälle als Reaktion des Marktes auf eine Erhöhung der Preissteigerungsrate einstellt und daher in solchen Zeiten der Realzins annähernd konstant bleibt oder sich sogar in die entgegengesetzte Richtung bewegt." — *Egon Sohmen*, Preisniveau und Preiserwartungen in der makroökonomischen Theorie, a.a.O., S. 32.

[3] "Even if rates are set to hold average excess demand for bank loans to

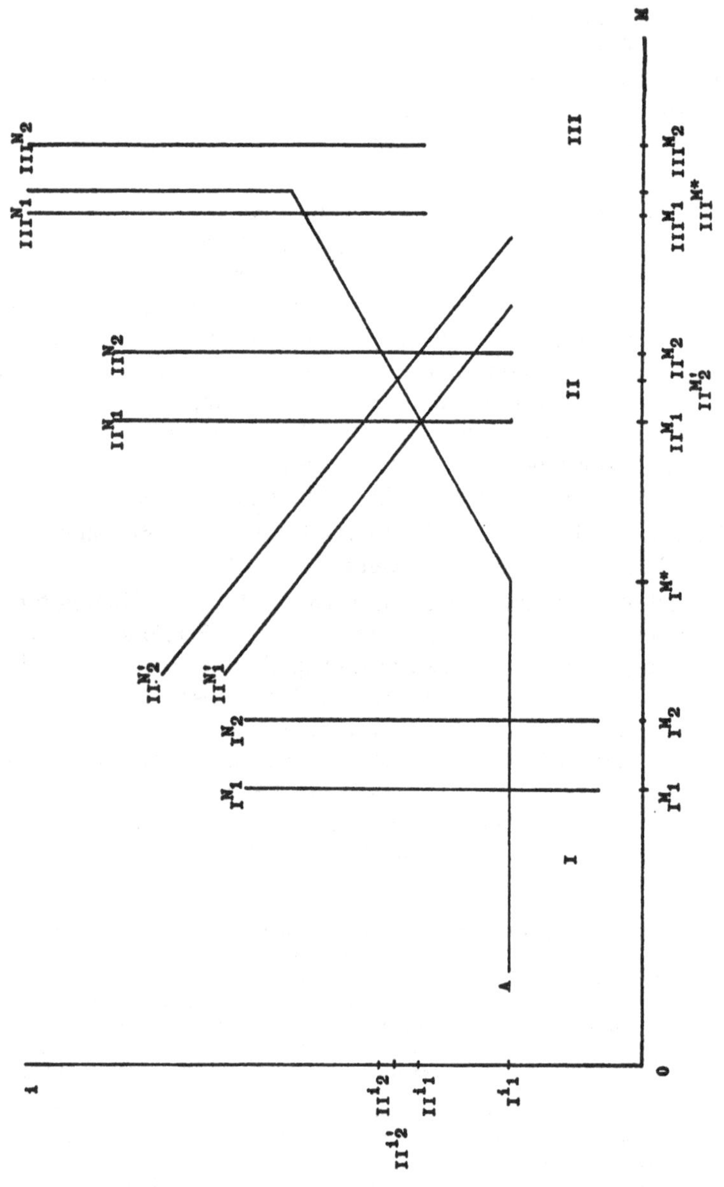

Abb. 12. Potentielle Reaktionen des Geldangebots auf eine Erhöhung der Geldnachfrage (II)

Abb. 12, bei der auf der Ordinate der Zinssatz abgetragen wird, zu dem die ertragsorientierten Anlagen der Bank angeboten werden bzw. der von den Geldnachfragern zu zahlen ist ($i = {}_K i$ bzw. ${}_W i$), und bei der auf der Abszisse die zusätzlich angebotene bzw. nachgefragte Geldmenge steht ($M = A$ bzw. N), gibt diese drei unterschiedlichen Situationen wieder, die im folgenden kurz beschrieben werden sollen.

I. Vollständige Angebotsanpassung ohne Erhöhung des Zinssatzes

(1) Ergibt sich für das Angebot an Geld eine Konstellation, wie sie durch die Phase I der Abbildung 12 gekennzeichnet ist, so besteht beim herrschenden Zinssatz (${}_I i_1$) ein *unausgenutztes Geldangebot*. Die gewünschten ertragsorientierten Anlagen der Banken weichen sowohl in der Höhe (${}_I M^* > {}_I M_1$) als u. U. auch in der Zusammensetzung von den tatsächlichen ab. Die Operationsbasis der Geschäftsbanken — einschließlich des unausgenutzten Refinanzierungsspielraums — ist im Verhältnis zu den ertragsorientierten Dispositionen, wie sie aufgrund einer bestehenden Risikobereitschaft angestrebt werden, zu groß. Der gewünschte Liquiditätskoeffizient (und die gewünschte Portfolioaufteilung) ließen sich — wenn überhaupt — entweder bei gleichbleibendem Marktzins durch eine Verringerung des Risikos oder bei gleichbleibendem Risiko durch eine Senkung des Marktzinses realisieren. Damit würden allerdings ceteris paribus die Differenz zwischen Marktzins einerseits und Zins der Liquiditätsanlage, der Refinanzierung oder der Einlagenbeschaffung andererseits verringert und die Kosten des Angebots nicht mehr gedeckt werden[4].

(2) Zu dieser Situation eines unausgenutzten Geldangebots kann es — von einer Vollausnutzung ausgehend — kommen, wenn sich Geldnachfrage der Nichtbanken und Operationsbasis in der Weise zugunsten letzterer auseinander entwickeln (oder bei gleichmäßiger Entwicklung eine Senkung des geplanten bzw. obligatorischen Liquiditätskoeffizienten eintritt), daß Angebot an und Nachfrage nach Geld auch durch eine Senkung des Zinses bis zur Untergrenze (${}_I i_1$) nicht in Übereinstimmung gebracht werden können[5].

---

zero over the cycle, it would appear that some excess demand must exist at the peak of the interest rate cycle. Of course, the counterpart of excess demand at the top of the boom is the existence of excess supply at trough interest rates. This would suggest that at these times bankers find themselves unable at going rates to make as many loans as they would wish." — *Edward J. Kane* and *Burton G. Malkiel*, Bank Portfolio Allocation, Deposit Variability and the Availability Doctrine, a.a.O., S. 126.

4 Hier wird davon abgesehen, daß der Marktzins durch Konvention oder Gesetz an den Rediskontsatz der Zentralbank gebunden ist.

Folgende Entwicklungen sind geeignet, eine solche Konstellation herbeizuführen:

— konjunkturell bedingtes (relatives) Nachlassen der Nachfrage nach Geld seitens der Nichtbanken, das ceteris paribus mit einer (relativ) geringeren Abschwächung der Operationsbasis oder einem Rückgang des geplanten bzw. obligatorischen Liquiditätskoeffizienten gekoppelt ist (Auseinanderentwicklung von Sparen und Investieren zugunsten des Sparens[6], expansiver Einsatz des notenbankpolitischen und des staatlichen Instrumentariums[7]).

— außenwirtschaftlich bedingter Anstieg der Operationsbasis der Geschäftsbanken, der ceteris paribus von einem Rückgang der Geldnachfrage der Nichtbanken begleitet ist (Entstehung oder Erhöhung eines Exportüberschusses)[8].

(3) Erfolgt in dieser Situation eine Erhöhung der Nachfrage von $_IN_1$ auf $_IN_2$, so kann sich das Geldangebot ohne Änderung des Marktzinses und damit ohne Änderung der Zinsdifferenzen an die Nachfrage anpassen (Zinsreagibilität des Angebots von Null).

Diese Angebotsanpassung resultiert zum einen — sieht man von einer Umschichtung des Portfolios ab — aus einer Verringerung des Liquiditätskoeffizienten[9]. Die Diskrepanz zwischen tatsächlichen liquiditätsorientierten Dispositionen und gewollten verringert sich, da mit der zusätzlichen Geldnachfrage eine ertragreichere Geldanlagemöglichkeit als der jederzeit mögliche Wertpapierankauf geschaffen worden ist. Das kommt in Abb. 11 durch eine Verringerung der liquiditätsorientierten Anlagen von K_I auf K_2 im Rahmen einer gegebenen Operationsbasis O_1 und damit durch eine Verschiebung der Angebotskurve von $0A$ auf $0A'$ zum Ausdruck. Das Geldangebot erhöht sich demzufolge von $0A_1$ auf $0A_1'$.

Zum anderen erfolgt möglicherweise gleichzeitig eine stärkere Ausnutzung des Refinanzierungsspielraums, da die zusätzliche Nachfrage die Gewähr dafür bietet, daß die Differenz zwischen Marktzins ($_Ki$; $_Wi$) und dem Zins, der bei der Refinanierung zu zahlen ist ($_Ri$), erhalten

[5] Zu einem Teilaspekt dieses Problems, der Veränderung der *Einlagenkreditrelation* aufgrund von Marktfaktoren vgl. *Claus Köhler*, Orientierungshilfen für die Kreditpolitik, a.a.O., S. 21 ff.

[6] Vgl. die Determinanten der Alternative ‚Konsumausgaben oder Anlagen des Finanzvermögens', insbesondere ‚eingetretene und erwartete Nominaleinkommensentwicklung' S. 51 ff. sowie die Determinanten der privaten Investitionstätigkeit S. 133 ff.

[7] Vgl. Einwirkung von Notenbank und Staat auf das Geldangebot S. 120 ff.

[8] Vgl. S. 104 f.

[9] Aufgrund der mit der Geldmengenausweitung verbundenen Erhöhung der Sichteinlagen muß gleichzeitig eine Umschichtung innerhalb der liquiditätsorientierten Dispositionen von den freiwilligen zu den obligatorischen Anlagen (Mindestreserven) erfolgen.

bleibt. In Abb. 11 verschiebt sich die Operationsbasis der Geschäftsbanken von O_1 auf O_2, so daß — bei gleichbleibendem Liquiditätskoeffizienten und gleichbleibender currency ratio — das Geldangebot entsprechend der Angebotskurve ($0A'$) auf $0A_2$ ansteigt[10].

Langfristig wird die Tendenz zur Ausweitung des Geldangebots dadurch unterstützt, daß sich die currency ratio aufgrund des zunehmend bargeldlosen Zahlungsverkehrs (der zunehmend bargeldlosen Kassenhaltung) verringert. Die Diskrepanz zwischen A und A' wird größer.

Sieht man von dieser längerfristigen Entwicklung ab, so erhöht sich in dieser Phase das Angebot aufgrund der beschriebenen Reaktionen von $0A_1$ auf $0A_2$ und die Geldmengenzunahme von $0M_1$ auf $0M_2$ (bzw. in Abb. 12 von ${}_IM_1$ auf ${}_IM_2$).

II. Vollständige Angebotsanpassung nach Erhöhung des Zinssatzes

(1) Die in der Phase II der Abb. 12 dargestellte Konstellation ist die einer *Vollausnutzung* des Geldangebots. Sie ergibt sich dann,

- wenn erstens keine liquiditätsorientierten Anlagen seitens der Banken in dem Sinne bestehen, daß bei gegebener Zinsdifferenz zwischen ertrags- und liquiditätsorientierten Anlagen der gewünschte Liquiditätskoeffizient vom realisierten abweicht,
- wenn zweitens die realisierte Portfolio-Zusammensetzung der gewünschten entspricht,
- und wenn drittens bei gegebener Zinsdifferenz zwischen ertragsorientierten Anlagen und Refinanzierung die gewünschte Ausnutzung des Refinanzierungsspielraums mit der realisierten übereinstimmt.

(2) In dieser Situation erfordert sowohl die Senkung des Liquiditätsverhältnisses und die Änderung der Portfolio-Zusammensetzung als auch eine stärkere Ausnutzung des Refinanzierungsspielraums eine Erhöhung der Zinsdifferenzen, d. h. ceteris paribus einen Anstieg des Zinssatzes für ertragsorientierte Anlagen, da dann sowohl die Opportunitätskosten der liquiditätsorientierten Anlagen als auch des unausgenutzten Refinanzierungsspielraums steigen und da sich das Portfolio-Optimum zugunsten der à-Konto-Kreditvergabe verschiebt[11]. Bestim-

---

[10] Eine Einwirkungsmöglichkeit auf den Zufluß von Bargeld aus der Wirtschaft besteht in dieser Situation für die Geschäftsbanken nicht (Minimaldifferenz zwischen Kosten- und Ertragszins). Sie ist allerdings wegen der genannten Möglichkeiten der Angebotsanpassung auch nicht erforderlich.

[11] Vgl. S. 117 f.

mend für die Erhöhung des Geldangebots aufgrund der Ausdehnung der Zinsdifferenzen ist die von Null verschiedene Zinsreagibilität des Geldangebots[12].

Einige Modifikationen sind angebracht, die aber den Gehalt der obigen Aussage kaum schmälern können:

— Wird die Bereitschaft, den gestiegenen Opportunitätskosten der liquiditätsorientierten Anlagen und des unausgenutzten Refinanzierungsspielraums Rechnung zu tragen, realisiert, so macht allerdings die Schaffung von Sichtguthaben im Zuge der Erhöhung des Geldangebots eine Aufstockung der obligatorischen liquiditätsorientierten Anlagen (Mindestreserven) erforderlich.

— Unter Einbeziehung von Erwartungen und Unsicherheit könnte die Reagibilität des Geldangebots in Form der Wertpapieranlage dann verringert werden, wenn mit einem weiteren Absinken der Wertpapierkurse (Anstieg der Zinsen) gerechnet werden könnte und vice versa.

— Diese Tendenz würde verstärkt, wenn aufgrund der Ertragserhöhung des Portfolios der Geschäftsbanken eine Aufstockung der ertragsstärkeren (und risikoreicheren) Anlage in Form von à-Konto-Krediten vorgenommen wird, die den Verkauf von Wertpapieren notwendig macht. Eine solche Portfolio-Umschichtung würde die obligatorischen liquiditätsorientierten Anlagen erhöhen. Allerdings ist eine Umschichtung nicht sehr wahrscheinlich. Erstens kann eine Erhöhung der ertragsstärkeren Anlage schon durch eine Gewichtsverlagerung bei der Ausdehnung der ertragsorientierten Anlagen erfolgen und erfordert nicht einen Verkauf von Wertpapieren; zweitens besteht aufgrund der Realwertminderung des Wertpapieranteils im Portfolio eine Tendenz zur Erhöhung der risikoschwächeren Anlageart; drittens können u. U. die lock-in-effects zum Tragen kommen.

(3) Unter Einbeziehung dieser Qualifikationen ergibt sich in der zweiten Phase des Geldangebots folgendes Bild: Ausgehend von einer Erhöhung der Nachfrage von $_{II}N_1$ auf $_{II}N_2$ kommt die Anpassung des Angebots an die Nachfrage über einen Anstieg des Zinssatzes von $_{II}i_1$ auf $_{II}i_2$ (Abb. 12) durch eine Verringerung des Liquiditätsverhältnisses von K_1 auf K_2 (Abb. 11), die eine Verschiebung der Angebotskurve von A auf A' bewirkt, sowie durch eine stärkere Ausnutzung des Refinanzierungsspielraums (Erhöhung der Operationsbasis von O_1 auf O_2) zustande. In der Folge steigt die Geldmenge statt auf M_1 auf M_2 (Abb. 11) bzw. statt auf $_{II}M_1$ auf $_{II}M_2$ (Abb. 12).

---

12 Um eine Erhöhung der Operationsbasis durch Zufluß von Bargeld aus der Wirtschaft auszulösen, könnten die Zinsen für Zeitdeposoten ($_zi$) erhöht werden.

(4) Bisher wurde angenommen, daß die Nachfrage nach Geld in bezug auf die Entwicklung des Marktzinssatzes völlig unelastisch ist.

In bestimmten Fällen besteht aber ceteris paribus eine Zinsabhängigkeit der güterwirtschaftlich bedingten Geldnachfrage[13], so daß die Nachfragekurve[14] statt $_{II}N_1$ etwa den Verlauf $_{II}N'_1$ aufweist (Abb. 12). Ein mit der Erhöhung der Geldnachfrage von $_{II}N'_1$ auf $_{II}N'_2$ verbundener Anstieg des Marktzinses (bei Konstanz der Zinssätze für liquiditätsorientierte Anlagen und für die Refinanzierung von ertragsorientierten Anlagen) wird in dieser zweiten Phase des Geldangebots, in der die Zinselastizität der Geldnachfrage von besonderer Bedeutung ist, zu einer Reduktion der ursprünglich geplanten Geldnachfrage führen. Bei einer Erhöhung des Marktzinssatzes von $_{II}i_1$ auf $_{II}i'_2$ wird die Geldmenge statt auf $_{II}M_2$ *nur bis* $_{II}M'_2$ ausgeweitet.

Auf Abb. 11 übertragen heißt das: Die Ausgabenkurve sinkt von X_2 auf X'_2, und damit reduziert sich auch die Nachfrage nach Geld von N_2 auf N'_2. Die Geldmenge weitet sich statt auf $0M_2$ nur auf $0M'_2$ aus.

III. Unvollständige bzw. fehlende Angebotsanpassung

(1) Ergibt sich für das Geldangebot eine Konstellation, wie sie durch die dritte Phase der Abb. 12 gekennzeichnet ist, muß eine Anpassung des Geldangebots der Geschäftsbanken an die erhöhte Geldnachfrage erzwungenermaßen unterbleiben; es kommt zu einem Geldnachfrageüberhang[15].

---

13 Vgl. z. B. die Unterscheidung zwischen konjunktur- und kreditabhängigen Investitionen bei *Werner Ehrlicher* (Geldkapitalbildung und Realkapitalbildung, a.a.O., S. 20 ff.) und die Unterscheidung in zinsempfindliche und zinsunempfindliche Investitionen (bezogen auf die Investitionsneigung) und kreditabhängige und kreditunabhängige Investitionen (bezogen auf die Investitionsmöglichkeit) bei *Erich Preiser* (Investitionen und Zins, a.a.O., S. 100 ff.). Hierbei ist auch die Frage der Kostenüberwälzung von Bedeutung.

14 Zur Zinsabhängigkeit der geldwirtschaftlich bedingten Geldnachfrage vgl. vor allem die Untersuchung von *Artur Woll*, Die Theorie der Geldnachfrage: Analytische Ansätze und statistische Ergebnisse für die Bundesrepublik Deutschland, a.a.O., S. 64 ff. Aus Schätzungen von Nachfrageelastizitäten des Geldes erscheint der Schluß berechtigt, „daß die Liquiditätstheorie des Zinses eher auf das Verhalten der Bank, als auf das Verhalten des Publikums anzuwenden ist. Es ist ohnehin zweifelhaft, ob das Publikum aus Risikoerwägungen in erheblichem Maße Vermögen in Geldform hält; Sparkonten werden als eine ebenfalls risikolose und dazu noch ertragbringende Anlage vielfach vorgezogen. Dagegen wird das Bankensystem eher geneigt sein, bei einer Zinssenkung die Zusammensetzung seiner Aktiva in Richtung eines höheren Liquiditätsgrades zu verändern und damit das Geldangebot relativ zu verringern" — *Anton Konrad*, Einkommensbewegungen bei beschränkt elastischem Geldangebot, unveröffentlichtes Manuskript einer Vorlesung an der Ruhr-Universität Bochum, SS 1968, S. 10 f.

15 "If the money for financing the project cannot be got on any tolerable terms at all, that is the end of the matter." — Report of the Committee on the Working of the Monetary System, a.a.O., S. 131.

Eine solche Situation ist dann gegeben, wenn sich die Ertragsüberlegungen der Geschäftsbanken nicht voll auswirken können: Das ist zum einen vor allem dann der Fall, wenn sich der Liquiditätskoeffizient nicht mehr reduzieren läßt, weil die Banken entweder die Zielsetzung jederzeitiger Liquidität verletzt sehen oder weil sie den Mindestreservevorschriften nicht mehr genügen, und zum anderen, wenn sich die Operationsbasis nicht mehr ausweiten läßt, weil sowohl der Refinanzierungsspielraum ausgeschöpft ist als auch weitere Maßnahmen entfallen, um den Bargeldzufluß aus der Wirtschaft zu erhöhen, wie z. B. eine Heraufsetzung der Zinssätze für Zeitdepositen[16].

(2) Zu dieser Situation eines Geldnachfrageüberhangs kann es — wählt man die vollständige Befriedigung der Geldnachfrage als Kriterium — kommen, wenn sich Nachfrage nach Geld und Operationsbasis zulasten letzterer auseinanderentwickeln oder bei gleichmäßiger Entwicklung eine Erhöhung des obligatorischen Liquiditätskoeffizienten eintritt, so daß Angebot an und Nachfrage nach Geld auch durch eine Zinserhöhung nicht in Übereinstimmung gebracht werden können[17].

Eine solche Konstellation wird in erster Linie durch folgende Entwicklungen herbeigeführt:

— konjunkturell bedingtes Ansteigen der Geldnachfrage seitens des Nichtbankensektors, das ceteris paribus mit einer relativ schwächeren Zunahme der Operationsbasis der Geschäftsbanken bzw. mit einem Anstieg des Liquiditätskoeffizienten einhergeht (Auseinanderentwicklung von Sparen und Investieren zugunsten der Investitionen[18], kontraktiver Einsatz des notenbankpolitischen Instrumentariums und der Einlagenpolitik des Staates[19]);

— außenwirtschaftlich bedingter (relativer) Rückgang der Operationsbasis der Geschäftsbanken, der ceteris paribus von einem (relativen) Anstieg der Geldnachfrage begleitet ist (Entstehung oder Erhöhung eines Importüberschusses[20]).

(3) In dieser Phase ist das Geldangebot auf die Höhe $_{III}M^*$ fixiert (Abb. 12). Eine Nachfrageerhöhung kann somit nicht realisiert werden.

---

16 Eine Erhöhung des Geldangebots durch Umschichtung innerhalb des Portfolios ist in dieser Situation aufgrund von Erwartungen über die künftige Zinsentwicklung nicht sehr wahrscheinlich.

17 Zur Veränderung der Einlagekreditrelation aufgrund von Marktfaktoren vgl. wiederum *Claus Köhler*, Orientierungshilfen für die Kreditpolitik, a.a.O., S. 21 ff.

18 Vgl. die Determinanten der Alternative ‚Konsumausgaben oder Anlagen des Finanzvermögens', insbesondere ‚eingetretene und erwartete Nominaleinkommensentwicklung' S. 51 ff., sowie die Determinanten der privaten Investitionstätigkeit S. 133 ff.

19 Vgl. Einwirkung von Notenbank und Staat auf das Geldangebot S. 120 ff.

20 Vgl. S. 104 f.

Erhöht sich die Nachfrage im Übergang von der zweiten auf die dritte Phase so, wie es etwa durch die Verschiebung der Nachfragekurve von $_{III}N_1$ auf $_{III}N_2$ in Abb. 12 angedeutet wird, findet eine Teilanpassung statt. Die Ausweitung der Geldmenge wird auf $_{III}M^*$ beschränkt, während die volle Anpassung des Geldangebots an die gestiegene Geldnachfrage eine Geldmengenausweitung auf $_{III}M_2$ bedeutet hätte.

Die Ausgaben der Nichtbanken müssen — soweit sie auf Kredite aus dem Bankensektor angewiesen sind[21] — reduziert werden. Eine solche Geldmengenbeschränkung erfolgt in der Weise, daß die sog. L*-loans, deren Vergabe langfristig stabile Geschäftsbeziehungen verspricht, vorrangig behandelt werden, während von den übrigen Kreditersuchen einige nicht zum Zuge kommen *(selektive Angebotsanpassung)*.

Unter Rückgriff auf Abb. 11 würde ein solches Vorgehen bedeuten, daß die Reaktionen der Geschäftsbanken auf eine Verringerung von K und eine Erhöhung von O beschränkt bleiben, so daß sich ein Geldangebot zwischen A_1 und A_2 ergibt. Die geplanten Ausgaben der Unternehmungen (und des Staates) müßten dann reduziert werden; ein Angebot, das die Nachfrage auf N_2' und die Geldmengenausweitung auf M_2' beschränkt, würde z. B. eine Reduzierung der Ausgabenkurve von X_2 auf X_2' nach sich ziehen.

IV. Zwischenergebnis

(1) Als Zwischenergebnis zeigt sich, daß für das Geldangebot drei Phasen zu unterscheiden sind. Diese Phasen könnten in einer geschlossenen Wirtschaft in etwa für die gesamtwirtschaftliche Abfolge von der Rezession bis zur konjunkturellen Überhitzung repräsentativ sein.

In einer offenen Wirtschaft hingegen sind diese Phasen nicht mehr ohne weiteres bestimmten konjunkturellen Konstellationen zuzuordnen. Lediglich wenn Rezessionen mit Exportüberschüssen und Hochkonjunkturen mit Importüberschüssen einhergehen, ergeben sich eindeutige Beziehungen. Andererseits können aber z. B. Übergänge zwischen den einzelnen Geldangebotsphasen ohne Änderung der konjunkturellen Lage aufgrund von Verschiebungen im Außenhandelssaldo stattfinden.

Für die drei Phasen ergibt sich folgendes Bild:

— In der ersten Phase kann jede Nachfrage nach Geld ohne Zinserhöhungen befriedigt werden (unendliche Zinselastizität des Angebots);

— in der zweiten Phase ist das zur Befriedigung der Nachfrage notwendige Angebot nur unter Zinserhöhungen hervorzubringen, wobei die ursprünglich geplante Nachfrage, je nach ihrer Zinselastizität, zurückgeht oder gleichbleibt (endliche Zinselastizität des Angebots);

---

21 Vgl. zu dieser Einschränkung S. 152 ff. und S. 157 ff.

— in der dritten Phase schließlich gelingt es selbst bei Zinserhöhungen nicht, eine zinsunelastische Nachfrage nach Geld zu befriedigen (Zinselastizität des Angebots gleich Null).

Liegt die Nachfrageerhöhung zwischen der zweiten und dritten Phase, so kommt es zu einer unvollständigen selektiven Angebotsanpassung.

(2) Bisher ist eine kontinuierliche Einkommensentwicklung während der ersten beiden Phasen unterstellt worden; bei nicht-kontinuierlicher Einkommensentwicklung ergeben sich folgende Modifikationen:

Wenn eine positive Diskrepanz zwischen erwarteten und realisierten Einkommen entsteht, wenn die Einkommen überproportional anwachsen und wenn pessimistische Erwartungen hinsichtlich der zukünftigen Einkommensentwicklung vorherrschen, erhöht sich die Operationsbasis der Geschäftsbanken. Das bedeutet, daß sich die beiden ersten Phasen verlängern und daß sich damit der Eintritt selektiver Kreditbeschränkung weiter hinausschiebt.

Umgekehrt verhält es sich bei einer negativen Diskrepanz zwischen erwarteten und realisierten Einkommen, bei unterproportionalen Einkommenserhöhungen bzw. stagnierenden oder sinkenden Einkommen und bei optimistischen Erwartungen hinsichtlich der Einkommensentwicklung.

(3) Nach diesem Zwischenergebnis erscheint es für die *erste Phase des Geldangebots* gerechtfertigt, daß die Realtheorie von der Annahme eines vollständig elastischen Geldangebots ausgeht. Die güterwirtschaftlich bedingte Geldnachfrage setzt sich voll durch; es ergeben sich für die Entwicklung der güterwirtschaftlichen Größen keine Restriktionen von der Geldseite her.

Das gleiche trifft in der *zweiten Phase des Geldangebots* dann zu, wenn die Geldnachfrage durch die Zinserhöhungen, die sich mit der Anpassung des Geldangebots an die erhöhte Nachfrage einstellen, nicht reduziert wird, d. h. wenn die *Geldnachfrage* völlig *zinsunelastisch* ist[22].

Diese beiden Situationen sind dadurch gekennzeichnet, daß sich die von den Geschäftsbanken aus Ertragsüberlegungen ausgeübten Anpassungsreaktionen voll durchsetzen können und daß (trotz Zinserhöhungen) kein Rückgang der ursprünglich geplanten Nachfrage nach Geld seitens der Unternehmungen und des Staates eintritt.

[22] Damit entsteht ein Zusammenhang, den man mit Ellis als ‚contra-quantity-theory-causation' bezeichnen könnte. — Vgl. *Howard S. Ellis*, Some Fundamentals in the Theory of Velocity, The Quarterly Journal of Economics, LII (1938), S. 431 ff.

Wird jedoch die Nachfrage nach Geld — sei es durch Verteuerung oder Restriktion der Kredite — verringert, wie es *in der zweiten Phase bei zinselastischer Geldnachfrage und in der dritten Phase aufgrund der fehlenden Möglichkeit zur Geldangebotsausweitung* erfolgt, so erweist sich die in der Realtheorie gemachte Arbeitshypothese als unrealistisch.

(4) Diesem Zwischenergebnis folgend, müßte die jeweilige Gütertheorie prüfen, in welcher der drei Phasen die Geldnachfrage auf das Geldangebot trifft. Liegt bereits die zweite oder dritte Phase vor, so sind, je nach den Zinselastizitäten von Geldnachfrage und Geldangebot und/oder aufgrund von Angebotsbeschränkungen, Restriktionen der ursprünglich geplanten Geldnachfrage und damit der geplanten Investitionen, Lohngebote, Staatsausgaben etc. in die gütertheoretische Analyse einzubeziehen.

Diese Schlußfolgerung ist jedoch nur eine vorläufige. Zum einen ist der Prozeß des Zusammenwirkens von Geldangebot und Geldnachfrage an dieser Stelle noch nicht beendet; bei Vorliegen einer unbefriedigten Geldnachfrage können bestimmte Reaktionen der Wirtschaftssubjekte erhebliche Änderungen dieses Zwischenergebnisses bewirken. Zum anderen wurde bisher ohne den modifizierenden Einfluß möglicher Preiserhöhungen, d. h. ohne Einbeziehung des dritten formalen Kriteriums und dessen materieller Ausgestaltung, argumentiert.

B. Veränderungen im Nichtbankensektor: Modifizierende Wirkungen durch Reaktionen auf Geldverteuerung und -verknappung

Nach dem bisherigen Ergebnis ist in der zweiten und dritten Phase des Geldangebots ein Rückgang der ursprünglich geplanten Nachfrage nach Geld seitens der Unternehmungen und des Staates gegenüber dem Bankensektor, teils infolge Verteuerung, teils infolge Restriktion der Bankkredite, zu erwarten.

Daraus kann jedoch noch nicht geschlossen werden, daß in dieser Situation eine Reduzierung der Ausgaben, die ursprünglich mit Bankkrediten finanziert werden sollten, typisch ist: Es können Reaktionen auf die Verteuerung und Verknappung der Bankkredite seitens der Nichtbanken erfolgen,

— die im Bereich der Privatwirtschaft vor allem auf einer intensiveren Nutzung der vorhandenen Geldmittel und — neben der Umschichtung innerhalb der ertragsorientierten Anlagen — auf der Fähigkeit beruhen, sich bestimmter Geldsubstitute (near money) zu bedienen;

— die im Bereich des Staatssektors in einer Erhöhung des steuerfinanzierten Anteils bzw. einer Umschichtung der Nachfrage von den Geschäftsbanken auf die Notenbank bestehen.

I. Reaktionen des Unternehmens- und Haushaltssektors

1. Intensivere Nutzung der Geldmenge außerhalb des Bankensektors

(1) Haben sich im Zuge der vermehrten Kreditnachfrage die Zinssätze der ertragsorientierten Anlage erhöht und hat sich evtl. darüber hinaus das Kreditangebot verknappt, so wird in den Unternehmungen und Haushalten[23] eine Tendenz entstehen, die liquiditätsorientierten Anlagen, deren Opportunitätskosten steigen, zu verringern (Reduzierung der Spekulationskasse sowie der Transaktionskasse durch sparsameren Einsatz der Transaktionsmittel). Mit diesen Maßnahmen wird ein Beitrag zur Finanzierung der ursprünglich geplanten, durch das Geldangebot der Banken nicht befriedigten Ausgaben geleistet. Sofern es sich hierbei um eine Verringerung der Spekulationskasse handelt, muß außerdem vorausgesetzt werden, daß nicht mit einem weiteren Absinken der Wertpapierpreise gerechnet wird[24].

(2) Die Absicht, die liquiditätsorientierten Anlagen zu reduzieren, kann sich in zweifacher Weise auswirken:

(a) Zum einen kann der Rückgang der liquiditätsorientierten Dispositionen bei den Unternehmungen (L_U) dazu führen, daß der Anteil der einnahmefinanzierten Ausgaben ($_EEx$) um den Betrag der freigesetzten Kasse aufgestockt wird, so daß die Geldnachfrage gegenüber dem Bankensektor ($_PQ$) bei gleichbleibendem Niveau der geplanten Ausgaben (Ex) zurückgehen kann (vgl. Abb. 2). Die Umlaufgeschwindigkeit des Geldes (Bargeld und Sichtguthaben) erhöht sich.

In den Abbildungen 13 und 14, die die Situation in der zweiten bzw. dritten Phase des Geldangebots darstellen, weisen die Kurven der Geldnachfrage bei geplanten Ausgaben in gleicher Höhe eine größere Zinselastizität auf, so daß sich statt der Kurven N_2 bzw. N'_2 die Kurven N_3 bzw. N'_3 ergeben. Die unbefriedigte Nachfrage, die sich in der dritten Phase unabhängig von der Zinselastizität einstellt, reduziert sich von $M'_2\ M_2$ ($^uN_1$) auf $M'_3\ M_3$.

Allerdings — so ist einschränkend anzuführen — erhöht sich bei Abbau der indirekten Kassenhaltung des Unternehmenssektors die currency ratio für die Geschäftsbanken, und damit sinkt — ceteris paribus — auch das Geldangebot, so daß der Nettoeffekt dieser Reak-

---

[23] Vgl. S. 95 ff.

[24] Durch die mit der Zinserhöhung verbundene Steigerung des Realwertes ertragsorientierter Anlagen könnte aufgrund des wealth-saving effect in den Haushalten auch eine Verringerung der ertragsorientierten Anlagen zugunsten der laufenden Transaktionen erfolgen. Es ergäbe sich eine Verringerung des Geldangebots *und* der Geldnachfrage. Dem erwächst aber eine Gegentendenz, da sich die Ertragsfähigkeit der Sparanlagen erhöht.

tionsmaßnahmen zur Reduzierung der unbefriedigten Nachfrage im Falle indirekter Kassenhaltung gering sein dürfte.

(b) Zum anderen ergibt sich ein Rückgang der liquiditätsorientierten Dispositionen im Haushaltssektor (*L*), der durch eine Rechtsdrehung der Geraden 0*b* (Abb. 5) gekennzeichnet ist und von der wachsenden Bereitschaft der Wirtschaftssubjekte, die im Zins gestiegenen (im Kurs gefallenen) Wertpapiere zu kaufen oder ihr Geld in Zeitdepositen anzulegen, hervorgerufen wird. Insoweit diese Dispositionen zulasten der direkten Kassenhaltung gehen, kommt es zu einem Zufluß von Bargeld (*W*) und einer Erhöhung der Operationsbasis *O* des Bankensektors mit der Folge, daß — ceteris paribus — eine Ausweitung des Geldangebots eintritt (Abb. 4).

Übertragen auf die Abbildungen 13 und 14 bedeuten diese Maßnahmen eine Verschiebung der Angebotskurve von *A* nach *A'*, wobei sich der Abstand der Kurven, der die Freigabe liquiditätsorientierter Anlagen mißt, mit steigendem Zinssatz vergrößert. Die unbefriedigte Nachfrage reduziert sich weiter, und zwar von $M'_3\,M_3$ auf $M_4\,M'_4$ ($^uN_2$).

Sofern die Umschichtung liquiditätsorientierter Anlagen in ertragsorientierte seitens der Haushalte eine Nettonachfrage nach Wertpapieren zur Folge hat, werden entweder die Unternehmen oder die Banken selbst als Verkäufer von Wertpapieren auftreten.

Die Unternehmer werden Wertpapiere emittieren, um die Finanzierungslücke, die zwischen geplanten Ausgaben und den durch Bankkredit realisierbaren Ausgaben entstanden ist, zu schließen, vorausgesetzt allerdings, diese Lücke ist nicht durch die Höhe des zu zahlenden Zinses, sondern durch eine Knappheit des Kreditangebots hervorgerufen worden.

Die Banken werden Wertpapiere entsprechend der Portfolio-Theorie verkaufen, um bei gleichbleibendem Risiko die höheren Erträge auszunutzen, indem sie der wachsenden, im Rahmen der gegebenen Operationsbasis nicht zu befriedigenden Kreditnachfrage begegnen. Wenn sich die Verteuerung der Kreditvergabe als Ausfluß aufsteigender Konjunktur deuten läßt, wird diese Reaktion u. U. durch eine Verringerung des Risikos für Bankkredite unterstützt. Des weiteren wird das Vorhandensein von L*-loans die Neigung zum Verkauf von Wertpapieren fördern.

— Allerdings entstehen retardierende Momente in Form von Reaktionen auf den gesunkenen Realwert des Portfolios und in Form der lock-in-effects.

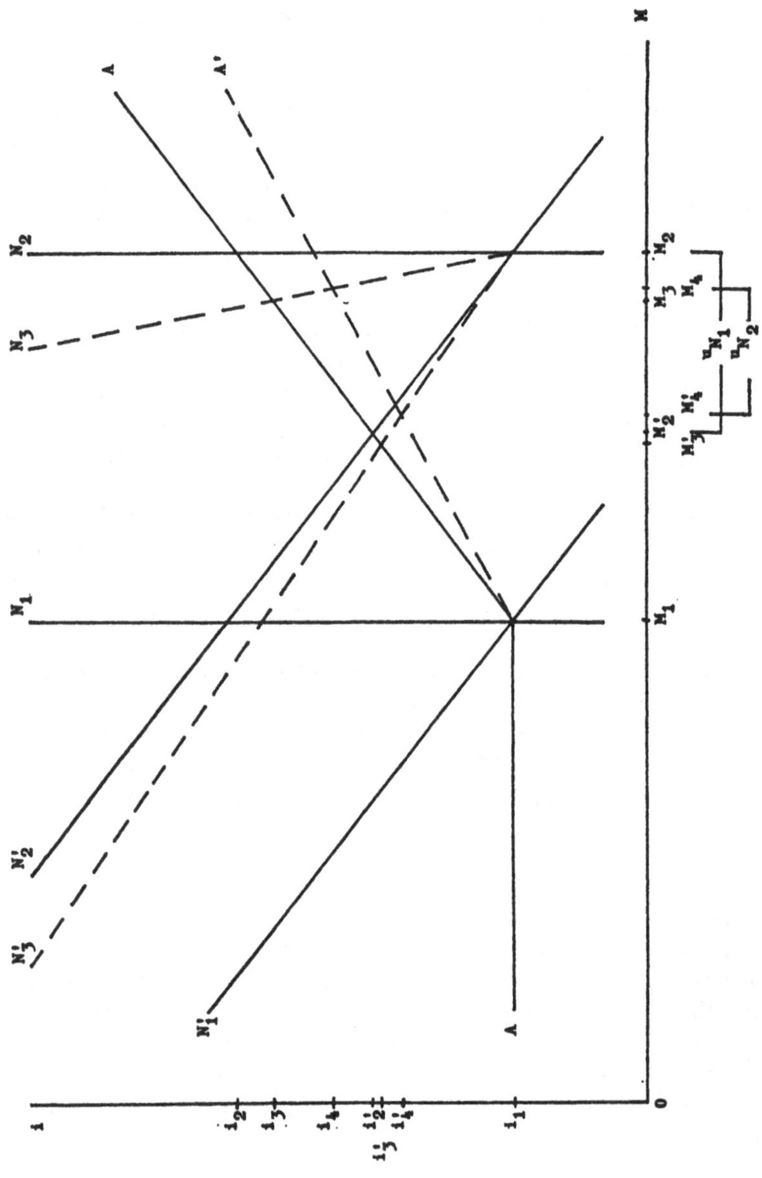

Abb. 13. Modifikationen von Geldnachfrage und Geldangebot in der zweiten Phase (*I*)

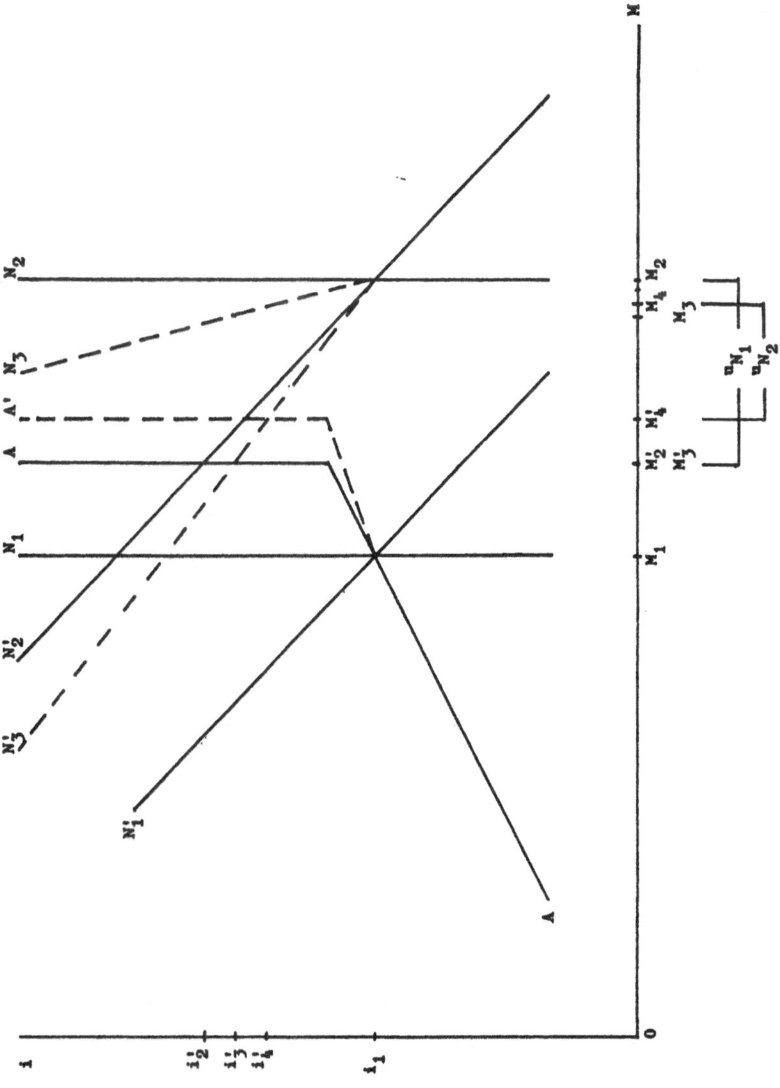

Abb. 14. Modifikationen von Geldnachfrage und Geldangebot in der dritten Phase (*I*)

Lutz weist demgegenüber aufgrund empirischer Untersuchungen für die USA und Großbritannien, die später von Timmermann für die BRD bestätigt worden sind, darauf hin, daß diese möglichen Reaktionen den Verkauf von Wertpapieren seitens der Banken in Zeiten der Kreditverknappung nicht haben verhindern können[25]. — Als weitere Einschränkung ist anzuführen, daß nicht jede Verringerung der liquiditätsorientierten Dispositionen der Haushalte zu einer Ausweitung des Geldangebots führen muß, sondern u. U. nur eine Umschichtung von den als indirekte Kasse gehaltenen Sichtguthaben zu längerfristiger ertragsorientierter Anlage auslösen kann. Zwar nimmt Lutz an, daß es sich hierbei in jedem Fall um die Aktivierung ungenutzter Depositen handle, deren Auflösung die Geldumlaufgeschwindigkeit und damit die Möglichkeit, zusätzlich gewünschte Ausgaben zu finanzieren, erhöhe[26]; dem ist jedoch entgegenzuhalten, daß die Kassenhaltung der Wirtschaft in Form von Sichtguthaben bei Banken von letzteren nicht ungenutzt bleibt, sondern mittels Revolving zu ertragsorientierten, vor allem aber zu liquiditätsorientierten Anlagen verwendet wird. Eine Verringerung dieser Sichtguthaben zum Kauf der Wertpapiere bedeutet damit zwar keine Verbreiterung der Operationsbasis (*O*) der Banken (Abb. 4), sondern allenfalls (durch Reduzierung der auf Spareinlagen im Vergleich zu Sichteinlagen zu haltenden Mindestreserven) eine Verringerung des notwendigen Liquiditätsverhältnisses (Linksdrehung der Geraden 0*a*). Damit trägt eine solche Maßnahme auch — allerdings in geringerem Umfang, als es aufgrund einer Erhöhung der Operationsbasis zu erwarten wäre — zur Verstärkung der Kreditgewährungsmöglichkeit seitens des Bankensektors bei[27].

(c) Eine Begrenzung der intensiveren Nutzung der in der Wirtschaft vorhandenen Geldmenge liegt in der Höhe des potentiellen Nettoangebots an Kasse, auf dem dieser Substitutionseffekt bei unzureichender Geldmenge beruht. Je weiter die Zinserhöhung fortgeschritten ist, desto schneller wird sich das potentielle Nettoangebot an Kasse erschöpfen, so daß eine weitere Unterstützung des Ausgleichs von Geld-

[25] „Tatsache ist, daß sowohl amerikanische als auch britische Banken in Zeiten der Anspannung in großem Umfang Wertpapiere bei abbröckelnden Märkten verkauft *haben*, um auf Kredite überzugehen." — *Friedrich A. Lutz*, Grenzen der Geldpolitik, a.a.O., S. 252. Vgl. auch *Vincenz Timmermann* (Wertpapierbestände und Rendite, Liquiditätsentwicklung und Kredite — Eine empirische Analyse über die Wirksamkeit des Roosa-Effektes in der BRD, Zeitschrift für die gesamte Staatswissenschaft, 124 [1968], S. 684 ff.), der für die BRD in der Zeit von 1953—1967 kein Wirken von lock-in-Effekten feststellt.

[26] Vgl. *Friedrich A. Lutz*, Grenzen der Geldpolitik, a.a.O., S. 252.

[27] Dabei ist zudem noch auf die gegenläufige Wirkung der steigenden currency ratio hinzuweisen.

angebot und Geldnachfrage von daher nicht mehr erwartet werden kann.

2. *Intensivere Nutzung von Geldsubstituten und Umschichtung innerhalb ertragsorientierter Anlagen*

(1) Eine zweite Möglichkeit, den Finanzierungsengpaß infolge Kreditrestriktion und -verteuerung zu beseitigen, bietet sich der Wirtschaft durch Aktivierung von Geldsubstituten.

Ohne auf die vielschichtigen Probleme des sog. ‚near money', die sich noch weitgehend im Stadium der theoretischen und empirischen Diskussion befinden[28], näher eingehen zu können, soll hier nur angedeutet werden, in welcher Weise das Vorhandensein von Geldsubstituten auf den Prozeß der Anpassung von Geldnachfrage und Geldangebot einwirken kann.

(a) Wird z. B. die Möglichkeit gegenseitiger Kreditgewährung innerhalb des Unternehmenssektors ins Auge gefaßt, so zeigt sich, daß durch eine Erhöhung der Lieferantenkredite, die sich die Unternehmungen gegenseitig einräumen, Geld frei wird für die vom Unternehmensbereich *insgesamt* geplanten Ausgaben. Damit verringert sich bei gegebenen geplanten Ausgaben und gegebenem Anteil der durch Einnahmen finanzierten Ausgaben die Nachfrage nach Geld: „Entscheidend ... ist, daß die Unternehmungen bis zu einem gewissen Punkt die nötigen Zahlungsmittel zur Finanzierung eines angestiegenen Handelsvolumens selbst beschaffen können, indem sie Geld schöpfen und/oder die Geldumlaufgeschwindigkeit erhöhen[29]." In den Abbildungen 13 und 14 steigt die Geldnachfrage trotz gleicher geplanter Ausgaben — ähnlich wie bei der Verringerung der liquiditätsorientierten Dispositionen im Unternehmenssektor — nur auf N_3 bzw. N'_3 statt auf N_2 bzw. N'_2. Die unbefriedigte Nachfrage reduziert sich von $M'_2\ M_2$ ($^u N_1$) auf $M'_3\ M_3$.

(b) Besitzt das zu aktivierende ‚near money' hingegen die Form von Einlagen bei den Geschäftsbanken (z. B. Termineinlagen), so erwächst der Minderung der Geldnachfrage in der Verringerung der Operationsbasis (und Erhöhung der obligatorischen Liquiditätsanlagen) ein Gegengewicht.

---

[28] Vgl. z. B. *John G. Gurley* and *Edward S. Shaw*, Money in a Theory of Finance, a.a.O., S. 191 ff. Vgl. auch die Erwähnung ‚autonomer Geldkreisläufe' bei *Günter Schmölders*, Geldpolitik, a.a.O., S. 93 f. *Claus Köhler* (Orientierungshilfen für die Kreditpolitik, a.a.O., S. 24) vermutet, daß „der Umfang des near-money so groß [ist], daß Nichtbanken jederzeit restriktive Einflüsse einer Zentralbank auf die Geldmenge durch Mobilisierung von near-money kompensieren können".

[29] *Friedrich A. Lutz*, Grenzen der Geldpolitik, a.a.O., S. 255.

(2) Der Vollständigkeit halber soll noch der Fall einer Umschichtung im Portfolio der ertragsorientierten Anlagen innerhalb der Haushalte erwähnt werden:

Steigen die Erträge der Wertpapieranlage stärker als die der Zeitdepositen — und ergeben sich auch für die Zukunft keine entgegengesetzten Erwartungen —, so wird es innerhalb des Portfolios zu einer Umschichtung zugunsten der Wertpapieranlage kommen[30]. Damit kommt es zwar nicht zu einer Verbreiterung der Operationsbasis über W, sondern allenfalls werden Mindestreserven im Bankensektor frei und somit die Möglichkeit für eine Ausweitung des Geldangebots im Rahmen einer gegebenen Operationsbasis geschaffen.

Übertragen auf die Abbildungen 13 und 14 bedeutet das — ähnlich wie bei einem Rückgang der liquiditätsorientierten Dispositionen im Haushaltssektor — eine Verschiebung der Angebotskurve von A auf A'. Die unbefriedigte Nachfrage reduziert sich weiter, und zwar von $M_3 M_3'$ auf $M_4 M_4'$ ($^u N_2$).

Umgekehrt ergibt sich eine Einschränkung des Geldangebots bei entgegengesetztem Ertragsgefälle, sofern vorausgesetzt werden kann, daß die lock-in-effects nicht zum Tragen kommen.

II. Reaktionen des Staatssektors

(1) Da der Staat eine relativ zinsunelastische Nachfrage aufweist, tauchen für ihn in der zweiten Phase des Geldangebots die für die Unternehmungen im Zusammenhang mit der Verteuerung der Bankkredite aufgeworfenen Probleme kaum auf; ein Rückgang der ursprünglich beabsichtigten Nachfrage des Staates nach Geld ist kaum zu erwarten. Erst in der dritten Phase des Geldangebots sind infolge der Restriktionen staatliche Reaktionen wahrscheinlich.

(2) Diese Reaktionen unterscheiden sich aber wesentlich von denen der Privatwirtschaft, die in erster Linie darauf angewiesen ist, durch Abbau der liquiditätsorientierten Anlagen die in der Wirtschaft vorhandene Geldmenge intensiver zu nutzen und in stärkerem Maße als bisher Geldsubstitute zu Zahlungszwecken heranzuziehen. Der Staat hingegen hat andere Möglichkeiten, der Knappheit an Bankkrediten zu begegnen. Er kann zunächst einmal — wie z. B. in der Bundesrepublik innerhalb gewisser institutioneller Grenzen[31] — direkt bei der Notenbank Kredit aufnehmen. Ist diese Quelle ausgeschöpft, kann er

[30] Hier wird davon abgesehen, daß die Ausnutzung eines Ertragsgefälles — gerade im Haushaltssektor — durch verschiedenartige Präferenzen verhindert werden kann.

[31] Vgl. § 20 des Gesetzes über die Deutsche Bundesbank, a.a.O., S. 121 ff.

darüber hinaus[32] die Steuern und damit den einnahmefinanzierten Anteil seiner Ausgaben erhöhen. Die Geldnachfrage ließe sich — von gegebenen geplanten Ausgaben ausgehend — reduzieren.

(3) Eine solche Maßnahme beeinträchtigt aber in dieser Situation die Durchführung der ursprünglich geplanten Ausgaben seitens des privaten Sektors und ist deshalb nur eine Maßnahme der Ausgabenumschichtung, nicht der Ausgabenerhöhung. Eine Reduzierung der privaten Ausgaben ist in dreifacher Weise denkbar und wahrscheinlich:

(a) Erstens kann die Steuererhöhung bei direkter Inzidenz oder mißlungener Überwälzung von Unternehmensteuern sowie bei Einschränkung der laufenden Ausgaben der Haushalte aufgrund direkter Inzidenz von Haushaltsteuern den einnahmefinanzierten Anteil der Ausgaben der Unternehmungen verringern, so daß die Nachfrage nach Geld ceteris paribus steigen muß. Unter den gegebenen Bedingungen (dritte Phase des Geldangebots) kann jedoch die erhöhte Nachfrage nicht befriedigt werden, so daß sich die gleiche Wirkung ergibt, wie wenn die Steuererhöhung die Neigung der Privatwirtschaft zur Aufrechterhaltung der Ausgaben beeinträchtigt hätte[33].

(b) Zweitens kann die Steuererhöhung bei direkter Inzidenz (einschl. mißlungener Überwälzung) von Unternehmensteuern zulasten der liquiditätsorientierten Dispositionen gehen. Dann wird zwar unmittelbar die Geldnachfrage nicht berührt; da aber in der dritten Phase des Geldangebots die volle Befriedigung der ursprünglich geplanten Nachfrage auch auf den Abbau von Liquidität angewiesen ist, kann es zu einer erzwungenen Reduktion der geplanten Ausgaben im Privatsektor kommen, entweder indem infolge einer Reduzierung der *direkten* Kassenhaltung die intensivere Nutzung der in der Wirtschaft vorhandenen Geldmenge eingeschränkt wird oder indem bei Verminderung der *indirekten* Kassenhaltung eine Verringerung des Geldangebots stattfindet.

Erfolgt eine Erhöhung der Steuern auf Haushaltseinkommen bzw. gelingt die Steuerüberwälzung von Unternehmensteuern und kommt

---

[32] Von der Möglichkeit der Kreditaufnahme im Ausland wird hier annahmegemäß abgesehen.

[33] Es entsteht eine andere Situation, wenn sich die Wirtschaft bei der Steuererhöhung in der zweiten oder gar ersten Phase des Geldangebots befindet. Vorausgesetzt, daß die Neigung, die Ausgabenhöhe aufrechtzuerhalten, nicht beeinträchtigt wird, ergibt sich für die Erfüllung der privaten Geldnachfrage in der ersten Phase des Geldangebots kein Problem. In der zweiten Phase hängt es bei steigendem Zinssatz zum einen von den Zinselastizitäten von Geldnachfrage und Geldangebot ab, ein wie großer Prozentsatz der Nachfrage vom Bankensektor nicht befriedigt wird, und zum anderen davon, inwieweit durch die Reaktionen der Privatwirtschaft eine Erfüllung der Restnachfrage gelingt.

es zu einer Reduktion der liquiditätsorientierten Anlagen, so wird bei einer Verringerung der direkten wie auch indirekten Kassenhaltung die Möglichkeit eingeschränkt, über einen Ankauf von Wertpapieren das Geldangebot zu erhöhen, wobei im letzteren Fall der Expansionseffekt nur aufgrund einer Einschränkung der Mindestreserven erfolgen könnte, dem als Gegenwirkung eine Erhöhung der currency ratio entgegensteht.

(c) Drittens schließlich kann die Steuererhöhung bei unmittelbarer Inzidenz von Haushaltsteuern und bei gelungener Überwälzung von Unternehmensteuern die Ersparnisse der Haushalte reduzieren und damit über eine Verringerung des Geldangebots ebenfalls die ursprünglich geplanten Ausgaben der Unternehmungen einschränken.

(4) Ob der Staat in der für ihn relevanten dritten Phase des Geldangebots die Steuern erhöht oder auf zusätzliche Nachfrage nach Geld aus Rücksichtnahme auf die Konjunkturlage verzichtet, ist eine weitgehend politische, wenn auch von ökonomischen Überlegungen mitbestimmte Entscheidung.

III. Zwischenergebnis

(1) Als weiteres Zwischenergebnis nach Einbeziehung der *Substitutionswirkungen* bei unzureichendem Geldangebot zeigt sich, daß die im bisherigen Verlauf skizzierten drei Phasen des Geldangebots im Prinzip, d. h. nach gewissen Verschiebungen in der Größenordnung aufgrund von Änderungen der Nachfrage- und Angebotselastizitäten in der zweiten Phase erhalten bleiben:

— In der ersten Phase erfolgt die Anpassung des Geldangebots an die Geldnachfrage ohne Zinserhöhungen;

— in der zweiten Phase wird das zur Befriedigung der Nachfrage notwendige Angebot nur unter Zinserhöhungen bereitgestellt, wobei die ursprünglich geplante Geldnachfrage je nach ihrer Zinselastizität zurückgeht oder gleich bleibt;

— in der dritten Phase schließlich gelingt es selbst unter Zinserhöhungen nicht, die Nachfrage nach Geld zu befriedigen.

(2) Die Einbeziehung der Substitutionswirkungen bringt lediglich eine Modifikation der Phasen zwei und drei, indem sie die bisherigen Aussagen für den Fall der Verteuerung und/oder Restriktion der Bankkredite abschwächt:

— Im Rahmen vorgegebener Ausgaben reduziert sich durch Auflösung liquiditätsorientierter Anlagen bei den Unternehmungen und durch vermehrte Benutzung von Geldsubstituten — sofern sie nicht die

Form von Einlagen im Bankensektor haben — die notwendige Nachfrage nach Geld, d. h. die Zinselastizität der Geldnachfrage steigt.

— Durch Aktivierung inaktiver Kassenbestände bei den Haushalten erhöht sich entweder über einen Anstieg der Operationsbasis oder über eine Verringerung der obligatorischen liquiditätsorientierten Anlagen (Mindestreserven) die Zinselastizität des Geldangebots.

— Bei einem auftretenden Ertragsgefälle zugunsten der Wertpapieranlage im Vergleich zur Anlage in Zeitdepositen wird die angebotsausweitende Wirkung durch eine Verringerung der Mindestreserven erhöht.

— Je nach den Reaktionen des Staates kommt es, insbesondere in der dritten Phase des Geldangebots, zu einer Verringerung der Geldnachfrage (Kreditaufnahme bei der Notenbank, Einschränkung der Geldnachfrage aus Rücksichtnahme auf die Konjunkturlage) oder zu einer, mittels Steuererhöhungen restriktiven Einwirkung auf Geldangebot und/oder Geldnachfrage seitens der Unternehmungen.

(3) Die Einbeziehung dieser Modifikationen bedeutet, daß sich — dargestellt in den Abbildungen 13 und 14 — das Ausmaß der unbefriedigten Nachfrage (${}^{u}N$) in der zweiten bzw. dritten Phase des Geldangebots von ${}^{u}N_1$ auf ${}^{u}N_2$ reduziert. Wie groß diese Reduktion ist und ob sie evtl. die gesamte unbefriedigte Nachfrage zum Verschwinden bringen kann, hängt neben der Zinselastizität des Geldangebots (zumindest in der zweiten Phase des Angebots) und der Geldnachfrage vom Ausmaß des Rückgangs der Geldnachfrage (Erhöhung der Zinselastizität der Nachfrage) und des Zuwachses des Geldangebots infolge der aufgezeigten modifizierenden Faktoren (Erhöhung der Zinselastizität des Angebots) ab.

(4) Auch hierbei handelt es sich wiederum nur um ein Zwischenergebnis, bei dem folgender Tatbestand bisher nicht beachtet worden ist: In allen Phasen des Geldangebots können Preiserhöhungen die Geldnachfrage begleiten, die ihrerseits ebenfalls modifizierend auf Geldnachfrage und -angebot einwirken.

Neuntes Kapitel

Preiserhöhungen und ihre Auswirkungen

Die folgenden Ausführungen dienen der materiellen Ausgestaltung des dritten formalen Kriteriums, nämlich der Preiserhöhungen. Nach Prüfung der Bedingungen für ihre Entstehung werden ihre Auswirkungen auf die Größen des inneren Kreislaufs untersucht. Hierbei stehen — da es um die Verzahnung der Gütertheorie mit geldtheoretischen Größen geht — nicht die direkten, sondern die indirekten Wirkungen, d. h. unter Einschaltung der Größen des äußeren Kreislaufs und deren Determinanten, im Vordergrund.

A. Entstehung von Preiserhöhungen

(1) Wie aus den Ableitungen von Geldnachfrage und Geldangebot hervorgeht, spielen Preisänderungen eine wichtige Rolle. Vor Erläuterung der Modifikationen, wie sie sich vor allem in der zweiten und dritten Phase des Geldangebots aus Preiserhöhungen via monetäre Größen für die Gütertheorie ergeben, soll zunächst eine allgemeine Darstellung der Bestimmungsfaktoren von Preiserhöhungen und ihrer Ausbreitung erfolgen.

Die Annahme des Rationalitätsprinzips — für die Unternehmungen gewöhnlich in einer Maximierung des Periodengewinns zum Ausdruck gebracht — hat den Eindruck entstehen lassen, als ob es sich bei der Erhöhung der Güterpreise um einen mechanischen Anpassungsprozeß handeln würde, der immer dann einsetzt, wenn das Angebot mit der Nachfrage zu den herrschenden Preisen nicht übereinstimmt. Diesen Eindruck vermittelt z. B. die Einkommenstheorie des Geldes, wenn sie unterstellt, daß sich das ‚Preisniveau der Verbrauchsgüter' aus einer Gegenüberstellung der für den Konsum wirksamen Geldmenge und der Konsumgüterproduktion ablesen lasse[1].

---

[1] Vgl. die Bestimmungsgleichung des Preisniveaus der Verbrauchsgüter bei *Albrecht Forstmann* (Geld und Kredit, Göttingen 1952, S. 200):

$$\pi_v = \frac{e}{G_v} \cdot \left(1 - \frac{s}{e}\right) \cdot \left(1 - \frac{\Delta G_{Lv}}{G_v}\right) - 1$$

wobei e die Einkommen, G_v die Konsumgüterproduktion, s/e die Sparquote und $\Delta G_{Lv}/G_v$ die relative Veränderung der Konsumgüterläger darstellen.

Auch die Inflationstheorie hat als rein monetäre Theorie lange Zeit diese Auffassung nahegelegt. So lautete noch 1959 die Definition der Inflation im Staatslexikon: „Eine Inflation liegt vor, wenn die Gesamtnachfrage nach Gütern und Leistungen (monetäre Gesamtnachfrage) während einer Periode größer ist als das reale, d. h. in Preisen der Vorperiode ausgedrückte Angebot von Gütern und Diensten, so daß es zu einer Erhöhung des allgemeinen Preisniveaus kommt[2]."

(2) Wenn man sich einmal von der Idealvorstellung der vollständigen Konkurrenz löst und von der realistischeren Vorstellung des Wettbewerbs zwischen polypolistischen oder oligopolistischen Preis- oder Mengenfixierern aufgrund einer konjekturalen Preis-Absatzfunktion ausgeht, sind auf diese Weise jedoch Preiserhöhungen nur unzureichend zu erklären. Ähnlich wie die Konsum- und Investitionsfunktion ist die *Preisgestaltungsfunktion* nicht über eine verabsolutierte Verhaltensnorm, sondern über divergierende, der konkreten Situation angepaßte Verhaltensweisen abzuleiten.

Dabei kann das Verhalten der Unternehmer an so unterschiedlichen Zielsetzungen orientiert sein wie Maximierung des Periodengewinns, Gewinnmaximierung bei Erzielung eines Mindestabsatzes, Umsatz- bzw. Absatzmaximierung bei Erzielung eines Mindestgewinns, Erzielung einer Mindestverzinsung des eingesetzten Kapitals, einer konstanten Profitrate, eines branchenüblichen, stetigen oder angemessenen Gewinns und schließlich Streben nach Sicherheit, Macht, Einfluß und Ansehen[3]. Es herrscht weitgehend Übereinstimmung darüber, daß eine bloße Orientierung an der kurzfristigen Gewinnmaximierung dem Verhalten der meisten Unternehmer nicht entspricht[4]. Von den Zielsetzungen der Unternehmer ist aber ihr Verhalten in bezug auf die Erhöhung von Preisen nicht unabhängig, wie im folgenden zu zeigen sein wird.

---

[2] *Klaus E. Rohde*, Inflation, Staatslexikon, Bd. 4, Freiburg 1959, Sp. 303.

[3] Vgl. *Jürgen Kromphardt*, Kosten- und Preisanpassungsverhalten der Unternehmer und Einkommensverteilung, Zeitschrift für die gesamte Staatswissenschaft, 124 (1968), S. 700 ff. und die dort zitierte Literatur.

[4] Vgl. *Alfred Stobbe*, Untersuchungen zur makroökonomischen Theorie der Einkommensverteilung, Tübingen 1962, S. 110 ff.

"... the most valid simple generalisation is that the aim of the entrepreneur is for the firm first to survive, and secondly to grow. To this end he must pursue profit, but he must avoid action which, though profitable in the present, will damage his future position and, since this is partly bound up with reputation, his course of conduct will be much influenced by the climate of opinion in which he operates." — *Joan Robinson*, Imperfect Competition Revisited, The Economic Journal, LXIII (1953), S. 582; vgl. hierzu auch *Jürgen Kromphardt* (Kosten- und Preisanpassungsverhalten der Unternehmer und Einkommensverteilung, a.a.O., S. 704 ff.), der die realistischen Verhaltensweisen der Unternehmer in friedliche und aggressive Strategien zur langfristigen Gewinnmaximierung einteilt.

(3) Wie immer eine Erhöhung des gesamtwirtschaftlichen Preisdurchschnitts hinsichtlich ihrer Verursachung und hinsichtlich ihres Ablaufs erklärt werden mag, ob ökonomisch aus Geldmengenvermehrung oder Verringerung der Kassenbestände, ob soziologisch als Ausfluß eines Kampfes um die Verteilung des Sozialprodukts zwischen gesellschaftlichen Gruppen, ob institutionell aus der Konstruktion der ökonomischen und gesellschaftlichen Rahmenordnung oder schließlich sozialpsychologisch als Folge einer Diskrepanz zwischen Geldwertbewußtsein von Gläubigern und Schuldnern, zwischen Liquiditätsvorliebe und Liquiditätsverzichtbereitschaft, immer läßt sie sich im Kern auf zwei Grundtypen zurückführen, die in vielen Inflationsdeutungen vermischt auftreten.

Diese Grundtypen von Preiserhöhungsprozessen sind die folgenden:

— Eine Diskrepanz zwischen monetärer Gesamtnachfrage und realem Gesamtangebot zum herrschenden Preisdurchschnitt — in der Regel von der Nachfrageseite ausgelöst (unabhängige Variable) — bedingt einen Anstieg des Preisdurchschnitts (abhängige Variable).

— Eine Erhöhung des Preisniveaus läßt — von der Anbieterseite verursacht (unabhängige Variable) — eine Diskrepanz zwischen realem Gesamtangebot zu erhöhtem Preisniveau und monetärer Gesamtnachfrage entstehen, die durch einen Anstieg der monetären Gesamtnachfrage und/oder einen Rückgang des realen Gesamtangebotes (abhängige Variable) beseitigt wird.

I. Durch eine (erwartete) Diskrepanz zwischen Güterangebot und -nachfrage induzierte Preiserhöhung (Strategie I)

(1) Dem ersten Grundtyp eines Prozesses allgemeiner Preiserhöhungen läßt sich sowohl die inländische Nachfragesoginflation (demand-pull-inflation)[5] als auch die quantitätstheoretische Erklärung der importierten Inflation[6] zuordnen. Beiden Theorien ist gemeinsam, daß sie auf einer — gemessen am realen (inländischen) Güterangebot zu herrschenden Preisen — überschüssigen monetären Nachfrage basieren, aus der erhöhte Preisforderungen bzw. -gebote resultieren können, sofern das reale Güterangebot nicht in gleicher Weise ausgedehnt wird wie die Gesamtnachfrage.

---

[5] Vgl. z. B. den Überblicksartikel von *M. Bronfenbrenner* and *F. D. Holzman*, A Survey of Inflation Theory, in: Surveys of Economic Theory, Vol. I, London, Melbourne, Toronto, New York 1965, S. 52 ff.

[6] Vgl. den Überblick über Theorien zur Erklärung einer importierten Inflation bei *Uwe Westphal*, Die importierte Inflation bei festem und flexiblem Wechselkurs, Tübingen 1968, S. 7 ff.

Bei der inländischen Nachfrageinflation resultiert die Überschußnachfrage aus einem Anstieg der Nachfragekomponenten Konsum, Investition und/oder Staatsausgaben und hat ein elastisches Geldangebot bzw. eine Erhöhung der Geldumlaufgeschwindigkeit zur Bedingung. Bei der importierten Inflation ergibt sich infolge eines in heimischer Währung eingetauschten Devisenüberschusses[7] — direkt oder indirekt (über ein erhöhtes und verbilligtes Geldangebot) — ein Nettoliquiditätszustrom vom Ausland, der eine Überschußnachfrage im Inland auslöst (Anpassungsinflation).

(2) Es kann *eine* der möglichen, im Einklang mit den aufgezeigten Zielsetzungen stehenden Verhaltensweisen sein, mit Änderungen der Preise auf eine eingetretene bzw. erwartete Diskrepanz von Gesamtangebot und Gesamtnachfrage zu reagieren[8], indem die Preise bei einem Nachfrageüberhang erhöht und bei einem Angebotsüberhang gesenkt werden[9].

(3) Eine mikroökonomische Betrachtungsweise soll diese Zusammenhänge verdeutlichen (Abb. 15): Ausgehend von einer Gleichgewichtssituation in einer Unternehmung, in der die Menge Q_0 zu einem Preis von P_0 abgesetzt wird, so daß bei gesamten Durchschnittskosten K_0[10] der Gewinn K_0ABP_0 beträgt, würde eine Erhöhung der Nachfrage auf

---

[7] Falls der Devisenüberschuß aus einem Exportüberschuß resultiert, trägt auch ein Nettogüterabfluß ins Ausland zur Höhe der inländischen gesamtwirtschaftlichen Überschußnachfrage bei.

[8] Ein solches Verhalten ergibt sich beispielsweise aus der Zielsetzung der Gewinnmaximierung (bei Erzielung eines Mindestabsatzes) oder der Erzielung eines branchenüblichen Gewinns bei entsprechendem Verhalten der Konkurrenten.

[9] Dabei ist es durchaus denkbar, daß eine positive Diskrepanz auf nur *einem Teil der Märkte* infolge einer Nachfrageumschichtung ausreicht, um eine allgemeine Inflation hervorzurufen. Dieser Fall tritt dann ein, wenn die Preise auf den Märkten, von denen sich die Nachfrage abwendet und eine negative Diskrepanz zwischen Angebot und Nachfrage auslöst, nicht sinken (demand shift inflation). — Vgl. *Charles L. Schultze*, Study Paper No. 1 in Joint Economic Committee, Recent Inflation in the United States, Washington 1959, S. 17 ff. In diesem Fall kommt es zu einer Erhöhung des Preisdurchschnitts in der Volkswirtschaft, ohne daß — auf die Gesamtwirtschaft bezogen — eine Nachfrage-Angebotslücke vorausgegangen wäre. Die Diskrepanz tritt durch die Preisentwicklung ein und kann — in dem Umfang, in dem Preiserhöhungen nicht zurückgenommen werden — wiederum nur durch Nachfrageerhöhung oder — bei konstant bleibender Nachfrage — durch einen Rückgang des Angebots beseitigt werden.

[10] Die Durchschnittskosten setzen sich aus den Lohnkosten ($l \cdot A$) und den Kapitalkosten ($q \cdot K$), dividiert durch die Produktionsmenge (x), zusammen:

$$u = \frac{l \cdot A + q \cdot K}{x},$$

wobei l den durchschnittlichen Lohnsatz, A den Arbeitseinsatz, q den durchschnittlichen Kapitalkostensatz, bestehend aus Abschreibungssatz und Zinssatz, und K den Kapitalbestand bedeuten.

N' bei kurzfristiger Angebotsstarrheit den Preis auf P_1 und den Gewinn auf K_0ACP_1 erhöhen.

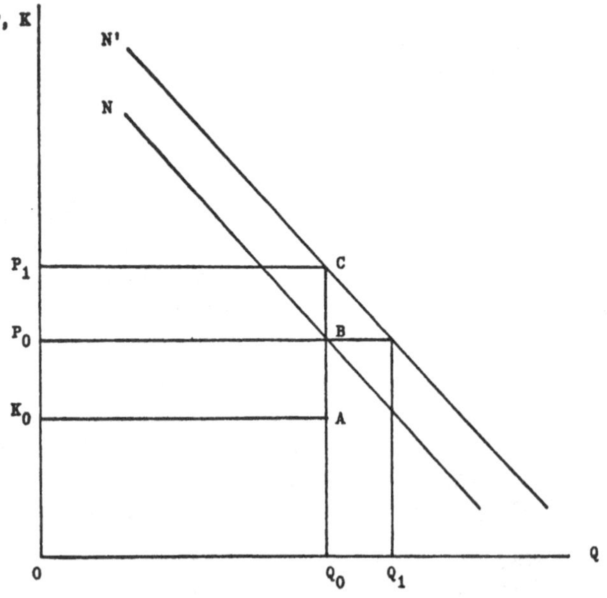

Abb. 15. Nachfrageinduzierte Preiserhöhung

(4) Dabei brauchen Preiserhöhungen durchaus nicht in angezeigtem Umfang zu erfolgen: An die Stelle oder an die Seite von Preiserhöhungen können Abbau der Lagerbestände sowie Ausdehnung des Produktionsvolumens — entweder sofort oder nach Einschaltung von Lieferfristen — treten. Die Tendenz zur Preiserhöhung wird um so schwächer sein, je höher die Wettbewerbsintensität ist, im einzelnen — bezogen auf die gesamte Volkswirtschaft —:

— je stärker die Möglichkeit einer Produktionsausdehnung (eines Lagerabbaus) mit wenig ‚aggressiven' Zielen in bezug auf die Gewinnentwicklung oder mit dem Ziel der Absatzmaximierung (und bei einer entsprechend vermuteten Elastizität der Nachfrage der Umsatzmaximierung) gekoppelt ist,

— je ausgeprägter die Erwartungen in bezug auf durch den Preisanstieg verursachte Kostenerhöhungen sind,

— je begründeter die Vermutung einer ablehnenden Reaktion der öffentlichen Meinung gegenüber Preiserhöhungen ist,

— je größer die Furcht vor dem Auftauchen neuer Konkurrenten ist,

— je eher zu vermuten ist, daß sich die Preiserhöhung aufgrund der zu erwartenden Nachfrageentwicklung langfristig nicht durchhalten läßt,

— je höher der zu erwartende Rückgang der Nachfrage eingeschätzt wird, wobei diese letzte Überlegung wesentlich mitbestimmt wird von der Erwartung, ob und in welchem Ausmaß die Konkurrenten die Preise ebenfalls erhöhen (Intensität des Wettbewerbs). Wenn zu erwarten ist, daß die Konkurrenten nicht sofort mitziehen, muß befürchtet werden, daß diese ihren Marktanteil auf Kosten der preiserhöhenden Produzenten ausdehnen werden.

(5) "Some or all of these considerations may not be valid under certain conditions. Empirical data are not available about the frequency with which the different possible decisions have actually been made. All we can conclude is that businessmen will frequently react to the expectation of larger demand by increasing output and keeping prices unchanged[11]." Die Reaktionen auf eine positive (erwartete) Diskrepanz zwischen Nachfrage und Angebot führen also je nach der Dominanz der einen oder anderen der oben skizzierten Überlegungen beim Einzelunternehmen[12] zu Ergebnissen zwischen den Extremen Q_0—Q_1 (bei

[11] *George Katona*, Psychological Analysis of Economic Behavior, a.a.O., S. 223 f.

[12] Aufgrund bestimmter Zielsetzungen (z. B. Mindestverzinsung des eingesetzten Kapitals, Erhaltung eines angemessenen Gewinns) werden auch Verhaltensreaktionen der Unternehmer für möglich gehalten, durch die bei auftretenden Diskrepanzen zwischen Angebot und Nachfrage — zumindest bei rückläufiger Nachfrage — entgegengesetzte Preisänderungen erfolgen (vgl. die Untersuchungen von *A. D. H. Kaplan, Joel B. Dirlam, R. F. Lanzillotti*, Pricing in Big Business, A Case Approach [The Brookings Institution], Washington 1958, zitiert nach: *Peter Bohley*, Preistheorie und „Administered Price-Behaviour", Konjunkturpolitik 10 [1964], S. 237). Der Grund läge darin, daß erstens die ‚angemessene Verzinsung oder der angemessene Gewinn' durch den Verkauf einer geringeren Menge erzielt werden müsse, was nur mit einer Erhöhung des Stückgewinns erreicht werden könne, und daß zweitens unter Umständen die Stückkosten mit rückläufiger Produktion steigen würden.

Es läßt sich zeigen, daß diese Strategie, die ohne Mühe mit dem viel zitierten anomalen Verhalten landwirtschaftlicher Anbieter in Verbindung zu bringen ist, anderen möglichen Strategien zur Erreichung des angestrebten Ziels unterlegen ist. Aufgrund der Nachfragesituation ist eine völlige Erfüllung der Zielvorstellung undenkbar. Soll sie — wie oben dargestellt — erzwungen werden, kommt es gegenüber möglichen anderen Strategien zu einem zusätzlichen Produktionsrückgang, ohne daß man dadurch dem angestrebten Ziel der ‚angemessenen Verzinsung oder des angemessenen Gewinns' näher kommen könnte. Eine solche Strategie scheidet deshalb als eine dauerhafte realistische Verhaltensweise aus, da ihre Erfolglosigkeit auf der Hand liegt. Wie eine erfolgreiche Investition, so ist auch eine erfolgreiche Preisgestaltung immer im Zusammenhang mit der Nachfrageentwicklung zu sehen. Bei einer Nachfrageerhöhung hingegen wäre ein solches Verhalten möglich, wenn auch nicht sehr wahrscheinlich.

Konstanz von P) und P_0—P_1 (bei Konstanz von Q) und in der Gesamtwirtschaft zu entsprechenden Ergebnissen bezüglich des Preisniveaus.

II. Eine Diskrepanz zwischen Güterangebot und -nachfrage induzierende Preiserhöhung (Strategie II)

(1) Unter dem zweiten Grundtyp eines Prozesses allgemeiner Preiserhöhungen ist in erster Linie die Theorie der Anbieterdruckinflation (cost-push-, administered-price- bzw. mark-up-inflation)[13] aufzuführen.

Diese Theorie erklärt Preisniveauerhöhungen, ohne daß sie die Entstehung einer *gesamtwirtschaftlichen* Überschußnachfrage voraussetzt.

Die durch erhöhte Preisforderungen aufgrund von Kosten- und Gewinnerhöhungen gekennzeichnete Anbieterinflation löst durch den Anstieg des monetären, nicht des realen Gesamtangebots bei gleichbleibender monetärer Gesamtnachfrage eine Diskrepanz zwischen diesen Größen aus. Dabei ist darauf hinzuweisen, daß die Anbieterinflation auch von gestiegenen Importpreisen, die die Kosten in den importabhängigen Industrien erhöhen, ausgelöst sein kann[14]. Eine solche Inflation bewirkt — wenn sie nicht von Nachfragesteigerungen im gleichen Umfang begleitet ist — eine mengenmäßige Angebotseinschränkung (unfreiwillige Lagerinvestitionen) und schließlich einen Rückgang der Beschäftigung.

(2) Diese zweite mögliche und in der Realität zu beobachtende Verhaltensweise der Unternehmer in bezug auf die Preisgestaltung ist in Analogie zur *nachfrageinduzierenden Investition* zu sehen. Hier wie dort ist es nicht eine Diskrepanz zwischen Angebot und Nachfrage, die eine Preis- bzw. Investitionsänderung auslöst, sondern es sind andere Ursachen, die den Schluß zulassen, die Nachfrageentwicklung würde die Aktionen honorieren.

(a) Bei den Entschlüssen, eine Investition dieses Typs durchzuführen, sind die wichtigsten Determinanten erstens die Erwartung, die Investi-

[13] Vgl. wiederum den Überblicksartikel von *M. Bronfenbrenner* and *F. D. Holzman*, A Survey of Inflation Theory, a.a.O., S. 64 ff.

[14] Vgl. die Inflationsuntersuchungen für Großbritannien im Anschluß an den Koreaboom. Ein Literaturüberblick findet sich bei *Uwe Westphal*, Die importierte Inflation bei festem und flexiblem Wechselkurs, a.a.O.

Diese Erklärung der importierten Inflation kann jedoch — wenn man das von Stützel (*W. Stützel*, Ist die schleichende Inflation durch monetäre Maßnahmen zu beeinflussen?, Beihefte zur Konjunkturpolitik, 7 [1960], S. 10 ff.) vorgetragene Konzept des direkten internationalen Preiszusammenhangs in Betracht zieht — lediglich als Teilaspekt einer Erklärung des Imports von Preiserhöhungen angesehen werden, der als Gesamtphänomen auf der *‚preisnivellierenden Kraft des Marktes‘* (ebenda, S. 29) beruht. Preiserhöhungen am Weltmarkt durchdringen die betrachtete Volkswirtschaft *horizontal* und ***vertikal***.

tion werde begleitet sein von Investitionen anderer Unternehmer und sich deshalb die erforderliche Nachfrage selbst schaffen, und/oder zweitens die Erwartung, das Angebot werde durch die Ausnutzung des technischen und organisatorischen Fortschritts so attraktiv gestaltet werden, daß es auf zusätzliche Nachfrage trifft.

(b) Bei den Entschlüssen zu Preiserhöhungen können demgegenüber folgende Bestimmungsgründe von Relevanz sein: Preiserhöhungen können (und werden auch) — obwohl keine Diskrepanz zwischen Angebot und Nachfrage vorliegt — mit Erfolg durchgeführt werden, wenn die gesamten Durchschnittskosten gestiegen sind. „Für die laufende Preiskalkulation bieten ... subjektive Einschätzungen eine recht unsichere Grundlage. Dies bewirkt, daß die Unternehmer — auf der Suche nach einer objektiv feststellbaren Richtgröße — dazu neigen, die Preise an den Produktionskosten auszurichten[15].“ Zudem bieten steigende Kosten einen Rechtfertigungsgrund für Preiserhöhungen[16].

(3) Abbildung 16 beschreibt — wiederum in einer mikroökonomischen Betrachtungsweise — ein solches unternehmerisches Verhalten: Es wird unterstellt, daß im Ausgangsgleichgewicht eine Unternehmung Q_0 zu einem Preise von P_0 absetzt und einen Gewinn von K_0ABP_0 erzielt. Steigen die Kosten von K_0 auf K_1, so ist es eine mögliche unternehmerische Reaktion, die Preise zu erhöhen, wobei das Ausmaß der Preiserhöhung von der verfolgten Zielsetzung abhängt. Wird z. B. unterstellt, daß es dem Unternehmer um die Aufrechterhaltung eines als angemessen betrachteten Gewinns geht, muß der Preis auf P_1 steigen; die Gewinnhöhe bleibt gleich ($K_0ABP_0 = K_1CDP_1$)[17].

(4) Wie Abbildung 16 zeigt, liegt D außerhalb der realisierbaren Preis-Mengen-Kombination, und es hat den Anschein, als ob gegen eine solche Verhaltensweise die gleichen Bedenken der Erfolglosigkeit geltend gemacht werden müßten wie gegen die Variante der angemessenen Kapitalverzinsung oder des angemessenen Gewinns bei Nachfragerückgang[18].

Diese Analogie ist jedoch vordergründig. Während beim Nachfragerückgang eine Preiserhöhung gegenüber einer Preissenkung oder konstanten Preisen die schlechtere Strategie darstellt, um das angestrebte Ziel zu erreichen — es erfolgt ein zusätzlicher Produktions-

---

[15] *Jürgen Kromphardt*, Kosten- und Preisanpassungsverhalten der Unternehmer und Einkommensverteilung, a.a.O., S. 706.

[16] "Cost increases, and especially widely publicized wage increases, are considered the best justification for price increases." — *George Katona*, Psychological Analysis of Economic Behavior, a.a.O., S. 229.

[17] Ließe sich die Zielsetzung mit Aufrechterhaltung einer konstanten Profitquote umschreiben, würde die Preiserhöhung entsprechend größer sein.

[18] Vgl. Fußnote 12, S. 167.

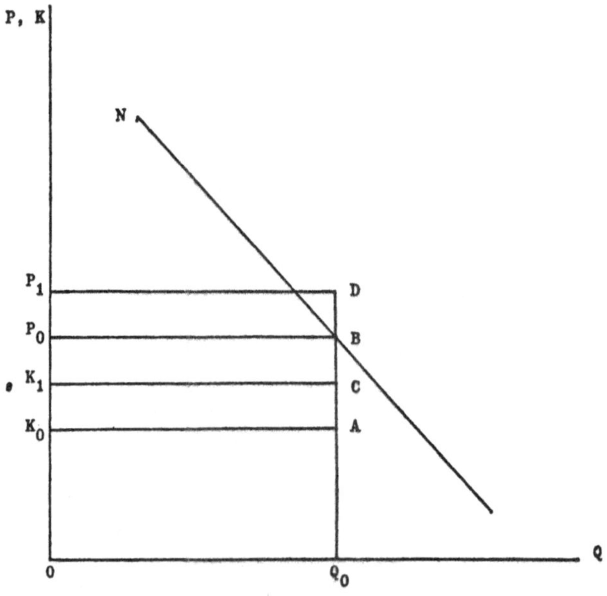

Abb. 16. Nachfrageinduzierende Preiserhöhung

rückgang ohne Gewinnzuwachs —, sind Preiserhöhungen aufgrund allgemeiner Kostenerhöhungen anders zu beurteilen: Sieht man von einer Gewinneinschränkung als denkbarer Reaktion ab, so bietet sich u. a. die Möglichkeit, den Gewinn durch Herbeiführung einer Diskrepanz zwischen Angebot und Nachfrage aufrechtzuerhalten. Eine solche Strategie läßt sich bei folgendem Verhalten realisieren: Bleibt das Angebot konstant und werden die Kostenerhöhungen nicht aus dem Gewinn finanziert, so ergibt sich aus diesem Verhalten über eine Erhöhung der Nachfrage die notwendige Diskrepanz für die erfolgreiche Durchsetzung von Preiserhöhungen (Kostenüberwälzung). Der Erfolg einer solchen Strategie hängt allerdings von dem Gleichverhalten aller Unternehmer ab (konzertierte Fortwälzungsversuche[19]) und wird nur bei einer *allgemeinen* Kostenerhöhung unterstellt werden können. Punkt *D* rückt durch eine Verschiebung der Nachfrage nach rechts in den realisierbaren Bereich der Preis-Absatz-Funktion.

---

[19] Vgl. *Herbert Giersch*, Probleme stabilisierungskonformer Lohnpolitik, Kyklos, XX (1967), S. 157 ff.
Zu den weiteren Bedingungen für eine erfolgreiche Überwälzung von Kosten, dargestellt am Beispiel von Steuern, vgl. *Horst Claus Recktenwald*, Steuerinzidenzlehre, Berlin 1958, insbes. S. 69 ff.

(5) In einem solchen Fall kann als erste Annäherung davon ausgegangen werden, daß sich die Preise mit den Kosten proportional entwickeln, wobei der Proportionalitätsfaktor einen konstanten Aufschlagsatz, ähnlich wie beim Vollkostenprinzip[20], enthalten könnte[21]. Weitere empirische Untersuchungen haben jedoch die Annahme des konstanten Aufschlagsatzes wesentlich modifiziert: "It is likewise a general rule that different profits are earned on different groups of goods in such a way that the most price-inelastic demand is exploited the most[22]."

(6) Andererseits ist auch — ähnlich wie bei einer bereits vorliegenden Diskrepanz zwischen Angebot und Nachfrage — denkbar, daß es selbst aufgrund allgemeiner Kostenerhöhungen nicht zu einem Preisanstieg kommt. Es kann auch — insbesondere bei vorhandenen Kapazitätsreserven — versucht werden, die durch Reduzierung des Stückgewinns gefährdete Schmälerung des Gesamtgewinns durch Mengenausweitung zu kompensieren. Insgesamt gesehen können sich aufgrund der allgemeinen Kostenerhöhung für die Einzelunternehmung wiederum Ergebnisse zwischen den Extremen Mengenzuwachs (bei Konstanz von *P*) und Preisanstieg (bei Konstanz oder auch bei einem Rückgang[23] von *Q*) und für die Gesamtwirtschaft entsprechende Ergebnisse bezüglich des Preis*niveaus* einstellen.

(7) Welche dieser Verhaltensweisen der Unternehmer sich gesamtwirtschaftlich durchsetzen, hängt — wie bereits dargelegt worden ist — von den unterschiedlichen Zielsetzungen der Unternehmer, von der Möglichkeit der Produktionsausdehnung (des Lagerabbaus) und von den durchschnittlichen Erwartungen hinsichtlich der Reaktionen von Nachfragern und Konkurrenten etc. ab. "... raising prices is not necessarily the preferred reaction to higher costs because of the risks

---

[20] Vgl. das Ergebnis einer Unternehmensbefragung von *R. Hall* und *C. Hitsch* (Price Theory and Business Behaviour, Oxford Economic Papers, 2 [1939], S. 12 ff., wiederabgedruckt in: Oxford Studies in the Price Mechanism, ed. by T. Wilson and P. Andrews, Oxford 1951).

[21] Eine Variante findet sich bei *Sidney Weintraub* (A Keynesian Model of the Price Level and the Constant Wage Share, Kyklos, XV [1962], S. 714 ff.), der als realistische Basis für die Preiskalkulation nicht die Vollkosten, sondern die Lohnkosten ansieht. — Vgl. auch *George Katona*, Psychological Analysis of Business Behavior, a.a.O., S. 231: "Most frequently the so called variable costs alone are considered as costs, namely raw materials and labor, while the margin is supposed to cover fixed costs ..., sales costs, and profits."

[22] *B. Fog*, Industrial Pricing Policies. An Analysis of Pricing Policies of Danish Manufacturers, Amsterdam 1960, S. 104. — Vgl. auch *Jürgen Kromphardt*, Kosten- und Preisanpassungsverhalten der Unternehmer und Einkommensverteilung, a.a.O., S. 709 und die dort zitierten Untersuchungen von Saxton und von Hague.

[23] Vgl. *William Fellner*, Amerikanische Erfahrungen mit der Lohninflation in den fünfziger Jahren, Tübingen 1962, S. 7 ff.

and uncertainties often associated with price increases. Case studies have shown many instances in which businessmen have tried to increase their sales in order to counteract higher costs[24, 25]."

III. Gemischte Strategien und zeitliche Verzögerungen

(1) Die beiden großen Gruppen von Preiserhöhungen, die in den Abschnitten I und II als *diskrepanzinduzierte* und *diskrepanzinduzierende* Preissteigerungen charakterisiert wurden, bilden — auf die Gesamtwirtschaft bezogen — den Ansatzpunkt für zwei unterschiedliche Inflationstypen, die *Nachfrageinflation* und die *Angebotsinflation*.

Beide Typen lassen sich allerdings nur näherungsweise so charakterisieren, als ob es sich im einen Fall um eine Verhaltensweise der Gewinnmaximierung und im anderen Fall um ‚einen Verstoß gegen die Hypothese der Gewinnmaximierung' handle[26]. Während im ersten Fall die Zielsetzung der Gewinnmaximierung im Vordergrund stehen kann, wobei diese Zielsetzung in der Regel in ihrem Gewicht durch langfristige Überlegungen gemildert wird, erfolgt die kostendeterminierte Preisbildung zwar ohne Rücksicht auf die *bestehende* Knappheitssituation, nicht jedoch ohne Rücksicht auf die Knappheitssituation überhaupt; die Entscheidung, Preiserhöhungen durchzuführen, ist als Strategie ohne eine bereits *vorhandene* Knappheitssituation nur sinnvoll in Verbindung mit der Erwartung einer durch die Entscheidung *entstehenden* Knappheitssituation. Preiserhöhungen sind in einer solchen Situation nur erfolgreich und damit in der Praxis zu erwarten, wenn sie den gehegten Zielvorstellungen besser als irgendeine andere Strategie entsprechen, und diese Zielvorstellung kann auch eine (um langfristige Überlegungen modifizierte) Gewinnmaximierung sein, wie bei Preiserhöhungen aufgrund konzertierter Überwälzungsversuche, wobei der Unterschied zur ersten Strategie darin besteht, daß sich im zweiten Fall die Zielsetzung an einer erwarteten und nicht an einer bereits eingetretenen Entwicklung der Nachfrage orientiert.

Die Tatsache, daß bei *einer* Zielvorstellung sowohl diskrepanzinduzierende als auch diskrepanzinduzierte Preiserhöhungen auftreten können,

---

[24] *George Katona*, Psychological Analysis of Economic Behavior, a.a.O., S. 229.

[25] Der Vollständigkeit halber sei erwähnt, daß Preiserhöhungen ebenfalls mit Erfolg durchgeführt werden, selbst wenn keine Diskrepanz zwischen Angebot und Nachfrage besteht, sobald sich der Monopolisierungsgrad für eine Unternehmung erhöht.

[26] Vgl. *Rudolf Schilcher*, Inflation und Wirtschaftswachstum, in: Wirtschaftswachstum, Beiträge zur ökonomischen Theorie und Politik, hrsg. von R. Schilcher, Berlin 1964, S. 81.

führt dazu, daß nicht nur in verschiedenen Sektoren oder innerhalb eines Sektors zwischen Unternehmungen, sondern auch innerhalb einer Unternehmung *ohne Wechsel in der Zielsetzung* beide Typen von Preisänderungen möglich sind.

(2) Ergänzend ist hinzuzufügen, daß beide Typen aufgrund bestimmter Kalkulationsmethoden mit mehr oder weniger größerem zeitlichem Abstand nach Auftreten der determinierenden Faktoren wirksam werden können.

(a) Zum einen bringt beispielsweise die Kalkulation mit Standardkosten, sofern sie auf dem Durchschnitt einer bestimmten erwarteten zeitlichen Entwicklung der Kosten und einem festen Gewinnaufschlag basiert, feste Preise für eine bestimmte Periode hervor (administered prices)[27], die von Änderungen der Kosten (und des Monopolisierungsgrads) so lange nicht beeinflußt werden, wie sich diese Bestimmungsfaktoren in vorher fixierten Grenzen halten[28].

Diese Modifikation verdeutlicht — wiederum in mikroökonomischer Betrachtungsweise — Abbildung 17: Wird unterstellt, daß die Menge Q_0 im Augenblick mit Kosten von K_{t0} produziert werden kann, daß aber eine Erhöhung der Kosten im Zeitablauf erwartet wird, so werden K_{s0} als Standardkosten angesetzt und mit einem festen Aufschlag (mark-up) versehen, so daß der Preis P_0 gefordert wird. Ist dieser Preis realisierbar, wird er so lange beibehalten, bis K_t auf K_s angestiegen ist. Kostenerhöhungen im Bereich K_{t0}—K_{s0} lösen keine Preisänderungen aus[29]. Dieses Beispiel einer möglichen, zeitlich verzögerten Strategie läßt sich beliebig variieren: So können Preiserhöhungen beispielsweise erst dann eintreten, wenn die tatsächlichen Kosten (K_{t1}) die Standardkosten (K_{s0}) um einen bestimmten Prozentsatz übersteigen.

(b) Zum anderen kann sich die zeitliche Verzögerung der Preisanpassung auch bei bestehender Diskrepanz zwischen Angebot und Nachfrage bemerkbar machen, sofern erst Diskrepanzen von einer bestimmten Größenordnung und/oder einer bestimmten Dauer zu einem preisverändernden Verhalten führen.

(3) Welche Strategie auch in der Realität in jedem speziellen Fall vorherrscht, verallgemeinernd läßt sich feststellen, daß als Ergebnis Preisänderungen entweder durch eine Diskrepanz zwischen Angebot

---

[27] "'Administered prices' ... are set by individual companies and kept constant for periods of time." — *Gardiner C. Means*, Pricing Power and the Public Interest, New York 1962, S. 11.

[28] Die Wirkung auf die Fixierung von Preisen wird noch erhöht, wenn die Hersteller ihre Preiskontrolle über die Preisbindung der zweiten Hand ausdehnen.

[29] Ähnlich würde eine Änderung des Monopolgrades erst von einer bestimmten Größenordnung an Preiserhöhungen bewirken.

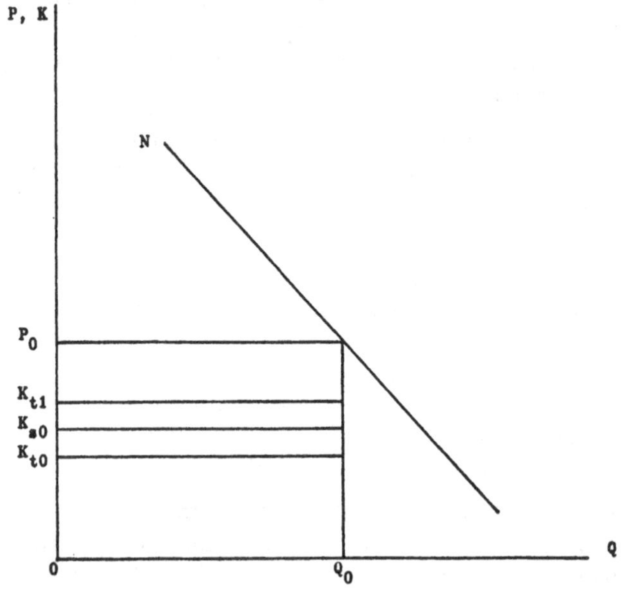

Abb. 17. Zeitliche Verzögerungen bei Preisreaktionen

und Nachfrage induziert werden, oder daß diese aufgrund von Änderungen der Kosten (und/oder des Monopolgrads) solche Diskrepanzen induzieren — und zwar mit oder ohne time lag, mit oder ohne umfangmäßig über- oder unterproportionalen Raten im Verhältnis zur Änderung der Determinanten. Dabei ist bedeutsam, daß beide Strategien ohne Änderung der Zielsetzung angewandt werden können.

B. Wirkungen von Preiserhöhungen mittels einer Beeinflussung von Geldangebot und Geldnachfrage

Ist der Prozeß der Abstimmung von Geldangebot und -nachfrage von Preiserhöhungen, deren Entstehung in allgemeinen Zügen beschrieben worden ist, begleitet, so ergeben sich einige Modifikationen für die Ergebnisse, die bisher ohne Berücksichtigung von Preiserhöhungen erzielt worden sind[30].

[30] Es wird bei diesem Versuch, die Geldtheorie in Gütertheorien einzubeziehen, darauf verzichtet, modifizierende Auswirkungen von Änderungen der Produkt- und Faktorpreise auf die Variablen reiner Gütertheorien (wie z. B. die Investitionsneigung) und damit auf die Nachfrage nach Geld zu betrachten.

I. Veränderte Einwirkung der Notenbank auf das Geldangebot

(1) Bisher ist unterstellt worden, daß sich die Nachfrage nach Geld entfaltet hat, ohne daß die Notenbank bei der Gestaltung des Geldangebots aktiv geworden wäre, gleichgültig, welche der drei Phasen des Geldangebots vorlag. Diese Annahme ist unrealistisch. Entsprechend ihrer Zielsetzung der kontinuierlichen, stabilitätspolitisch ausgerichteten Liquiditätsversorgung der Wirtschaft wird die Notenbank immer dann kontraktiv auf das Geldangebot einwirken, wenn sie die Liquiditätsversorgung für exzessiv hält, wofür in grober Annäherung Preiserhöhungen als Indikator gelten können[31].

Für die Maßnahmen der Notenbank zur Reduzierung des Geldangebots ergibt sich ein zusätzliches Motiv, wenn ein Devisenabfluß stattfindet und dadurch der Vorrat an Währungsreserven nicht mehr ausreicht, um Importe für eine bestimmte Zeit finanzieren zu können. Durch eine kontraktive Notenbankpolitik soll neben Währungsstabilität eine Erhöhung der Exporte und Verringerung der Importe angestrebt werden, um die Diskrepanz zwischen der tatsächlichen und gewünschten Relation ‚Währungsreserven/Importe' zu beseitigen[32].

Ergibt sich hingegen ein Devisenzufluß, dann gerät die Notenbankpolitik in das Dilemma, entweder ihre kontraktive Politik zu verstärken, um den inländischen Preisanstieg zu bremsen, wobei dann allerdings die Reduktion der Geldnachfrage und Erhöhung des Geldangebots aus außenwirtschaftlichen Quellen weitergeht, oder aber das ursprüngliche Ziel der Bekämpfung des Preisanstiegs preiszugeben und mit einer Erhöhung des Geldangebots über einen expansiven Ein-

---

[31] Es ist darauf hinzuweisen, daß Preiserhöhungen als Indikator für eine konjunkturelle Entwicklung aufgrund unterschiedlicher Inflationstypen nicht unproblematisch sind. Abgesehen von den zahlreichen Problemen, die mit der Messung und Auswahl eines bestimmten Preisindex verbunden sind, verweist er eine Antiinflationspolitik auf *ex-post-Eingriffe*, auf ein Tätigwerden, nachdem das angestrebte Ziel der Preisniveaustabilität bereits verletzt ist. Darüber hinaus schließt er Erscheinungsformen aus, die gleiche oder ähnliche Folgewirkungen mit sich bringen wie die Erhöhung eines gesamtwirtschaftlichen Preisdurchschnitts, und zwar — neben der zurückgestauten Inflation — die *Nicht-Neutralität des Geldes* (vgl. z. B. *J. G. Koopmans*, Zum Problem des „neutralen" Geldes, a.a.O., S. 211 ff.) und die *Nicht-Konstanz des sozialpsychologisch erklärten Geldwertes* (vgl. *G. Schmölders*, Geldpolitik, a.a.O., S. 47 ff.). In beiden Fällen werden — trotz eines gesamtwirtschaftlich unveränderten Preisdurchschnitts — solche Konsequenzen für die ökonomischen Variablen, wie Beschäftigung, Wachstum, Einkommensverteilung etc. für möglich gehalten, wie sie als Folge einer Inflation im oben definierten Sinne erwartet werden.

So plausibel diese Einwände auch sein mögen, so sind in der Tagespolitik kaum andere Leitgrößen für Zeitpunkt und Umfang geld- und finanzpolitischer Aktivität zur Inflationsbekämpfung erkennbar als die Entwicklung eines Preisdurchschnitts.

[32] *E. S. Kirschen, J. Benard, H. Besters* u. a., International vergleichende Wirtschaftspolitik, Quaestiones Oeconomicae, Bd. 3, Berlin 1967, S. 12 f.

satz des notenbankpolitischen Instrumentariums die außenwirtschaftlichen Faktoren zu neutralisieren.

Ob und in welcher Weise die Notenbank auf das Geldangebot einwirkt, ist eine politische Entscheidung[33].

(2) Die Notenbank macht ihre kontraktive Einflußnahme in der bereits beschriebenen Weise durch Einengung des Refinanzierungsspielraums und Erschwerung seiner Ausnutzung sowie durch Anhebung des Liquiditätskoeffizienten einerseits und durch Offenmarktverkäufe gegenüber den Nichtbanken andererseits geltend[34]. Dabei verschiebt sich ceteris paribus die Angebotskurve bei restriktiver Einwirkung nach unten (vgl. Abb. 10).

(3) Es ist davor zu warnen, die Beschreibung dieses Zusammenhangs als Erfolg zentralbankpolitischer Maßnahmen zur Manipulierung des Geldangebots anzusehen. Ein solcher Erfolg stellt sich nur unter Gültigkeit der ceteris paribus-Bedingung ein, d. h. er setzt voraus, daß die Maßnahmen der Zentralbank nicht durch Gegenmaßnahmen der Geschäftsbanken konterkariert werden. Eine restriktive Politik bedeutet für die Geschäftsbanken eine Einschränkung ihrer Gewinnmöglichkeiten. Sie werden sich diesen Maßnahmen durch eine Reduzierung des Liquiditätskoeffizienten und durch eine stärkere Ausnutzung des Refinanzierungsspielraums zu widersetzen versuchen. Die Neigung dazu besteht aufgrund des Anstiegs der Opportunitätskosten der Liquiditätsanlagen (einschließlich der Verringerung der Anlagerisiken) und eines unausgenutzten Refinanzierungsspielraums, vielleicht auch aufgrund von Erwartungen hinsichtlich eines Wiederabsinkens der Zinssätze (Anstieg der Wertpapierkurse). Somit kommt es entscheidend auf die Möglichkeit an, Liquiditätsverhältnis und Ausnutzungsgrad des Refinanzierungsspielraums der Einflußnahme der Notenbank zu entziehen. Die Notenbankpolitik wird in ihrer kontraktiven Wirksamkeit um so mehr und um so länger behindert, je besser die Geschäftsbanken einer Erhöhung des Liquiditätsverhältnisses und einer Verringerung des Refinanzierungsspielraums entgegenarbeiten können. Die Voraussetzungen dafür sind für die Geschäftsbanken um so günstiger, je stärker in einem vorangegangenen Zeitraum der Liquiditätskoeffizient erzwungenermaßen oder freiwillig erhöht worden und

[33] Es kann an dieser Stelle darauf verwiesen werden, daß in der BRD, in der in der Nachkriegszeit die oben skizzierte Situation gegeben war, innerhalb von 20 Jahren (1948—67) ein zehnmaliger Wechsel in der notenbankpolitischen Einwirkung auf das Geldangebot der Geschäftsbanken von Kontraktion zur Expansion und umgekehrt stattgefunden hat. — Vgl. Geschäftsberichte der Bank deutscher Länder bzw. der Bundesbank, 1948 ff.

[34] Vgl. S. 120 ff.

je geringer der Ausnutzungsgrad des Refinanzierungsspielraums gewesen ist[35, 36].

(4) Lediglich in Abwesenheit der hier skizzierten Tatbestände gilt der eingangs dargestellte Zusammenhang zwischen restriktiver Notenbankpolitik und Geldangebot der Geschäftsbanken.

Wird unterstellt, daß die Notenbank Preiserhöhungen mit einer restriktiven Politik begegnet, so wird sich das Angebot in der zweiten und dritten Phase nach links verschieben und damit die erste Phase verkürzen,

— wenn bei gegebenem Marktzins die Ausnutzung des (ausgeschöpften) Refinanzierungsspielraums aufgrund der höheren Refinanzierungskosten reduziert wird (bzw. im Extremfall eine Refinanzierung ganz entfällt);

— wenn aufgrund einer Erhöhung der obligatorischen Liquiditätsanlagen eine Verringerung des Liquiditätskoeffizienten nicht im vorher angenommenen Ausmaß gelingt;

— wenn durch die Offenmarktverkäufe der Notenbank an Nichtbanken die Operationsbasis der Geschäftsbanken schrumpft.

(5) In den Abb. 18 und 19, in denen diese beiden Phasen dargestellt werden, verschiebt sich die Angebotskurve von A nach A', und die unbefriedigte Nachfrage nach Geld steigt von $M_2' \, M_2$ ($^uN_1$) auf $M_2'' \, M_2$ ($^uN_2$). Die restriktive Notenbankpolitik wirkt unter den genannten Annahmen der von der Gütertheorie verschiedentlich unterstellten unendlichen Elastizität des Geldangebots entgegen, indem sie die erste Phase des Geldangebots verkürzt, in der zweiten Phase das gleiche Geldangebot nur bei höheren Zinsen zur Verfügung stellt und damit — unter der Annahme einer von Null verschiedenen Zinselastizität der Geldnachfrage — eine Reduktion der ursprünglich geplanten güterwirtschaftlich bedingten Geldnachfrage hervorruft. In der dritten Phase kommt diese Wirkung auch bei zinsunelastischer Geldnachfrage durch eine effektive Beschränkung des Geldangebots zustande.

---

35 Vgl. dazu das Beispiel der BRD, insbes. S. 218 ff.

36 Für eine expansive Notenbankpolitik gilt ähnliches: Wenn die Geschäftsbanken dazu neigen bzw. gezwungen sind, ihren Liquiditätskoeffizienten zu erhöhen, und den gebotenen Refinanzierungsspielraum nicht ausnutzen, so unterbleibt die von der Notenbank beabsichtigte Wirkung auf das Geldangebot. (Zu den Gründen vgl. S. 201 ff.)

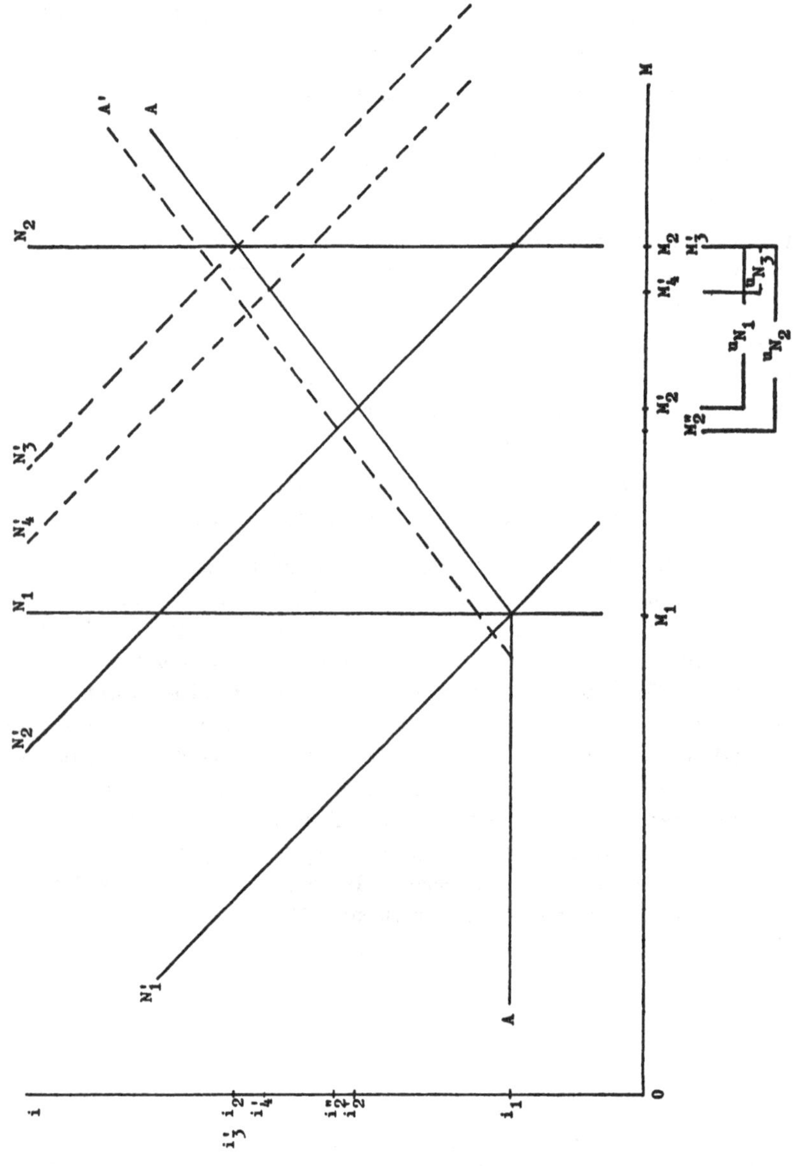

Abb. 18. Modifikationen von Geldnachfrage und Geldangebot in der zweiten Phase (II)

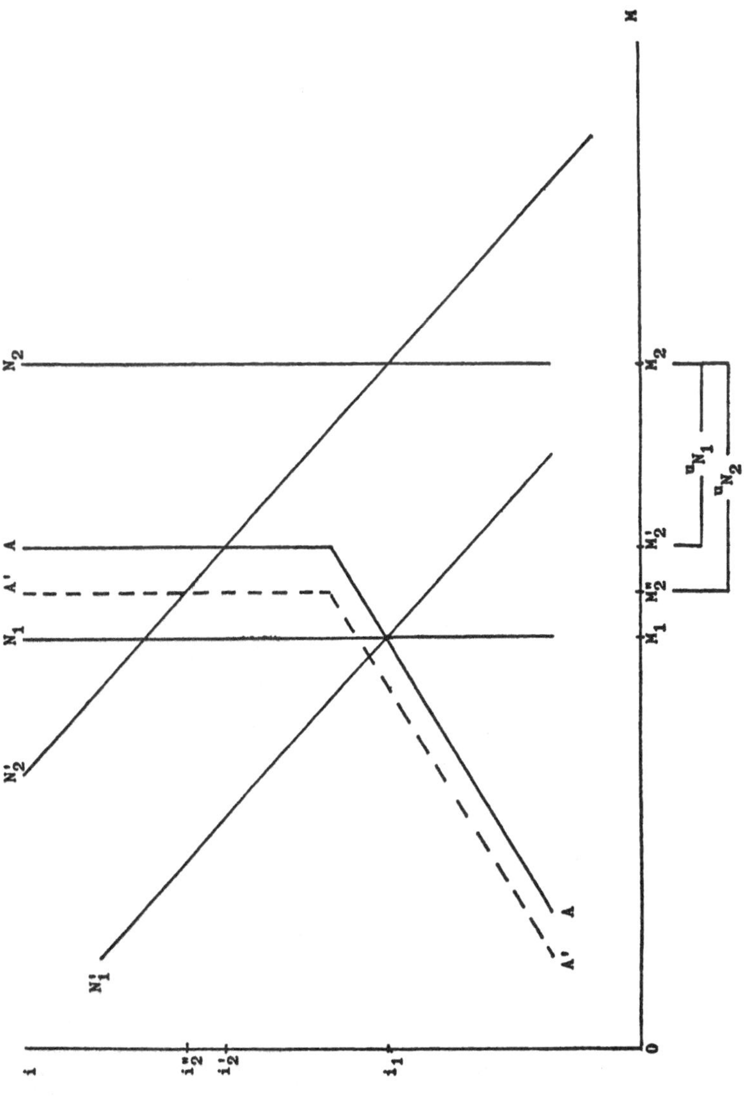

Abb. 19. Modifikationen von Geldnachfrage und Geldangebot in der dritten Phase (II)

II. Veränderte Aufteilung in Konsumausgaben und Dispositionen des Finanzvermögens

(1) Preisänderungen gehen in die Realeinkommensentwicklung ein und bestimmen — unter der Voraussetzung, daß für das Verhalten der Haushalte Geldillusion ohne Bedeutung ist — die Aufteilung in laufende Transaktionen und Änderungen des Finanzvermögens mit[37].

Durch eintretende Preiserhöhungen kann eine bisher gleichbleibende Realeinkommensentwicklung zu einer Realeinkommenssenkung führen bzw. eine Realeinkommenssenkung verstärkt oder eine Realeinkommenserhöhung vermindert werden. Das hat zum einen zur Folge, daß sich eine negative Diskrepanz zwischen erwarteten und realisierten Einkommen ergibt oder verstärkt bzw. eine positive Differenz zwischen beiden Größen verringert. Das bewirkt zum anderen, daß sich eine negative Diskrepanz zwischen gegenwärtigen und ‚previous-peak'-Einkommen bildet oder verstärkt bzw. eine positive Differenz verringert.

Für die Aufteilung der Einkommen in Konsumausgaben und Änderungen des Finanzvermögens resultiert daraus eine Verschiebung zugunsten der Konsumausgaben und zulasten der Dispositionen des Finanzvermögens und damit — ceteris paribus — eine Abschwächung der Nachfrage nach Geld, aber auch eine Abschwächung des Abflusses von Geld aus der Wirtschaft an den Bankensektor, wodurch die Operationsbasis und das Geldangebot vermindert werden[38].

(2) Des weiteren gehen von der durch Preiserhöhungen bewirkten Änderung der Realwerte der Anlagen des Finanzvermögens modifizierende Wirkungen auf Geldangebot und -nachfrage aus.

Einerseits sinkt der Realwert der liquiditätsorientierten Vermögensanlagen und andererseits wird der Anstieg des Realwerts ertragsorientierter Vermögensanlagen, wie er durch die Zinserhöhung in der zweiten und dritten Phase des Geldangebots erfolgt ist — wiederum Freiheit von Geldillusion vorausgesetzt —, verringert, aufgehoben oder ins Gegenteil verkehrt.

Damit könnte eine Tendenz (eine Gegentendenz gegenüber Zinserhöhungen ohne gleichzeitige Preissteigerungen der Güter, für deren

---

[37] Hier wird davon abgesehen, daß sich mit den Preisänderungen in aller Regel eine Einkommensumverteilung ergibt, aus der sich — bei unterschiedlichen marginalen Konsumquoten — ebenfalls eine veränderte Aufteilung in Konsumausgaben und Dispositionen des Finanzvermögens ergeben wird.

[38] Als eine gewisse Abschwächung dieses Zusammenhangs ist anzuführen, daß durch die Preiserhöhung optimistische Erwartungen in bezug auf die zukünftige Einkommensentwicklung gedämpft bzw. pessimistische Erwartungen bestärkt werden könnten, so daß die Aufteilung des Einkommens in Konsumausgaben und Änderungen des Finanzvermögens und damit Geldnachfrage und Geldangebot in entgegengesetzter Weise beeinflußt würden.

Kauf die Anlagen des Finanzvermögens getätigt worden sind[39]) zur veränderten Aufteilung der Einkommen für Konsumausgaben und Dispositionen des Finanzvermögens zugunsten letzterer entstehen, um dem (relativ) gesunkenen Realwert Rechnung zu tragen. Geldnachfrage und Geldangebot würden sich erhöhen.

Allerdings ist auf die Vielzahl von gegengewichtigen Faktoren hinzuweisen, wie sie bei der Ableitung der Geldnachfrage analysiert worden sind[40], die den vorstehenden Zusammenhang kaum zur Geltung kommen lassen:

— Soweit die liquiditätsorientierten Vermögensanlagen betroffen sind, hat hauptsächlich nur die Realwertsenkung der sog. ‚idle balances' (Kassenhaltung über die betrachtete Periode hinaus) einen Einfluß auf Geldnachfrage und Geldangebot der betrachteten Periode.

— Die Aufrechterhaltung des Realwerts hat nur bei doppelt fixierten Ausgaben absolute Vorrangigkeit, im übrigen kollidiert sie mit dem real-consumption-effect.

— Bei bestimmten Erwartungen kann die Aufrechterhaltung des Realwerts liquiditätsorientierter Anlagen (evtl. auch ertragsorientierter Anlagen) zulasten der Spekulationskasse gehen.

— Eine mögliche Bevorzugung ertragsorientierter Anlagen gegenüber Konsumausgaben aufgrund von Zinserhöhungen wird durch Preissteigerungen abgeschwächt, kompensiert oder überkompensiert.

— Der real-indebtness-effect macht darüber hinaus noch im Unternehmungssektor, der sich in aller Regel in einer Nettoschuldnerposition befindet, für die Rückzahlung gebundene Beträge für laufende Transaktionen frei, wodurch sich ceteris paribus die Nachfrage nach Geld verringern kann.

— Werden schließlich aufgrund der Preiserhöhung weitere Preissteigerungen erwartet[41], so kann es dazu kommen, daß der monetary-imbalance-effect stärker ist als der (durch die gemachten Qualifikationen abgeschwächte) wealth-cash- und wealth-saving-effect, und die ursprünglich angenommene Erhöhung der Geldnachfrage und des Geldangebots wird ins Gegenteil verkehrt.

(3) Aufgrund der aufgezeigten Einflüsse von Preiserhöhungen auf die Aufteilung in laufende Transaktionen und Anlagen des Finanzvermögens liegt die Vermutung nahe, daß sich sowohl Geldnachfrage als auch Geldangebot abschwächen werden. Ohne genaue Kenntnis der Elastizitäten von Geldnachfrage und Geldangebot läßt sich jedoch

---

39 Vgl. Fußnote 24, S. 152.
40 Vgl. S. 65 ff.
41 Vgl. dazu die Qualifikationen auf S. 70 ff.

über einen Nettoeffekt auf die Geldmenge kaum eine Aussage machen, so daß auf die Darstellung dieser modifizierenden Wirkungen in den Abb. 18 und 19 verzichtet wurde.

III. Veränderte Realzinsbelastung der Geldnachfrage

(1) Es wurde davon ausgegangen, daß die Kosten der Geldbeschaffung bei jeder Kreditaufnahme zwar eine Rolle spielen, daß sie aber oftmals überkompensiert werden durch veränderte Ertragserwartungen oder bei Überwälzbarkeit nicht selbst getragen werden müssen, so daß eine Kostenerhöhung (-senkung) nicht immer einen retardierenden (stimulierenden) Einfluß auf die Geldnachfrage ausübt. Wo es den weiteren Bestimmungsfaktoren der Nachfrage nicht gelingt, diese Mehrbelastung (Minderbelastung) bei der Finanzierung zu kompensieren, d. h. wo eine von Null verschiedene Zinselastizität der Geldnachfrage und eine ceteris paribus-Betrachtung in bezug auf die Faktoren, die eine Verschiebung der Nachfragekurve herbeiführen können, als gerechtfertigt unterstellt werden können, ergibt sich durch Preisänderungen insofern eine modifizierende Wirkung, als sich die realen Kosten der Kreditaufnahme erhöhen (vermindern), die Realzinsbelastung steigt (sinkt)[42].

(2) Das bedeutet, daß sich — bezogen auf Preiserhöhungen — unter folgenden Annahmen die Nachfragekurve nach rechts verlagert:

— Es darf keine Geldillusion bestehen;

— die Preiserhöhung darf nicht bereits bei der Berechnung der Geldnachfrage antizipiert worden sein;

— sie muß als irreversibel angesehen werden, so daß sie auch während der Dauer der Kreditaufnahme eine Reduzierung der effektiven Zinsbelastung erwarten läßt.

(3) Unter diesen Bedingungen verschiebt sich — wie aus Abb. 18, die die zweite, für eine zinsabhängige Geldnachfrage wichtigste Phase des Geldangebots darstellt, zu ersehen ist — die Nachfragekurve bei Preiserhöhungen, die die mit der zusätzlichen Nachfrage nach Geld verbundenen Zinserhöhungen gerade kompensieren, soweit nach rechts, daß die neue Nachfragekurve (N_3') die Angebotskurve in dem Punkte schneidet, in dem die Nachfrage bei völliger Zinsunelastizität (N_2) dem Angebot gleich ist (M_2 bzw. M_3').

---

[42] Vgl. dazu *Irving Fisher* (The Theory of Interest, New York 1930, repr. New York 1965, S. 41 ff.), der zwischen nominalem und realem Zinsfuß unterscheidet, wobei ersterer den Marktzinssatz und letzterer den im Hinblick auf Geldwertänderungen berichtigten Marktzinssatz darstellt.

Jede geringere Preiserhöhung bewirkt eine Nachfragekurve, die zwischen N_2' und N_3' liegt (z. B. N_4'), und jede stärkere Preiserhöhung verschiebt die Nachfragekurve über N_3' nach rechts hinaus.

Wird unterstellt, daß in unserem Beispiel eine Preiserhöhung erfolgt, die die Kurve der Geldnachfrage von N_2' auf N_4' verschiebt, so reduziert sich — zumindest in der zweiten Phase des Geldangebots — die unbefriedigte Nachfrage auf $M_2 M_4'$ ($^uN_3$). Eine Preiserhöhung, die die Nachfragekurve auf N_3' (oder darüber hinaus) verschiebt, bringt in dieser zweiten Phase des Geldangebots ceteris paribus die unbefriedigte Nachfrage völlig zum Verschwinden.

IV. Veränderte Staatsnachfrage und veränderte außenwirtschaftliche Konstellation

(1) Ist die Geldnachfrage von Preiserhöhungen begleitet und verfolgt die Finanzpolitik u. a. das Ziel der Währungsstabilität, so kann es bereits in der zweiten Phase des Geldangebots zum einen zu einer Einschränkung der staatlichen Nachfrage nach Geld kommen[43]. Dadurch würde die Gesamtnachfrage nach Geld und über eine geringere Zinserhöhung auch die unbefriedigte Nachfrage seitens des Unternehmenssektors vermindert. Zum anderen kann im Rahmen der Einlagenpolitik eine Umschichtung auftretender Budgetüberschüsse von den Geschäftsbanken auf die Notenbank erfolgen, wodurch die Operationsbasis der Geschäftsbanken eingeschränkt würde. Je nach dem Auftreten und der Stärke der beiden Wirkungen ergibt sich eine Erhöhung (Angebotsverknappung $<$ Nachfragereduktion) oder Verringerung (Angebotsverknappung $>$ Nachfragereduktion) der unbefriedigt bleibenden Restnachfrage nach Geld.

(2) Ferner werden unter der vorläufigen Annahme einer unveränderten Konstellation der relevanten geld- und güterwirtschaftlichen Größen im Ausland durch Preiserhöhungen im Inland der Tendenz nach Importsteigerungen und Exportsenkungen ausgelöst.

(a) Unter der Voraussetzung einer bis dahin ausgeglichenen Leistungsbilanz finden Nettokäufe von Devisen seitens der Unternehmen bei den Banken statt. Entsprechend der currency-ratio werden die Devisen mit Bargeld und mit Sichtguthaben bezahlt. In diesem Umfang erhöht sich unter sonst gleichbleibenden Bedingungen die Nachfrage nach Geld.

Gleichzeitig verlieren die Geschäftsbanken in Höhe des Nettoabflusses an Devisen Zentralbankgeld an die Notenbank. Gemäß der currency-ratio fließt ihnen aber nur ein Anteil des Devisenkaufs in

[43] Im Extremfall, in dem eine Konjunkturausgleichsrücklage geplant ist, könnte eine Geldnachfrage des Staates völlig entfallen.

Form von Bargeld zu, darüber hinaus verringern sich aufgrund der Einschränkung der Sichtguthaben die als Mindestreserven bei der Notenbank zu haltenden Sichteinlagen. Die Differenz zwischen Bargeldabfluß an die Notenbank und Bargeldzufluß aus der Wirtschaft einschließlich der Verringerung der Mindestreserven bedeutet eine Reduzierung der Operationsbasis der Geschäftsbanken und damit — ceteris paribus — eine Verringerung des Geldangebots[44].

(b) In den Abbildungen 20 und 21 sind diese Zusammenhänge für die zweite und dritte Phase des Geldangebots dargestellt. Die Nachfragekurve nach Geld verschiebt sich infolge der zusätzlich entstehenden Auslandszahlungen von N_2 bzw. N'_2 auf N_3 bzw. N'_3. Gleichzeitig reduziert sich das Geldangebot aufgrund der beschriebenen Verringerung der Operationsbasis der Geschäftsbanken von A auf A'. Das bedeutet unter gleichzeitigem Zinsanstieg eine Erhöhung der unbefriedigten Nachfrage von ${}^uN_1$ auf ${}^uN_2$.

(3) Die bisherigen Aussagen setzen die Konstanz der relevanten geld- und güterwirtschaftlichen Größen, insbesondere der Preise und Einkommen des Auslandes voraus, die bei entsprechender Aufwärtsentwicklung dieser Größen im Inland einen Importüberschuß entstehen lassen.

Wird hingegen angenommen, daß sich die für die Leistungsbilanz relevanten Größen in In- und Ausland gleichläufig entwickeln, so daß die Einkommens- und Preiserhöhung im Inland nicht zu einem Leistungsbilanzdefizit führt, dann entfallen die hier angedeuteten Modifikationen für Geldnachfrage und Geldangebot.

---

44 Ein einfaches Beispiel auf der Basis einer festen Einkommensgeschwindigkeit des Geldes, einer vorgesehenen Grenzneigung zum Import, eines bestimmten Verhältnisses zwischen Mindestreserven und Sichtverbindlichkeiten plus umlaufender Bargeldmenge sowie bestimmter Zinselastizitäten von Geldnachfrage und Geldangebot findet sich bei *J. J. Polak* und *William H. White*, The Effect of Income Expansion on the Quantity of Money, International Monetary Fund, Staff Papers, IV (1954/55), S. 400 ff. Im übrigen aber scheint mir die Analyse von Polak und White, deren Anliegen es ist, eine weitgehend güterwirtschaftlich bestimmte Größe (Einkommen) mit einer geldwirtschaftlichen Größe (Geldmenge) in einer dynamischen Betrachtungsweise zu verknüpfen, ein weiterer Beweis dafür zu sein, daß eine durchgängige Verzahnung von Geld- und Gütertheorie fehlt. Polak und White kommen zu folgenden Schlußfolgerungen: "(1) Initially an increase in income will lead to an increase in the quantity of money. (2) As the same higher level of income persists for a longer time, it will lead to a reduction in the quantity of money below the higher level initially reached. (3) If the same higher level of income persists for a long enough period, it will lead to a quantity of money below the level that existed before the increase in income occured" (S. 405 f.). In dieser Abhandlung wird lediglich die Geldmenge als Variable betrachtet und das Einkommen für den Verlauf der Analyse als Datum ‚eingefroren'. Damit bleibt der Einfluß geldwirtschaftlicher Größen auf güterwirtschaftliche Größen auf die einmalige Einkommensentwicklung am Anfang der Untersuchung beschränkt.

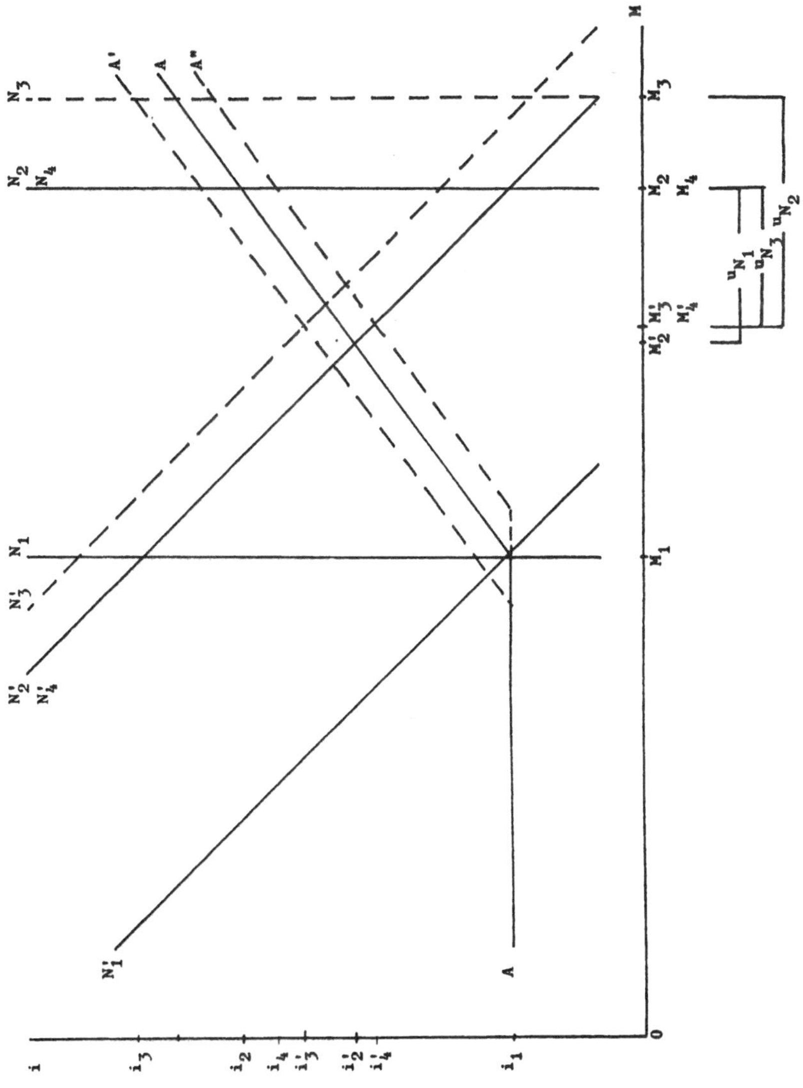

Abb. 20. Modifikationen von Geldnachfrage und Geldangebot in der zweiten Phase (III)

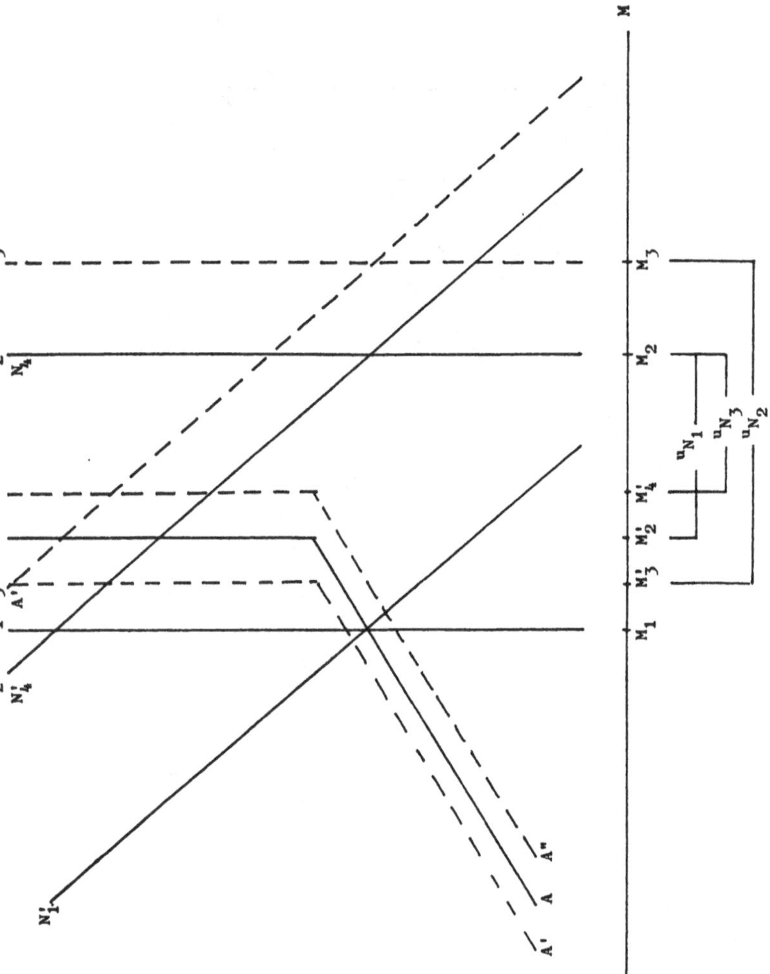

Abb. 21. Modifikationen von Geldnachfrage und Geldangebot in der dritten Phase (III)

(4) Ist demgegenüber anzunehmen, daß die Erhöhung der Preise und Einkommen des Inlands von der des Auslands übertroffen wird, so wird ein Leistungsbilanzüberschuß und ein Nettoverkauf von Devisen an das Bankensystem entstehen.

Das bedeutet für die Entwicklung der Geldnachfrage und des Geldangebots folgendes: Die Unternehmungen können bei gleichbleibenden Ausgabenvorhaben die Nachfrage nach Geld reduzieren. Die Geschäftsbanken können, da sie Zentralbankgeld nicht in Höhe des Zuflusses von der Notenbank verlieren, sondern nur in einem durch die currency ratio festgelegten Prozentsatz zuzüglich erhöhter Mindestreserven, das Geldangebot ausweiten. Damit ergeben sich, wie Abbildungen 20 und 21 zeigen, Wirkungen, die die unbefriedigte Nachfrage nach Geld verringern (${}^{u}N_1 \rightarrow {}^{u}N_3$).

V. Zwischenergebnis

(1) Nach Einbeziehung der von Preiserhöhungen ausgehenden Wirkungen ergibt sich, daß die entsprechend der bisherigen Analyse auftretenden drei Phasen des Geldangebots wiederum im Prinzip, d. h. nach nochmaligen Verschiebungen in der Größenordnung, erhalten bleiben:

— In der ersten Phase erfolgt die Anpassung des Geldangebots an die Geldnachfrage ohne Zinserhöhungen;

— in der zweiten Phase wird das zur Befriedigung der Nachfrage notwendige Angebot nur unter Zinserhöhungen bereitgestellt, wobei die ursprünglich geplante Geldnachfrage je nach ihrer Zinselastizität zurückgeht oder gleich bleibt;

— in der dritten Phase schließlich gelingt es selbst unter Zinserhöhungen nicht, die Nachfrage nach Geld zu befriedigen.

(2) Die Einbeziehung der von Preiserhöhungen ausgehenden Wirkungen bedeutet eine Modifikation der bisherigen Aussagen in bezug auf Verteuerung und/oder Restriktion der Bankkredite:

— Unter den genannten Bedingungen reduziert sich das Angebot an Geld, wenn die Notenbank aufgrund von Preiserhöhungen — und eines Absinkens der Währungsreserven unter die gewünschte Relation zu den erwarteten Importen — ihr Instrumentarium zur Beschränkung des Refinanzierungsspielraums und seiner Ausnutzung, zur Erhöhung des Liquiditätskoeffizienten und (über Offenmarktverkäufe mit Nichtbanken) zur Reduzierung der Operationsbasis einsetzt und es den Geschäftsbanken nicht gelingt, diese Maßnahmen durch Gegenmaßnahmen zu neutralisieren. Das Ausmaß der unbefriedigten Nachfrage nimmt zu.

Treffen die Preiserhöhungen jedoch mit einem Exportüberschuß zusammen, dann besteht aufgrund des Konfliktes zwischen binnen- und außenwirtschaftlichen Zielsetzungen Ungewißheit über die Richtung der notenbankpolitischen Beeinflussung des Geldangebots.

— Geldnachfrage und Geldangebot verringern sich — in Abwesenheit von Geldillusion — durch die Einwirkung von Preiserhöhungen auf die Realeinkommensentwicklung.

— Eine Senkung des (relativen) Realwerts der Anlagen des Finanzvermögens könnte zu einer Erhöhung von Geldnachfrage und Geldangebot führen. Allerdings lassen die zahlreichen Qualifikationen hier eine definitive Aussage kaum zu.
Bei Preiserhöhungen bestimmter Größenordnung scheint infolge der Erwartung weiteren Preisauftriebs die Vermutung gerechtfertigt, daß sich vielmehr eine Verringerung von Geldnachfrage und Geldangebot einstellt.

— Eine Reduktion der Realzinsbelastung wirkt einem Rückgang der Geldnachfrage infolge Zinsanstiegs entgegen, so daß — zumindest in der zweiten Phase des Geldangebots — mit einer Abnahme der unbefriedigten Nachfrage zu rechnen ist.

— Bei Preiserhöhungen verstärkt sich die Notwendigkeit konjunktureller Rücksichtnahme des Staates und damit die Vermutung auf eine Reduzierung der staatlichen Nachfrage nach Geld. Gleichzeitig kann sich durch Umschichtung der Einnahmen im Rahmen eines tatsächlichen (und geplanten) Budgetüberschusses von den Geschäftsbanken zur Notenbank eine einschränkende Wirkung auf das Geldangebot der Geschäftsbanken ergeben (Unterstützung der Notenbank durch die Einlagenpolitik).

— Ferner ist von Bedeutung, wie sich die mit der Geldnachfrage möglicherweise verbundenen Einkommens- und Preissteigerungen im Verhältnis zu den entsprechenden Größen des Auslands entwickeln. Entsteht ein Leistungsbilanzdefizit, so ergibt sich über eine Ausdehnung der Geldnachfrage und eine Einschränkung des Geldangebots eine erhöhte unbefriedigte Nachfrage, während im Falle eines Leistungsbilanzüberschusses das Umgekehrte zutrifft.

(3) Wie groß diese Veränderungen insgesamt sind, hängt (ähnlich wie bei den Modifikationen im Zusammenhang mit den Substitutionswirkungen bei unzureichendem Geldangebot) neben den Zinselastizitäten von Geldangebot und Geldnachfrage von dem Ausmaß der Veränderung des Geldangebots und der Geldnachfrage infolge der aufgezeigten Modifikationen ab.

Zehntes Kapitel

Zusammenfassung und Ergebnis der dritten Stufe der Analyse

A. Das Zusammenwirken von Geldnachfrage und Geldangebot in Abhängigkeit von bestimmten Phasen des Geldangebots

(1) Die Analyse zur Gewinnung materieller Kriterien zur Verzahnung der Geldtheorie mit der Gütertheorie hat folgendes ergeben:

(a) Die Untersuchung der dritten Stufe ist den drei eingangs entwickelten formalen Verzahnungskriterien gefolgt, wobei die gewählte Abfolge nicht mit Notwendigkeit einzutreten braucht:

— Als Datenänderung im inneren Kreislauf ist unter Einbeziehung der geld- und güterwirtschaftlich bestimmten Variablen des äußeren Kreislaufs eine Investitionsausweitung, die mit einer Erhöhung der Geldnachfrage verbunden ist, zugrunde gelegt und analysiert worden;

— im Anschluß an die Erhöhung der Geldnachfrage (bzw. an eine unbefriedigt bleibende Restnachfrage) sind die Reaktionen des Banken- und Nichtbankensektors untersucht worden;

— nach einer Prüfung der Bedingungen für Preiserhöhungen ist deren Einfluß auf das vorläufige Ergebnis, das unter Ausklammerung von Preissteigerungen erzielt wurde, diskutiert worden.

(b) Hinsichtlich der Reaktionen des Bankensektors bezüglich des *Geldangebots* sind drei Phasen unterschieden worden, die sich wie folgt voneinander abgrenzen lassen:

— In der ersten Phase besteht ein unausgenutztes Geldangebot; der Angebotsüberhang kann auch durch Zinssenkungen nicht zum Verschwinden gebracht werden.

— In der zweiten Phase ist das Geldangebot ausgeschöpft; der drohende Angebotsengpaß kann jedoch durch Zinserhöhungen abgefangen und hinausgeschoben werden (relativer Angebotsengpaß).

— In der dritten Phase schließlich kann das Geldangebot auch durch Zinserhöhungen nicht mehr erweitert werden (absoluter Angebotsengpaß).

(c) Konfrontiert man die einzelnen Phasen mit geläufigen Aussagen der Wirtschaftstheorie, so ergibt sich folgendes Bild:

— Das Resultat der ersten Phase entspricht eher der Auffassung der Bankingtheorie[1] als der der Quantitätstheorie[2]: Eine Nachfrage nach Gütern und Diensten, die mit einer Nachfrage nach Geld verbunden ist, trifft auf ein völlig elastisches Geldangebot und schafft sich somit selbst die zur Durchführung der Güternachfrage als notwendig erachtete Erweiterung der Geldmenge ohne Zinssteigerung. In dieser Phase des Geldangebots erweisen sich die Arbeitshypothesen bestimmter Gütertheorien (Wachstums-, Verteilungs- und Steuerinzidenztheorie), die eine vollständige Elastizität des Geldangebots voraussetzen, als haltbar.

Die Anleihe bei der Bankingtheorie beschränkt sich allerdings auf die erste Phase des Geldangebots. In der zweiten und dritten Phase trifft ihre Aussage, daß sich *jede* Güternachfrage die zu ihrer Durchführung notwendige Geldmenge schafft, nicht mehr zu. Zum einen kann eine Güternachfrage durch die Gestaltung der Kreditkonditionen, zum anderen durch ein verteuertes oder gar limitiertes Geldangebot an der beabsichtigten Entfaltung gehindert werden. Damit wird zugleich der Umkehrschluß, daß die monetären Größen keinen Einfluß auf die Größen des inneren Kreislaufs ausüben, für alle Phasen des Geldangebots hinfällig. Auch kann nicht gefolgert werden, daß Veränderungen des Geldangebots als Primärimpuls für inflatorische und deflatorische Preisbewegungen ausfallen[3].

— In der zweiten Phase des Geldangebots entsteht eine Ausweitung der Geldmenge nur bei gleichzeitiger Zinserhöhung. Durch diese Qualifikation unterscheidet sich die zweite von der ersten Phase in ihrer Wirkung auf die Realisierung der hinter der Geldnachfrage stehenden Güternachfrage nur dann, wenn die Nachfrage nach Geld eine Zinselastizität von größer als Null aufweist; dann kommt es zu einem Rückgang der ursprünglich geplanten Geldnachfrage

---

[1] Eine Zusammenfassung der Gedanken der Bankingtheorie findet sich bei *Jacob Viner*, Studies in the Theory of International Trade, New York 1937, repr. London 1955, S. 233.

[2] Selbst die folgende Interpretation der Quantitätstheorie von Amonn erklärt dieses Ergebnis nicht: „... der Fall fügt sich durchaus in die Quantitätstheorie ein. Diese behauptet ja nicht, daß jede Vermehrung der Geldmenge zu einer Preissteigerung führen müsse, sondern daß dies nur ceteris paribus der Fall sein müsse." (*Alfred Amonn*, Der Begriff des Geldes und das Geldwertproblem, a.a.O., S. 683.) Es werde somit eine mögliche Veränderung der güterwirtschaftlichen Größen nicht ausgeschlossen. Hier ist jedoch — wie schon erwähnt — die ceteris paribus-Klausel nicht anwendbar, da sie einen Funktionalzusammenhang durchschneidet (Änderungen güterwirtschaftlicher Größen lösen Änderungen geldwirtschaftlicher Größen aus) und eine abhängige Variable (Geldmenge) zu einer unabhängigen macht.

[3] Bereits an anderer Stelle wurde darauf verwiesen, daß die vorliegende Analyse keinen umfassenden Beitrag zur Kontroverse zwischen Banking- und Currencytheorie liefern kann.

(und damit der geplanten güterwirtschaftlichen Transaktionen). Das Ausmaß des Rückgangs hängt von den Zinselastizitäten von Geldnachfrage und Geldangebot ab.

— In der dritten Phase des Geldangebots ist schließlich das Angebot völlig unelastisch und begrenzt somit die Nachfrage nach Geld, gleichgültig wie hoch der Zins ist, den die Nachfrage zu zahlen bereit ist.

(2) Diese Ergebnisse in bezug auf das Geldangebot sind zunächst ohne die erwähnten Modifikationen aus den Reaktionen der Nichtbanken auf eine unbefriedigte Geldnachfrage sowie aus Preiserhöhungen, die mit der Geldnachfrage verbunden sein können, zu verstehen.

Ohne daß sie die Einteilung des Geldangebots in drei Phasen überflüssig machen, verändern die aufgeführten Modifikationen Geldangebot und -nachfrage in gewisser Weise und nehmen somit Einfluß auf die Mengenvariablen des inneren Kreislaufs.

(a) Die Reaktionen auf eine unbefriedigte Restnachfrage nach Geld führen in der zweiten und dritten Phase des Geldangebots aufgrund von Substitutionswirkungen (z. B. Erhöhung der ertragsorientierten Dispositionen zulasten der liquiditätsorientierten, verstärkter Rückgriff auf Geldsubstitute, evtl. Umschichtung von Zeitdepositen auf Wertpapieranlagen, Kreditaufnahmen des Staates bei der Notenbank, Einschränkung der staatlichen Nachfrage aus Rücksichtnahme auf die Konjunkturlage) über eine Reduktion der Geldnachfrage und eine Erhöhung des Geldangebots zu einem Rückgang dieser Restnachfrage nach Geld und der dahinterstehenden Güternachfrage. Die Zinserhöhungen halten sich in der zweiten Phase in engerem Rahmen als vorher; die Grenze des Geldangebots wird hinausgeschoben.

Mit diesen Modifikationen ist die Erhöhung der Geldmenge in der zweiten und dritten Phase des Geldangebots nicht mehr nur von den Zinselastizitäten von Geldangebot und -nachfrage abhängig, sondern auch von den Reaktionen der Wirtschaft und des Staates auf Zinserhöhungen und Restriktionen sowie deren Auswirkungen auf Geldangebot und Geldnachfrage.

(b) Mögliche Modifikationen aufgrund von Preiserhöhungen machen es im Einzelfall nötig zu überprüfen, ob preiserhöhende Konstellationen der relevanten Größen vorliegen und ob aufgrund bestimmter vorherrschender Verhaltensweisen diese Konstellationen auch zu Preissteigerungen ausgenutzt werden.

Ohne Einbeziehung von Preiserhöhungen ist die Analyse bisher (neben der Aufhebung der quantitätstheoretischen Annahme eines extern vorgegebenen Geldangebots) als eine Dynamisierung des komparativ-statischen quantitätstheoretischen Ansatzes zu interpretieren, bei dem vor allem die unzulässigen ceteris-paribus-Bedingungen aufgelöst worden sind: Zur Erklärung dieses Prozesses mußten aus dem Bereich der Geldtheorie Elemente der dynamischen Einkommenstheorie und der Kassenhaltungstheorie, aus dem Bereich der Gütertheorie — je nachdem welche Zusammenhänge erklärt werden sollten — Elemente der Wachstums-, Verteilungs-, Finanz- und Außenwirtschaftstheorie herangezogen werden.

Sind jedoch mit der Geldnachfrage Preiserhöhungen (Ergebnis der Quantitätstheorie) verbunden und werden ihre Auswirkungen auf Geldangebot und Geldnachfrage und damit auf die Mengenvariablen des inneren Kreislaufs untersucht, so gehen die Überlegungen auch über den Rahmen einer — wie immer modifizierten — Quantitätstheorie hinaus.

Entgegen dem Fall der Substitutionswirkungen bei unzureichendem Geldangebot, der relativ eindeutig zu einer Verringerung der unbefriedigt gebliebenen Restnachfrage nach Geld führt, wirken die durch Preiserhöhungen eintretenden Modifikationen *sowohl auf eine Verringerung als auch auf eine Erhöhung* der unbefriedigten Restnachfrage nach Geld hin.

Ihre Erhöhung kann durch die Restriktion des Geldangebots mit folgenden Maßnahmen bewirkt werden:

— Maßnahmen der Notenbank mit dem Ziel, zur Sicherung der Geldwertstabilität (und einer bestimmten Relation von Währungsreserven zu Importen) den Refinanzierungsspielraum zu reduzieren, seine Ausnutzung zu erschweren, den Liquiditätskoeffizienten zu erhöhen sowie über Offenmarktverkäufe mit Nichtbanken die Operationsbasis der Geschäftsbanken zu schmälern;

— Maßnahmen des Staates im Rahmen der Einlagenpolitik zur Unterstützung der notenbankpolitischen Aktivität.

Zu einer Senkung der unbefriedigten Restnachfrage kommt es demgegenüber durch

— Reaktionen der Investoren auf eine Verringerung der Realzinsbelastung;

— Reaktionen des Staates aufgrund konjunkturpolitischer Zielsetzung.

Daneben gibt es weitere Modifikationen, die in gleicher Richtung auf Geldangebot und Geldnachfrage einwirken, so daß der Nettoeffekt für die unbefriedigt gebliebene Restnachfrage unbestimmt bleibt. Es sind dies

— Reaktionen der Wirtschaftseinheiten auf Realeinkommenssenkungen, die zur Verringerung von Geldnachfrage und Geldangebot führen;

— Reaktionen der Wirtschaftseinheiten infolge sinkenden (relativen) Realwerts der Anlagen des Finanzvermögens, die aber infolge der zahlreichen Qualifikationen kaum eine Erhöhung von Geldangebot und Geldnachfrage bedingen. Die Annahme weiterer Preissteigerungen wirkt eher auf eine Verringerung beider Größen hin.

Für die Frage nach einer Verringerung oder Erhöhung der unbefriedigten Restnachfrage ist bei Einbeziehung der außenwirtschaftlichen Situation entscheidend, ob die mit der Geldnachfrage verbundene Preis- und Einkommensentwicklung im Inland in der Weise mit der Entwicklung derselben Größen im Ausland zusammentrifft, daß ein Leistungsbilanzüberschuß oder ein Leistungsbilanzdefizit entsteht. Im ersteren Fall tritt eine Verringerung, im letzteren eine Erhöhung der unbefriedigten Restnachfrage ein.

Gleichzeitig werden die Maßnahmen der Notenbank zur Reduktion des Refinanzierungsspielraums und seiner Ausnutzung sowie zur Erhöhung des Liquiditätskoeffizienten bei Harmonie zwischen binnen- und außenwirtschaftlichen Zielen verstärkt, bei Antinomie geschwächt.

(3) Erst im dritten Stadium der Analyse des Zusammenwirkens von Geldangebot und Geldnachfrage könnte das Patinkinsche Bindeglied[4] zwischen Wert- und Preistheorie, der real-balance-effect, zur Geltung kommen.

Sieht man einmal von den kritischen Bemerkungen an der durchgängigen Wirksamkeit des real-balance-effect ab[5], so werden zwei Mängel dieses Integrationsversuchs zwischen güter- und geldwirtschaftlichen Theorien deutlich:

— Der real-balance-effect umfaßt nicht die bedeutsamen ersten beiden Stadien der Integrationsanalyse;

— der real-balance-effect setzt im Prozeßablauf bei einer Diskrepanz von Angebot und Nachfrage Preisveränderungen voraus. Das bedeutet zum einen, daß er von vollständiger Konkurrenz diktierte Verhaltensweisen der Unternehmer und Arbeitnehmer unterstellt[6], die ohne jeden time-lag quasi-automatische Reaktionen entstehen lassen, und es bedeutet zum anderen, daß er sich auf eine stationäre Wirtschaft beziehen muß, in der von einem Wachstum des Sozialprodukts, das eine Diskrepanz zwischen Güterangebot und -nachfrage verhindern oder verringern (und damit einen entscheidenden Bestimmungsgrund für Preisänderungen ausschalten) könnte, abgesehen wird.

---

[4] Vgl. auch die Abhandlung der formalen Kriterien einer Verzahnung der Geldtheorie mit der Gütertheorie auf S. 36 f.

[5] Vgl. S. 65 ff.

[6] Vgl. *Arnold Heertje*, Die theoretische und empirische Bedeutung der Patinkin-Kontroverse, Kyklos, XVII (1964), S. 35 f.

B. Materielle Kriterien zur Verzahnung der Geldtheorie mit der Gütertheorie

(1) Die vorangegangene Untersuchung ermöglicht es, an die Stelle der formalen Maßstäbe der Verzahnung, wie sie am Ende der ersten Stufe der Analyse erarbeitet worden sind[7], die folgenden materiellen Kriterien der Verzahnung der Geldtheorie mit der Gütertheorie treten zu lassen, deren Beachtung eine Einbeziehung monetärer Größen und ihrer Änderungen in Gütertheorien erlaubt:

Elastizität des Geldangebots in bezug auf Änderungen der Differenz zwischen dem Zinssatz der ertragsorientierten Dispositionen einerseits und den Zinssätzen der liquiditätsorientierten Anlagen, der Refinanzierung bzw. der Einlagenbeschaffung andererseits.

Diese Elastizität, die über die monetäre Reservekapazität Auskunft gibt, wird von folgenden Faktoren des Bankensektors bestimmt:

- Vorhandensein oder Nichtvorhandensein einer Diskrepanz zwischen gewünschtem und realisiertem Liquiditätskoeffizienten;
- Änderungen liquiditätsorientierter Dispositionen aufgrund von Änderungen ihrer Opportunitätskosten;
- Änderungen liquiditätsorientierter Dispositionen aufgrund bestimmter Erwartungen bezüglich der Ertragsdifferenz zwischen Wertpapier- und Liquiditätsanlage;
- Änderungen liquiditätsorientierter Dispositionen aufgrund von Realwertänderungen des Portfolios;
- Vorhandensein oder Nichtvorhandensein einer Diskrepanz zwischen gewünschter und realisierter Portfolioaufteilung;
- Entstehung von Ertragsdifferenzen in den verschiedenen ertragsorientierten Anlagen und eine damit verbundene Umschichtung des Portfolios sowohl im Banken- als auch im Nichtbankensektor;
- Vorhandensein oder Nichtvorhandensein eines (unbeabsichtigt oder beabsichtigt) nicht ausgenutzten Refinanzierungsspielraums;
- Änderungen in der Ausnutzung des Refinanzierungsspielraums aufgrund von Änderungen der Opportunitätskosten seiner Nichtausnutzung;
- Änderungen in der Höhe der Zeitdepositen aufgrund von Änderungen ihres Zinssatzes;
- Änderungen der currency-ratio.

Es ist festzuhalten, daß es — ceteris paribus — um so besser gelingt, eine gegebene Nachfrage nach Geld zu befriedigen, je elastischer das Geldangebot ist.

---

[7] Vgl. S. 36 f.

Trifft die güterwirtschaftlich bedingte Nachfrage nach Geld auf ein in bezug auf die Zinsdifferenz völlig elastisches Geldangebot (Phase I), dann gilt die Annahme oben skizzierter Gütertheorien uneingeschränkt: Auf die Einbeziehung geldtheoretischer Größen in Gütertheorien kann verzichtet werden; die Analyse weiterer Kriterien zur Verzahnung der Geldtheorie mit der Gütertheorie erübrigt sich.

(2) Ist jedoch das Geldangebot nicht vollständig elastisch (Phasen II und III), so ist die zusätzliche Untersuchung der folgenden materiellen Kriterien einer Verzahnung erforderlich:

Elastizität der Geldnachfrage in bezug auf Änderungen des nominellen und des realen Marktzinses ertragsorientierter Dispositionen.

Diese Elastizität, die insbesondere in der zweiten Phase des Geldangebots von Bedeutung ist, wird im wesentlichen bestimmt durch die Zinselastizität güterwirtschaftlicher Dispositionen, zu deren Realisierung die Geldnachfrage entfaltet wird, also z. B. durch die Zinsabhängigkeit der Investitionen oder der Staatsausgaben.

Je unelastischer die Geldnachfrage ist, desto geringer wird der Rückgang der ursprünglich geplanten Nachfrage sein, der von der mit dem knappen Geldangebot verbundenen Zinserhöhung verursacht wird.

Dabei ist von Bedeutung, ob die Elastizität der Geldnachfrage gegenüber dem Nominal- und dem Realzins die gleiche ist. Ist das der Fall, dann reagiert die Geldnachfrage auf allgemeine Preiserhöhungen ebenso wie auf Zinssenkungen und vice versa. Je stärker jedoch Geldillusion vorherrscht, desto weniger wirken sich Preisänderungen aus.

Elastizität der liquiditätsorientierten Dispositionen sowie des Einsatzes von Geldsubstituten seitens der privaten Nichtbanken in bezug auf erhöhte Kosten (verminderte Verfügbarkeit) des Geldangebots.

Diese Elastizität wird von folgenden Faktoren bestimmt:

— Änderungen liquiditätsorientierter Dispositionen als Folge von Änderungen ihrer Opportunitätskosten;

— Änderungen liquiditätsorientierter Dispositionen aufgrund bestimmter Erwartungen bezüglich der Entwicklung der Wertpapierkurse;

— Änderungen liquiditätsorientierter Dispositionen infolge Realwertänderungen ertragsorientierter Anlagen;

— Bestand an liquiditätsorientierten Anlagen;

— Bestand an Geldsubstituten (innerhalb und außerhalb des Bankensektors) sowie deren Aktivierung (einschl. der Kreditaufnahme im Ausland).

Je elastischer die liquiditätsorientierten Dispositionen und der Einsatz von Geldsubstituten sind, desto größer sind die modifizierenden

Wirkungen auf Geldnachfrage und Geldangebot und desto geringer ist die unbefriedigte Restnachfrage nach Geld.

Elastizität einer Steuererhöhung in bezug auf verminderte Verfügbarkeit des Geldangebots.

Diese Elastizität wird von folgenden Faktoren bestimmt:

— ausweichende Kreditaufnahme bei der Notenbank (oder im Ausland);

— ökonomische Faktoren, wie z. B. die Abhängigkeit der Steueränderung von der konjunkturellen Situation[8];

— politische Faktoren, wie z. B. Zusammensetzung der Regierung, Zeitpunkt der nächsten Wahl etc.

Je größer die Elastizität von Steuererhöhungen ist, desto besser gelingt es dem Staat, den Anteil der unbefriedigten Nachfrage an der Gesamtnachfrage nach Geld auf den Unternehmenssektor abzuwälzen.

(3) Nur wenn die Preise im Inland bei Realisierung der Geldnachfrage konstant bleiben und sich keine Diskrepanz der Preis- (und Einkommens-)entwicklung zu den entsprechenden Größen des Auslands ergibt, sind die Kriterien zur Verzahnung der Geldtheorie mit der Gütertheorie erschöpft. Ändern sich jedoch die Preise und entsteht eine Preis- (und Einkommens-)Diskrepanz zum Ausland, so sind weitere Integrationskriterien erforderlich.

Elastizität des Leistungsbilanzsaldos in bezug auf eine Diskrepanz in Preis- (und Einkommens-)entwicklung zwischen In- und Ausland.

Ohne auf die Bestimmungsgründe dieser Elastizität, deren Erklärung Gegenstand der Außenwirtschaftstheorie ist, eingehen zu können, ist für unseren Untersuchungszweck das folgende Ergebnis von Bedeutung: Je größer die Elastizität ist, desto größer sind die Auswirkungen auf Geldangebot und Geldnachfrage, wobei ein Leistungsbilanzdefizit die unbefriedigte Nachfrage nach Geld erhöht, während ein Leistungsbilanzüberschuß sie verringert.

Elastizität der notenbankpolitischen Aktivität im Anschluß an eine Verletzung der kontinuierlichen, konjunkturneutralen Liquiditätsversorgung der Wirtschaft (Preiserhöhungen) und Entstehung eines Leistungsbilanzsaldos.

Je höher diese von der Bereitschaft und Notwendigkeit (Mangel an Währungsreserven) zentralbankpolitischer Tätigkeit bestimmte Elastizität ist, desto größer ist ceteris paribus die Einwirkung auf das Geldangebot, und zwar sowohl auf die Operationsbasis als auch auf die Aufteilung des Zentralbankgeldes in ertrags- und liquiditätsorientierte

---

[8] Vgl. z. B. für die BRD: Gesetz zur Förderung der Stabilität und des Wachstums der Wirtschaft, 8. Juni 1967, BGBl. I, § 26.

Dispositionen. Je nach der Richtung der ergriffenen Maßnahmen erhöht oder verringert sich die unbefriedigte Nachfrage nach Geld.

Elastizität der Aufteilung der Einkommen zugunsten von Konsumausgaben und zulasten von Dispositionen des Finanzvermögens aufgrund allgemeiner Preiserhöhungen bzw. bestimmter Preiserwartungen.

Diese Elastizität wird von folgenden Faktoren bestimmt:

— Vorhandensein oder Nichtvorhandensein von Geldillusion;
— Entstehung bzw. Verstärkung einer negativen (oder Verringerung einer positiven) Diskrepanz zwischen erwarteten und realisierten Einkommen;
— Erwartungen hinsichtlich der zukünftigen Einkommensentwicklung;
— Reaktionen auf einen gesunkenen Realwert der Vermögensanlagen (bzw. des Schuldenbestandes);
— Erwartungen hinsichtlich weiterer Preissteigerungen.

Ist die Elastizität positiv, so reduzieren sich Geldnachfrage und Geldangebot und vice versa. Diese Wirkungen sind um so stärker, je größer die Elastizität jeweils ist.

Elastizität eines konjunkturbestimmten Verhaltens des Staates aufgrund allgemeiner Preiserhöhungen.

Bei dieser (wirtschafts-)politisch determinierten Verhaltensweise ist folgendes Ergebnis festzuhalten: Je mehr der Staat infolge seiner Zielsetzung auf Preis- (und Zins-)erhöhungen mit einer Einschränkung seiner Nachfrage nach Geld reagiert, desto geringer ist die unbefriedigte Nachfrage nach Geld seitens der Unternehmungen.

Elastizität des Einsatzes der Einlagenpolitik des Staates aufgrund einer Verletzung der kontinuierlichen, nicht-exzessiven Liquiditätsversorgung der Wirtschaft.

Diese Elastizität ist von folgenden Faktoren abhängig:

— Vorhandensein eines Budget-(Kassen-)überschusses (in Form von Einlagen bei den Geschäftsbanken);
— Bereitschaft des Staates zu einer Umschichtung des Geldabflusses und der Einlagen von den Geschäftsbanken zur Notenbank.

Ist die Elastizität positiv, so reduziert sich das Geldangebot der Geschäftsbanken.

Die sukzessive Verzahnung der Gütertheorie mit geldtheoretischen Größen anhand der aufgezeigten, als Hypothesen formulierten Kriterien, die zunächst auf ihre Realitätsbezogenheit hin getestet werden müßten, erhöht den Aussagewert der Gütertheorie, überwindet ihre noch vorhandene Isolierung von der Geldtheorie und stellt sie auf eine breitere Basis zur besseren Durchdringung der Realität.

ANWENDUNG DER ANALYSE

Elftes Kapitel

Zur Wirksamkeit einer kombinierten Notenbank- und Finanzpolitik in Perioden konjunktureller Abschwächung und Überhitzung: ein Testbeispiel

Anhand eines konkreten Beispiels soll gezeigt werden, wie die Analyse von Geldnachfrage und Geldangebot durch Einbeziehung *eines* der erarbeiteten Kriterien zur Verzahnung der Geldtheorie mit der Gütertheorie zu realistischeren Ergebnissen führt, ohne damit allerdings den Anspruch erheben zu wollen, schon eine geld-güterwirtschaftlich integrierte Untersuchung zu bieten. Es ist vielmehr eine Ausschnittsbetrachtung eines der angesprochenen Wirkungszusammenhänge zu dem Zweck, die Anwendungsmöglichkeit des theoretischen Unterbaus zu testen.

Dabei werden die Probleme zunächst am Beispiel einer konjunkturellen Abschwächung (Rezession)[1] verdeutlicht, wobei die Rezessions-Erfahrungen der Bundesrepublik Deutschland in den Jahren 1966/1967 zur Unterstützung der aufgestellten Thesen herangezogen werden. Im Anschluß daran lassen sich die Ergebnisse dieser Untersuchung an den Erfahrungen der 1969/70 in der BRD einsetzenden konjunkturellen Überhitzung nochmals überprüfen.

A. Primärmaßnahmen der Notenbankpolitik und Gegendispositionen der Geschäftsbanken in der Rezession

Eines der Integrationskriterien ist die Elastizität der notenbankpolitischen Aktivität in bezug auf eine Verletzung der kontinuierlichen, stabilitätspolitisch orientierten Liquiditätsversorgung der Wirtschaft und die Entstehung eines Leistungsbilanzsaldos. Unter Beachtung der in den übrigen Kriterien zur Verzahnung implizierten Verhaltens-

---

[1] Als Rezession wird hier eine konjunkturelle Abschwächung als Unterbrechung anhaltender Prosperität verstanden. — Vgl. *Hans Besters*, Rezession, in: Staatslexikon, 6. neubearb u. erw. A., Freiburg 1970, 2. Ergänzungsband, Sp. 95 ff.

weisen lassen sich einige Schlußfolgerungen in bezug auf die Wirksamkeit der Notenbankpolitik ziehen.

Mit Hilfe der Notenbankpolitik soll über eine Beeinflussung des Geldangebots der Geschäftsbanken eine Einwirkung auf die Geldnachfrage und damit auf die wirtschaftliche Aktivität (und auf die Zahlungsbilanz in Form der Devisenbilanz) erreicht werden. Der Weg der beabsichtigten Einflußnahme läßt sich anhand des entwickelten Instrumentariums nachvollziehen.

(1) In einer Rezession ist es die Absicht der Notenbank, zum einen die effektive Operationsbasis der Geschäftsbanken (*O*) durch eine vermehrte Bereitstellung von Zentralbankgeld (*R*) zu verbreitern und zum anderen im Rahmen der gegebenen Operationsbasis auf eine Verringerung der liquiditätsorientierten Dispositionen (*K*) zugunsten der ertragsorientierten (*D*) hinzuwirken. Diese Maßnahmen sollen im folgenden als notenbankpolitische Primärmaßnahmen bezeichnet werden.

Die aus dieser Einflußnahme erwarteten erhöhten Abflüsse an Bar- und Giralgeld aus dem Bankensektor sollen in Form vermehrter Kreditgewährung (einschließlich des Kaufs langfristiger Wertpapiere) die wirtschaftliche Aktivität stimulieren sowie bei Leistungsbilanzüberschüssen über eine Erhöhung der Importe dem Ausgleich der Devisenbilanz dienen.

(a) Durch eine zur Belebung der Konjunktur (und zum Ausgleich der Devisenbilanz) durchgeführte Senkung der Mindestreserven verändert sich in Abb. 22, die auf den Ausführungen zu Abbildung 4 aufbaut, die Gerade $0a$ zu $0a'$, so daß sich ceteris paribus die ertragsorientierten Dispositionen ($D_1 \rightarrow D_2$) und damit das Geldangebot ($0A_1 \rightarrow 0A_2$) erhöhen.

(b) Ebenso verfolgen offenmarktpolitische Aktionen mit den Geschäftsbanken sowie Maßnahmen der Swapsatzpolitik das Ziel, durch eine Verringerung der Anlagen mit spontaner Liquidisierbarkeit die ertragsorientierten Dispositionen und damit das Geldangebot zu erhöhen.

Allerdings lösen beide Maßnahmenkategorien nicht unmittelbar eine Reduktion der liquiditätsorientierten Dispositionen aus, sondern führen zunächst lediglich eine Umschichtung von obligatorischen (Mindestreserven) zu freiwilligen Liquiditätsanlagen bzw. von Anlagen mit spontaner Liquidisierbarkeit (Offenmarktpapiere) zu liquiden Überschußguthaben herbei. Erst im Anschluß daran ist damit zu rechnen, daß die liquiditätsorientierten Anlagen zugunsten der ertragsorientierten zurückgehen.

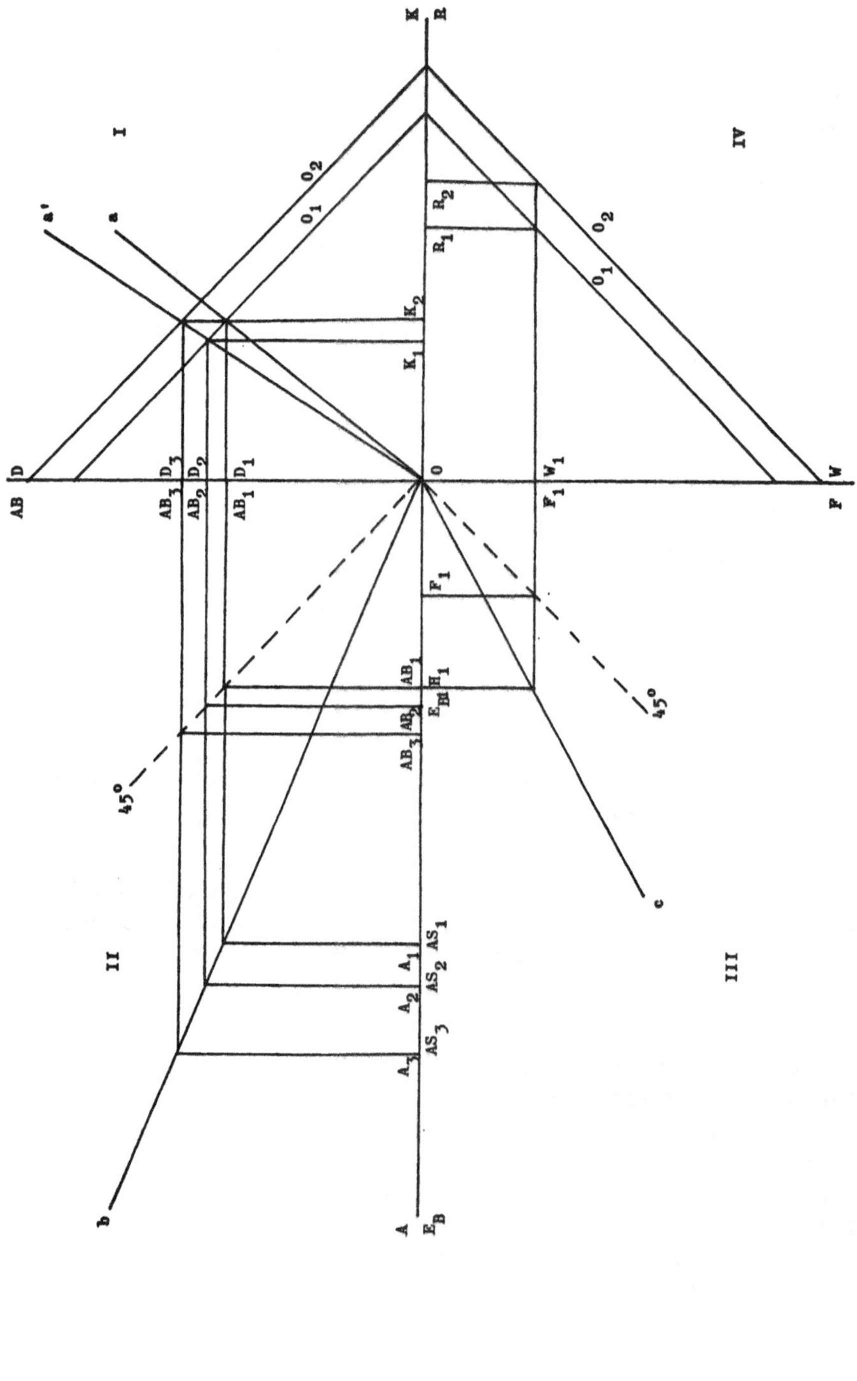

Abb. 22. Einwirkung der Notenbank auf das Geldangebot der Geschäftsbanken

Diese Erwartung gründet sich bei den Mindestreserven darauf, daß durch die Senkung der Mindestreservesätze den ertragsorientierten Dispositionen Zentralbankgeld zugeführt werden kann, für das bisher die Möglichkeit einer ertragsorientierten Anlage nicht bestand.

Bei den Offenmarkttransaktionen führt die Umschichtung von Anlagen mit spontaner Liquidisierbarkeit auf liquide Überschußguthaben eine Erhöhung der Opportunitätskosten dieser Anlagen herbei. Die Differenz zwischen der Verzinsung der ertrags- und liquiditätsorientierten Anlage steigt ceteris paribus, so daß mit einer Umschichtung zu den ertragsorientierten Anlagen gerechnet werden kann.

(c) Durch eine Reduzierung des Diskont- und Lombardsatzes wird eine Verringerung der Differenz zwischen potentieller und ausgenutzter Operationsbasis angestrebt, und zwar soll eine Erhöhung des Zuflusses an Zentralbankgeld in den Sektor der Geschäftsbanken, der ceteris paribus ebenfalls zu einer Erhöhung der gewünschten ertragsorientierten Dispositionen und des Geldangebots führt (Abb. 22: $R_1 \rightarrow R_2$; $O_1 \rightarrow O_2$; $D_2 \rightarrow D_3$; $0A_2 \rightarrow 0A_3$), dadurch erreicht werden, daß die Diskont- bzw. Lombardsatzsenkung entweder eine Erhöhung der Differenz zwischen Marktzins (${}_{K}i$, ${}_{W}i$) und Zinssatz der Refinanzierung (${}_{R}i$) für die Geschäftsbanken bewirkt oder aber die Geschäftsbanken veranlaßt werden, die zugestandene Verbilligung der Refinanzierung an die Geldnachfrager weiterzugeben.

(d) Durch Offenmarktkäufe von Wertpapieren, die die Zentralbank bei Nichtbanken tätigt, wächst ebenfalls die Operationsbasis der Geschäftsbanken und ceteris paribus das Geldangebot, ohne daß die Geschäftsbanken darauf Einfluß nehmen könnten.

(2) Ob diese Maßnahmen zur Einwirkung auf Operationsbasis und Liquiditätsstatus der Geschäftsbanken Erfolg haben, hängt davon ab, ob es gelingt, die effektiven ertragsorientierten Dispositionen und damit die wirtschaftliche Aktivität (einschließlich der Importe) zu steigern[2].

Wie bereits ausgeführt, gehen durch Mindestreservesenkung und Offenmarktpapierkäufe seitens der Notenbank gegenüber den Geschäftsbanken die liquiditätsorientierten Dispositionen der Geschäftsbanken nicht automatisch zurück. Ein Rückgang ergibt sich nur, wenn die Geschäftsbanken durch die genannten Maßnahmen einen Anreiz erhalten, ihre Liquiditätsdispositionen insgesamt zu reduzieren. Daß ein solcher Anreiz besteht, wurde bereits oben gezeigt. Allerdings ist

---

[2] Bewußt ausgeklammert ist hier die gesamte Problematik, die zwischen Stimulierung der wirtschaftlichen Aktivität und Importerhöhung (durch Veränderung der Importneigung und Preisverhältnisse im In- und Ausland etc.) liegen kann.

darauf hinzuweisen, daß auch Tendenzen zu liquiditätsorientierten Gegendispositionen seitens der Geschäftsbanken vorhanden sind:

(a) Es ist möglich, daß die Geschäftsbanken einer Reduzierung des Liquiditätsverhältnisses nicht zustimmen können, ohne die Bedingung der ausreichenden Liquiditätsvorsorge zu gefährden. Dann werden sie es mit einer Liquiditätsumschichtung bewenden lassen. Eine Senkung der Mindestreserven könnte durch eine Erhöhung kurzfristiger Auslandsanlagen kompensiert werden; eine Verringerung des Diskontsatzes mit anschließender Erhöhung der Wechselkreditierung könnte eine Umwandlung langfristiger Wertpapiere in Nostroguthaben auslösen; eine Erhöhung der Ankaufsätze für Offenmarktpapiere könnte einen Portfolioaustausch von inländischen Schatzwechseln gegen ausländische hervorrufen.

(b) Es ist ferner denkbar, daß eine durch rückläufige Nachfrage nach Krediten ausgelöste Senkung der Zinsen und Erhöhung des Anlagerisikos und der damit verbundenen Ertragsminderung der ertragsorientierten Anlagen nicht nur eine Verschiebung im Portfolio zugunsten der ertragsschwächeren, risikoärmeren Anlage, sondern auch eine Erhöhung des gewünschten Liquiditätsverhältnisses zur Folge hat: Die Opportunitätskosten der Liquiditätsanlagen sinken, die Liquiditätspräferenz steigt.

(c) Ein weiterer Grund zu liquiditätsorientierten Gegendispositionen kann für die Geschäftsbanken selbst dann bestehen, wenn sie annehmen, auch bei Reduzierung des Liquiditätsverhältnisses der Bedingung ausreichender Liquiditätsvorsorge genügen zu können: Bei bestimmten Erwartungen hinsichtlich der zukünftigen Zins- und Kursentwicklung werden sie eher zu einer Erhöhung als zu einer Senkung des Liquiditätsverhältnisses neigen. Es besteht eine echte Alternative gegenüber ertragsorientierten Anlagen, insbesondere in Form mittel- und langfristiger Wertpapiere, wenn mit einem Wiederanstieg des Zinses (Sinken der Wertpapierkurse) gerechnet werden kann, der zu einem negativen oder im Vergleich zur liquiditätsorientierten Anlage zu niedrigem Ertrag führt. Insbesondere an der erwarteten Untergrenze der Zinsentwicklung wird sich entsprechend der Keynesschen Annahme die Liquiditätsanlage durchsetzen, d. h. die Geschäftsbanken erwarten von dem Verkauf der Wertpapiere unter dem Vorbehalt eines späteren Wiederkaufs einen Vorteil, der den Zinsentgang überkompensiert[3].

(d) Sind die Geschäftsbanken aufgrund der notenbankpolitischen Aktivität bereit, ihre ertragsorientierten Dispositionen zu erhöhen, so

---

[3] Von einer Veränderung des Liquiditätsverhältnisses aufgrund einer Veränderung des Realwertes der Liquiditätsanlagen (wealth effect) sei hier abgesehen.

kann sich — nach allgemeiner Auffassung — auch eine ‚erzwungene' Aufstockung des Liquiditätspolsters einstellen.

Zwar wurde bereits gezeigt, daß die Abweichung des gewünschten Liquiditätsverhältnisses vom realisierten nur partiell möglich ist, da infolge eines Ankaufs bereits im Umlauf befindlicher Wertpapiere jederzeit ertragsorientierte Anlagen erfolgen können, wozu auch infolge Ertragsminderung (und Risikoerhöhung) bei der Kreditvergabe eine Neigung besteht. Aber dennoch ist das Entstehen einer ungewollten Liquiditätsanlage im Zusammenhang mit der Kreditvergabe für die konjunkturelle Entwicklung nicht unerheblich; denn nur die Vergabe von Krediten dient unmittelbar der konjunkturpolitischen Zielsetzung, während durch den Kauf bereits am Markt befindlicher Wertpapiere allenfalls das langfristige Zinsniveau gesenkt und günstigere Bedingungen für den Aufschwung geschaffen werden können.

(e) Die mit der Diskontsenkung beabsichtigte bessere Ausnutzung des Refinanzierungsspielraums tritt nur ein, wenn entsprechende Nachfrage nach Geld seitens der Wirtschaft vorliegt. Hier spielt dann insbesondere die Elastizität dieser Nachfrage in bezug auf Änderungen des Zinssatzes eine Rolle, wenn — wie es der Regelfall ist — die Verbilligung der Refinanzierung weitergegeben wird. Je niedriger die Elastizität ist, desto geringer ist der zu erwartende Erfolg der Notenbankpolitik.

Es zeigt sich also, daß in dem Ausmaß, in dem die Geschäftsbanken in der Rezession ihr Liquiditätsverhältnis konstant zu halten oder zu erhöhen wünschen, die Kreditvergabe zugunsten von Käufen im Umlauf befindlicher Wertpapiere verringern und die angebotenen Erleichterungen zur Ausnutzung des Refinanzierungsspielraumes nicht wahrnehmen (können), die konjunktur- und zahlungsbilanzpolitische Wirksamkeit der Notenbankpolitik erheblich eingeschränkt wird.

Als Maßstab für den Erfolg der Notenbankpolitik dienen somit die Entwicklung des Liquiditätsverhältnisses, die Ausnutzung des Refinanzierungsspielraums und das Verhältnis von Krediten zu Wertpapieranlagen.

B. Mögliche Sekundärmaßnahmen der Finanz- und Notenbankpolitik in der Rezession

(1) Die Eignung der Notenbankpolitik als Rezessionspolitik oder als eine die Finanzpolitik unterstützende Rezessionspolitik wäre noch nicht voll erfaßt, würde sie nur an den aufgezeigten Primärwirkungen gemessen.

Unter Einbeziehung des Staates gibt es einen zweiten Maßnahmenkomplex, der von vornherein eine Erhöhung des gewünschten Liquiditätsverhältnisses der Geschäftsbanken und damit eine abgeschwächte Wirksamkeit der Primärmaßnahmen in Rechnung stellt. Diese im folgenden als Sekundärmaßnahmen bezeichneten Aktionen des Staates und der Notenbank zielen auf eine Nutzbarmachung des erhöhten Liquiditätspolsters der Geschäftsbanken zur Konjunkturbelebung (und darüber hinaus — falls möglich — zum Ausgleich der Zahlungsbilanz in Form eines Devisenbilanzausgleichs)[4]. Das geschieht wie folgt:

(a) Der Staat kann durch ein vermehrtes Angebot von Geldmarkttiteln eine Umschichtung von Liquiditätsanlagen auf Anlagen mit spontaner Liquidisierbarkeit herbeiführen und damit die *Anfinanzierung* öffentlicher Investitionen ermöglichen.

(b) Dabei kann die Notenbank dem Staat insofern Hilfestellung leisten, als sie Anlagen mit spontaner Liquidisierbarkeit im Ausland benachteiligt (oder deren bisher bestehende Begünstigung aufhebt), z. B. durch Abschaffung des Kompensationsprivilegs kurzfristiger Auslandsanlagen gegen Ausländerverbindlichkeiten bei der Berechnung des Mindestreservesolls, durch Einwirkung auf den Devisenkassamarkt (Erhöhung des Schwankungsintervalls von An- und Verkaufskursen der Devisen bzw. Ausdehnung der Differenz zwischen beiden Kursen) und auf den Devisenterminmarkt (Erhöhung des Deports).

(c) Die Hilfestellung kann sich aber auch darauf beziehen, daß die Notenbank zum einen die unterzubringenden Titel im Auftrag und für Rechnung des Staates im Tenderverfahren anbietet, und ferner, indem sie immer mehr staatliche — insbesondere mittelfristige — Papiere in die Geldmarktregulierung einbezieht und damit zu Anlagen mit spontaner Liquidisierbarkeit oder bei variablen Ankaufssätzen zumindest zu Anlagen mit einer verbesserten Liquidisierbarkeit macht.

---

[4] Dieses Beurteilungskriterium für eine ausgeglichene Zahlungsbilanz entspricht solange der heute allgemein akzeptierten Definition vom Zahlungsbilanzausgleich (vgl. z. B. *Hans Besters*, Zahlungsbilanz, in: Staatslexikon, Freiburg 1962[6], Bd. VII, Sp. 929 ff.; *James E. Meade*, The Theory of International Economic Policy, Bd. I, The Balance of Payments, London/New York/Toronto 1951 [1963], S. 9 ff.; *Klaus Rose*, Theorie der Außenwirtschaft, a.a.O., S. 18 f.), wie die potentiellen Zahlungen den aktuellen entsprechen und außerhalb der Zentralbank keine zahlungsbilanzinduzierten Transaktionen stattfinden, d. h. solange die Transaktionen unbehindert von wirtschaftspolitischen Maßnahmen und ohne Rücksicht auf die Zahlungsbilanzsituation das Ergebnis der freien Entscheidung der Wirtschaftssubjekte sind. — Vgl. *Harry G. Johnson*, International Trade and Economic Growth, Studies in Pure Theory, London 1958, S. 155.

"The most basic measure of balance-of-payments disequilibrium is the country's surplus or deficit of potential and continuing payments of autonomous trade and transfers." — *James E. Meade*, The Theory of International Economic Policy, a.a.O., S. 16.

(d) Des weiteren kann die Notenbank die Aktionen des Staates unterstützen, indem sie die Erlöse aus den fällig werdenden Geldmarkttiteln des Staates wiederum in Staatspapieren anlegt. Um dabei aber die Ausnutzung des Liquiditätsspielraums der Geschäftsbanken durch den Staat nicht zu behindern, empfiehlt es sich, ertragsorientierte Anlagen (Ankauf langfristiger staatlicher Wertpapiere) vorzunehmen, die von den Geschäftsbanken aufgrund der gewünschten Erhöhung des Liquiditätsverhältnisses nicht wahrgenommen worden sind. Damit wird eine langfristige Finanzierung öffentlicher Investitionen und eine Reduzierung der Kapitalmarktzinsen erreicht und der Zielsetzung der Konjunkturbelebung in zweifacher Hinsicht gedient.

Auf diese Weise können die Sekundärmaßnahmen die Primärmaßnahmen ergänzen und diese in ihrer zielbezogenen Wirksamkeit korrigieren.

(2) Gelingt die Finanzierung bzw. Anfinanzierung der staatlichen konjunkturbelebenden Programme in befriedigender Weise, so kann die Notenbank mit der Absicht, dem zweiten Ziel, dem Ziel des Zahlungsbilanzausgleichs in Form eines Ausgleichs der Devisenbilanz, nicht nur indirekt mittels einer Erhöhung der Importe zu dienen, auf die Zusammensetzung der Liquiditätsreserven einwirken.

Wenn sich die Rezession nicht gleichzeitig bei allen bedeutenden Handelspartnern des betrachteten Landes bemerkbar macht, wird ein Zinsgefälle zwischen In- und Ausland ($i_A - i_I > 0$) entstehen mit der Folge, daß — Konvertibilität der Währungen und freier Zutritt zu ausländischen Geldmärkten vorausgesetzt — ein Geldexport stattfindet, d. h. ein Teil der Anlagen mit spontaner Liquidisierbarkeit im Ausland erfolgt[5]. Die Banken erwerben am Devisenmarkt Kassadevisen, mit denen sie beispielsweise ausländische Schatzwechsel kaufen. In einem Wechselkurssystem, in dem Schwankungen des Kurses — zumindest innerhalb einer institutionell festgelegten Bandbreite — zugelassen sind, steht dem Zinsgewinn aus der Auslandsanlage ein möglicher Kursverlust gegenüber, so daß die Banken — von Ausnahmefällen abgesehen[6] — durch eine Kurssicherung dieses Risiko auszuschalten suchen. Sie schließen Devisenswapgeschäfte ab, indem sie Devisen per Kasse kaufen und per Termin verkaufen. Ist der Swap-

---

[5] Die Geldexporte werden u. U. außerdem noch durch das bereits erwähnte Kompensationsprivileg begünstigt.

[6] Vorausgesetzt, daß mit einer Paritätsänderung nicht zu rechnen ist, wird eine Kurssicherung der Anlage unnötig, wenn der Ankaufskurs der Devisen mit dem unteren Interventionspunkt übereinstimmt oder nur so wenig über diesem Punkt liegt, daß die Zinsdifferenz auch im ungünstigsten Fall den Kursverlust überkompensiert, oder wenn auf einen steigenden Kassakurs spekuliert wird. — Vgl. hierzu: *Peter Janocha*, Intervention und Kooperation der Zentralbanken auf den Devisenmärkten nach dem Zweiten Weltkrieg, Tübingen 1966, S. 101.

satz als prozentuale Differenz zwischen Termin- und Kassakurs (s) positiv (Report), so erhöht sich bei einem Zinsgefälle zum Ausland ($i_A - i_I > 0$) der Zinsgewinn um den Kursgewinn; ist er negativ (Deport), so verringert er sich um den Kursverlust.

Unter Einbeziehung der Kurssicherung erfolgt ein Geldexport somit, wenn $i_A - i_I + s > 0$[7].

Die Notenbank kann — neben einer Einwirkung auf die Diskrepanz zwischen An- und Verkaufskursen am Kassamarkt — durch Manipulierung des Swapsatzes (Swapsatzpolitik) den Geldexport in gewissem Umfang steuern. Indem sie z. B.[8] den Geschäftsbanken die Möglichkeit gibt, gekoppelte Devisenkassa- und -termingeschäfte zu einem autonom (d. h. unabhängig von der jeweiligen Marktlage) festgelegten Swapsatz mit ihr abzuschließen, kann sie entweder den Geldexport fördern, indem sie bei bestehendem Zinsgefälle ($i_A - i_I > 0$) den Deport reduziert oder den Report erhöht, oder aber sie kann den Geldimport fördern, indem sie den Deport so stark erhöht, daß $i_A - i_I + s < 0$ wird.

Solange die Liquiditätsreserven der Geschäftsbanken in vollem Umfang zur Belebung der Konjunktur benötigt werden, die Notenbank also lediglich eine Umschichtung der Liquidität in Anlagen mit spontaner Liquidisierbarkeit im Inland anstrebt, ist es nicht ratsam, mittels Swapsatzpolitik den Kapitalexport zu fördern. Erst wenn feststeht, daß die Liquiditätsreserven ausreichen, die staatlichen Maßnahmen des deficit spending zu finanzieren, kann mit der Förderung von Anlagen mit spontaner Liquidisierbarkeit im Ausland das Ziel des Devisenbilanzausgleichs in Angriff genommen werden.

Da mit einer Rezession, die nicht weltweit ist, in aller Regel ein Exportüberschuß mit entsprechendem Devisenzufluß verbunden sein wird, ist in jeder Maßnahme, die einen Abfluß der Devisen herbeiführt, eine die Devisenbilanz ausgleichende Maßnahme zu sehen.

C. Erfahrungen der BRD in der Rezession 1966/67

Auf der Basis dieser Überlegungen läßt sich anhand der Rezessionserfahrungen der Bundesrepublik aus den Jahren 1966/67[9] der Erfolg der konjunkturbelebenden (und devisenbilanzausgleichenden) notenbank- und finanzpolitischen Maßnahmen abschätzen.

---

[7] Hierbei ist zu beachten, daß sich die Entscheidungsregel geringfügig modifiziert, wenn neben der Kurssicherung der Anlage auch eine Kurssicherung des Zinsertrages erfolgt. Vgl. *Peter Janocha*, Intervention und Kooperation der Zentralbanken auf den Devisenmärkten nach dem Zweiten Weltkrieg, a.a.O., S. 104 ff.

[8] Für eine vollständige Übersicht der Manipulationsmöglichkeiten der Notenbank vgl. S. 123.

[9] Falls nicht anders vermerkt, stammen die im folgenden gemachten Zahlenangaben aus den Bundesbankberichten dieser Epoche.

(1) Beginnend im Dezember 1966 ergriff die Bundesbank eine Reihe von Primärmaßnahmen, um über eine Reduzierung des Liquiditätskoeffizienten und eine Ausweitung der Operationsbasis der Geschäftsbanken die rezessiven Tendenzen in der Wirtschaft zu bekämpfen[10]. Wie aus Abb. 23 hervorgeht, benutzte sie dazu alle wichtigen Mittel ihres Instrumentariums in wiederholtem Einsatz.

So befreite sie von Februar bis September 1967 rd. 6 Mrd. DM Zentralbankguthaben durch Senkung der Mindestreservesätze aus ihrer Bindung; sie bremste durch die Ermäßigung der Abgabesätze von Geldmarktpapieren deren Verkauf an die Geschäftsbanken fast gänzlich; sie bot Gelegenheit zur Reduzierung der unausgenutzten Rediskontkontingente durch eine Senkung des Diskontsatzes von 5 auf 3 %.

Diese Maßnahmen waren nicht erfolgreich. Es gelang nicht, den Anteil der liquiditätsorientierten Dispositionen zu verringern. Im Gegenteil: der Anteil der Liquiditätsanlagen und der Anlagen mit spontaner Liquidisierbarkeit an den Zuflüssen verdreifachte sich fast von Ende 1966 (3,7 %) bis Anfang 1968 (9,3 %), wie Abb. 24 zeigt[11].

Ferner gelang es der Notenbank nicht, über die Senkung des Diskontsatzes den Ausnutzungsgrad des Refinanzierungsspielraums (der Rediskontkontingente) zu erhöhen. Im Gegenteil: das Anwachsen der unausgeschöpften Rediskontkontingente, das im Juli 1966 begonnen hatte, hielt — wie aus Abb. 25 ersichtlich ist — weiter an[12].

Insgesamt gesehen erhöhten sich die ‚freien Liquiditätsreserven‘ der Geschäftsbanken (liquiditätsorientierte Dispositionen in Form von

---

[10] Anfang 1967 sanken die realen Produktionswerte absolut knapp unter die entsprechenden Vorjahrswerte.

[11] Hierbei ist allerdings zu vermerken, daß erstens die Liquiditätsanlagen der Kreditinstitute von den in dieser Untersuchung verwendeten Liquiditätsanlagen und Anlagen mit spontaner Liquidisierbarkeit insofern abweichen, als erstere die Anlagekategorien Kassenbestände der Kreditinstitute und Überschußreserven bei der Bundesbank nicht enthalten und daß zweitens die Liquiditätsanlagen in der Bankenstatistik nicht auf die Zuflüsse an Zentralbankgeld, sondern auf die Einlagen bezogen sind.
Trotz dieser Abweichungen läßt sich der Trend des in dieser Analyse benutzten Liquiditätskoeffizienten in der ‚Entwicklung der Bankenliquidität‘ (Monatsberichte der Deutschen Bundesbank, Statistischer Teil, [I] Bankenstatistische Gesamtrechnungen) sicherlich ebenfalls zuverlässig ablesen.

[12] Dabei ist zu berücksichtigen, daß in dem Anwachsen der unausgeschöpften Rediskontkontingente nicht nur eine — trotz Diskontsenkung — verminderte Inanspruchnahme des Refinanzierungsspielraums zum Ausdruck kommt, sondern in gewissem Umfang auch eine Erhöhung der Bemessungsgrundlage für die Rediskontkontingente infolge ansteigender haftender Mittel der Geschäftsbanken. Dieser Posten ist aber wohl deshalb zu vernachlässigen, weil er auch — und zwar *in verstärktem Maße* — in der vorangegangenen Hochkonjunktur gewirkt hat und somit auf keinen Fall eine Umkehr des Trends im Ausnutzungsgrad herbeiführen konnte. — Vgl. Monatsberichte der Deutschen Bundesbank, 19, 1 (1967), S. 13.

Abb. 23. Kreditpolitische Maßnahmen der Deutschen Bundesbank von Ende 1966 bis Ende 1967

Datum des Inkrafttretens	Mindestreserven[1])	Diskont- und Lombardsatz	Abgabesätze für Geldmarktpapiere
1. Dez. 1966	Senkung der Reservesätze für Inlandsverbindlichkeiten (ausgenommen Spareinlagen) um rd. 9 vH des letzten Standes; Freisetzung von Liquidität: rd. 800 Mio DM		
30. Dez. 1966			Ermäßigung um linear $^1/_4$ %
1. Jan. 1967	Aufhebung des „Kompensationsprivilegs" bei der Mindestreserve für Auslandsverbindlichkeiten; Bindung von Liquidität: rd. 700 Mio DM		
6. Jan. 1967		Ermäßigung des Diskontsatzes von 5 auf $4^1/_2$ %, des Lombardsatzes von $6^1/_4$ auf $5^1/_2$ %	Ermäßigung um linear $^1/_4$ %
17. Jan. 1967			Ermäßigung um linear $^1/_8$ %
20. Jan. 1967			Ermäßigung um linear $^1/_4$ %
1. Febr. 1967	Senkung der Reservesätze für Auslandsverbindlichkeiten auf das Inlandsniveau; Freisetzung von Liquidität: 300 bis 400 Mio DM		
17. Febr. 1967		Ermäßigung des Diskontsatzes von $4^1/_2$ auf 4 %, des Lombardsatzes von $5^1/_2$ auf 5 %	Ermäßigung um linear $^3/_8$ %
1. März 1967	Senkung der Reservesätze für alle Verbindlichkeiten um 10 vH ihres letzten Standes; Freisetzung von Liquidität: rd. 1 700 Mio DM		
14. April 1967		Ermäßigung des Diskontsatzes von 4 auf $3^1/_2$ %, des Lombardsatzes von 5 auf $4^1/_2$ %	Ermäßigung um $^1/_8$ bis $^1/_2$ % je nach Laufzeit
1. Mai 1967	Senkung der Reservesätze für alle Verbindlichkeiten um rd. 6 vH des letzten Standes; Freisetzung von Liquidität: rd. 850 Mio DM		
8. Mai 1967			Ermäßigung um $^1/_8$ bis $^1/_4$ % je nach Laufzeit (nur für unverzinsliche Schatzanweisungen)

Datum des Inkrafttretens	Mindestreserven1)	Diskont- und Lombardsatz	Abgabesätze für Geldmarktpapiere
10. Mai 1967			Ermäßigung um 1/8 % (nur für unverzinsliche Schatzanweisungen)
12. Mai 1967		Ermäßigung des Diskontsatzes von 3 1/2 auf 3 %, des Lombardsatzes von 4 1/2 auf 4 %	Ermäßigung um 1/4 bis 3/8 % je nach Laufzeit
2. Juni 1967			Ermäßigung um 1/4 % (nur für Schatzwechsel und Vorratsstellenwechsel)
1. Juli 1967	Senkung der Reservesätze für alle Verbindlichkeiten um rd. 8 vH ihres *letzten* Standes; Freisetzung von Liquidität: rd. 1 200 Mio DM		
1. Aug. 1967	Senkung der Reservesätze für alle Verbindlichkeiten um rd. 6 vH ihres *letzten* Standes; Freisetzung von Liquidität: rd. 900 Mio DM		
11. Aug. 1967		Ermäßigung des Lombardsatzes von 4 auf 3 1/2 %	
1. Sept. 1967	Senkung der Reservesätze für Spareinlagen um etwa 11 vH, aller anderen Reservesätze um etwa 2,5 vH des *letzten* Standes; Freisetzung von Liquidität: rd. 900 Mio DM		

1) Genannte Beträge jeweils einschließlich der Mindestreserven der Geldinstitute der Bundespost; es sind dagegen nicht berücksichtigt diejenigen Beträge, um die das Mindestreserve-Soll wegen des Wachstums der reservepflichtigen Verbindlichkeiten gleichzeitig zunimmt und die daher die angegebenen Senkungsbeträge in ihrer Wirkung auf das Reserve-Soll etwas mindern.

Quelle: Monatsberichte der Deutschen Bundesbank, 19, 8 (1967), S. 4.

Anlagen mit spontaner Liquidisierbarkeit und unausgenutzte Rediskontkontingente) während eines Jahres um über 12 Mrd. DM.

Aufgrund der liquiditätsorientierten Gegendispositionen der Geschäftsbanken und der mangelnden Bereitschaft, trotz gesunkener Kosten den Refinanzierungsspielraum stärker auszunutzen, wie in Abbildung 25 deutlich wird, gelang es der Bundesbank nicht, so auf die ertragsorientierten Anlagen der Geschäftsbanken einzuwirken, daß es möglich gewesen wäre, die ursprünglich durch verminderte Kreditinanspruchnahme der Privatwirtschaft entstandene Nachfragelücke mittels eines erhöhten und verbilligten Geldangebots zu schließen.

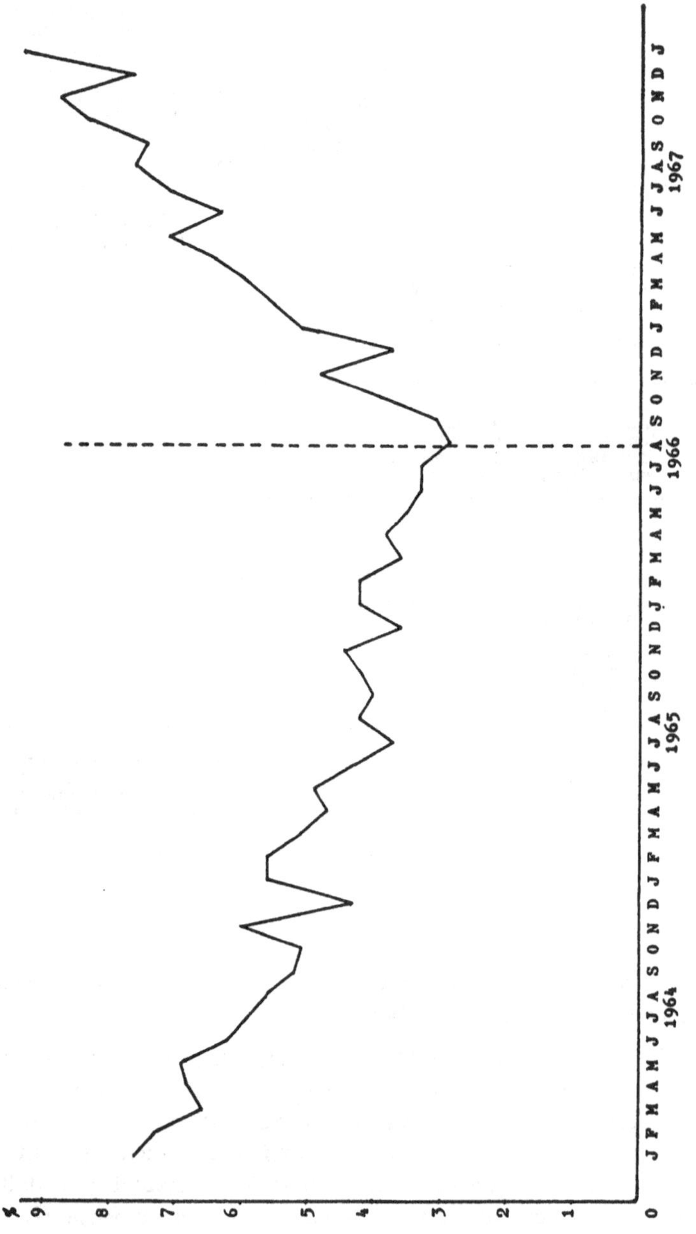

Abb. 24. Liquiditätsanlagen der Kreditinstitute in Prozent ihres Einlagenvolumens

Quelle: Monatsberichte der Deutschen Bundesbank, 20, 11/12 (1968), S. 47.

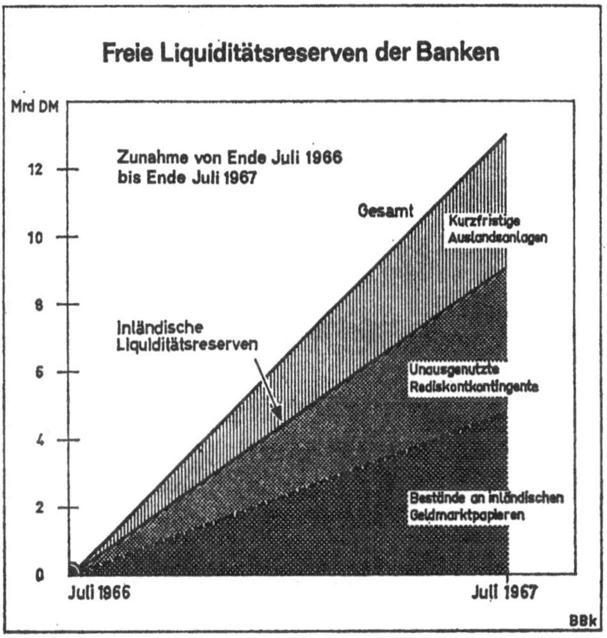

Abb. 25

Quelle: Monatsberichte der Deutschen Bundesbank, 19, 8 (1967), S. 3.

Trotz dieser Maßnahmen und des einsetzenden deficit spending des Staates blieb das Wachstum der Geldnachfrage hinter der Entwicklung des Vorjahres zurück, wie die Darstellung der Kreditgewährung (Abb. 26) zeigt. Zwar ging das Zinsniveau am Kapitalmarkt von etwa 8,5 % im Juli 1966 zurück, stabilisierte sich jedoch Ende Mai 1967 schließlich auf dem für eine Rezession ungewöhnlich hohen Niveau von etwa 7 % (vgl. Abb. 27), wobei die Bundesbank sogar noch durch Offenmarktoperationen unterstützend eingriff.

(2) Aufgrund des in dieser Entwicklung zum Ausdruck kommenden Mißerfolgs der Primärmaßnahmen der Notenbankpolitik kamen — unterstützt von der Notenbank — Sekundärmaßnahmen des Staates zur Anwendung, um den erhöhten Liquiditätsstatus der Geschäftsbanken für konjunkturelle (später auch außenwirtschaftliche) Zielsetzungen zu nutzen: Der Staat führte durch ein vermehrtes Angebot von Geldmarkttiteln (insbesondere von unverzinslichen Schatzanwei-

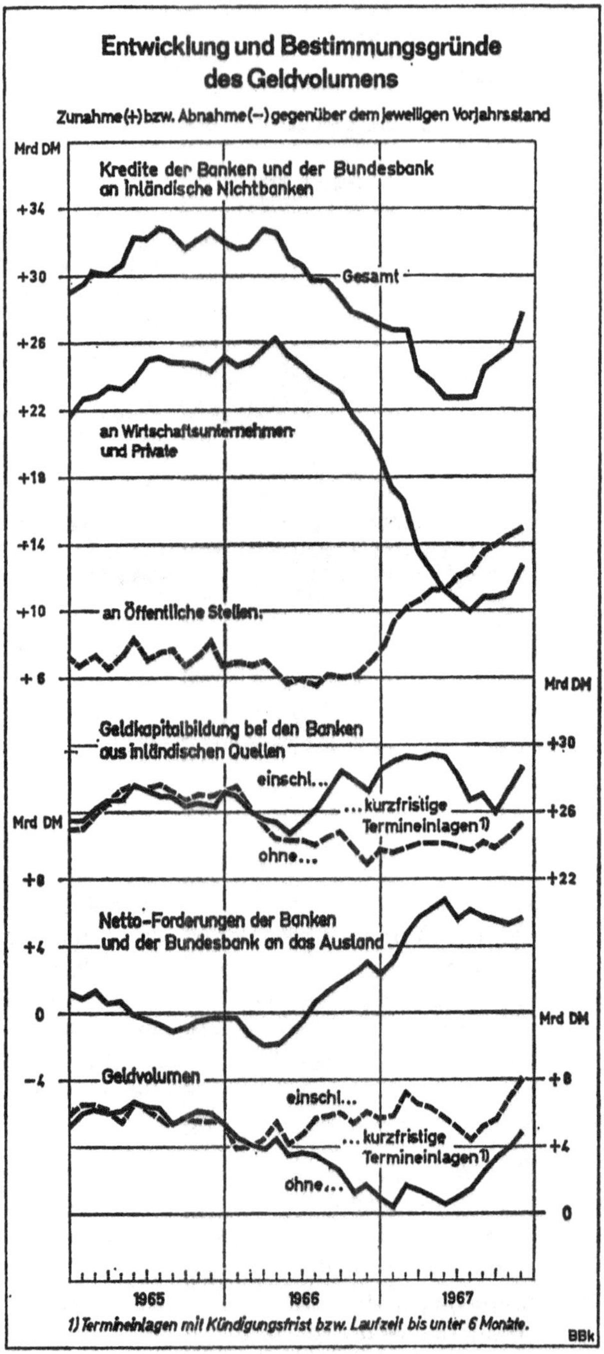

Abb. 26

Quelle: Monatsberichte der Deutschen Bundesbank, 19, 12 (1967), S. 19.

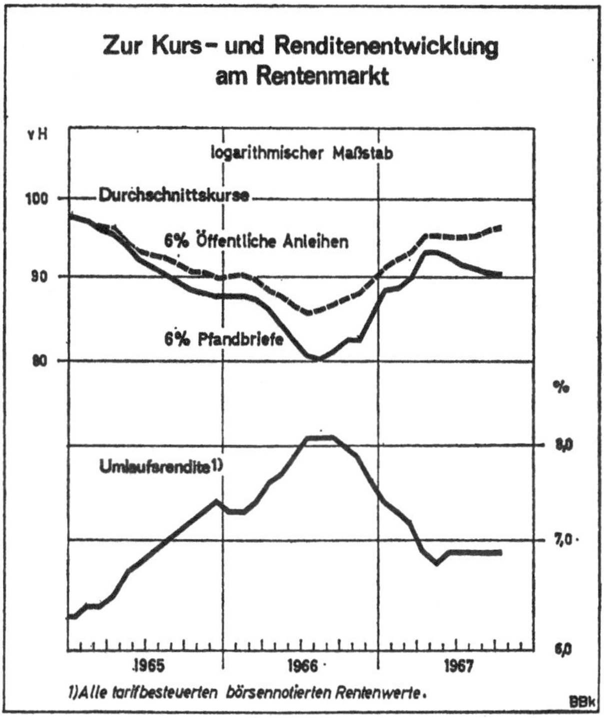

Abb. 27

Quelle: Monatsberichte der Deutschen Bundesbank, 19, 10 (1967), S. 17.

sungen) eine Umschichtung innerhalb der Liquiditätsreserven der Geschäftsbanken herbei, die es ihm ermöglichte, eine Anfinanzierung seiner Investitionen durchführen zu können[13].

Die Bundesbank unterstützte dieses Vorhaben, indem sie Anlagen mit spontaner Liquidisierbarkeit im Ausland entmutigte: Im Januar 1967 hob sie das Kompensationsprivileg bei den Mindestreserven auf; Anfang Juli erweiterte sie die Schwankungsbreite für ihre An- und Verkaufskurse am Devisenkassamarkt für US-Dollar von ursprünglich 0,0050 DM pro US-Dollar auf 0,0250 DM und trug damit zu einer Erhöhung der Kurssicherungskosten für Geldanlagen im Ausland bei.

[13] Das gilt in erster Linie für den Bund. Länder und Gemeinden waren zurückhaltend bei der Anfinanzierung ihrer Investitionen durch die Emission von Geldmarktpapieren, obwohl die Bundesbank die — wenn auch nicht unbeschränkte — Hereinnahme dieser Papiere in die Geldmarktregulierung zugesagt hatte. — Vgl. Monatsberichte der Deutschen Bundesbank, 19, 10 (1967), S. 5.

Des weiteren verschob die Bundesbank Ende August die Grenze zwischen liquiditäts- und ertragsorientierten Vermögensanlagen zugunsten der ersteren, indem sie Kassenobligationen des Bundes, der Bundesbahn und der Bundespost (verzinsliche Schuldverschreibungen mit einer Laufzeit von drei oder vier Jahren) mit einer Restlaufzeit von 18 Monaten und weniger in die Geldmarktregulierung einbezog und diese damit (bei sofortiger Liquidisierbarkeit[14], allerdings mit variablen Ankaufsätzen) zu quasi-liquiditätsorientierten Anlagen machte. Auch mit dieser Maßnahme versuchte die Bundesbank, eine bessere Ausnutzung der liquiditätsorientierten Anlagen der Geschäftsbanken zum Zwecke der Konjunkturbelebung zu erzielen.

Etwa zur gleichen Zeit dehnte sie mit dem Erwerb ertragsorientierter Anlagen (Staatsanleihen) ihre Offenmarkttransaktionen auf langfristige Wertpapiere aus, um einerseits einen drohenden Wiederanstieg der Kapitalmarktzinsen zu verhindern und um andererseits die Maßnahmen des Staates zur Ausnutzung der erhöhten Liquiditätsanlagen der Geschäftsbanken nicht zu stören.

Aufgrund des sich aus Zinsdifferenzen zwischen In- und Ausland und Kurssicherungskosten ergebenden Renditegefälles ($i_A - i_I + s > 0$) (vgl. Abb. 28) stiegen die von den Banken in der BRD gehaltenen kurzfristigen Auslandsforderungen von Ende Juni 1966 bis Ende September 1967 um 3,7 Mrd. DM an.

Während die Bundesbank dieser Entwicklung zunächst durch die angeführten Maßnahmen entgegenwirkte (Streichung des Kompensationsprivilegs, Erhöhung der Schwankungsbreite für An- und Verkaufskurse am Kassamarkt für US-Dollar), visierte sie mit zunehmender (An-)Finanzierung staatlicher Investitionen das Nebenziel des Zahlungsbilanzausgleichs in Form einer ausgeglichenen Devisenbilanz an. Dabei ließ sie sich von der Überlegung leiten, daß der kurzfristige Ausgleich mittels Geldexport im Laufe der Zeit durch einen langfristigen mittels Kapitalexport ersetzt werden könnte[15]. Aus diesem Grund begrüßte sie nicht nur den Geldexport[16], der in der Tat von

[14] Bisher bestand für diese Papiere in der BRD kein funktionsfähiger Markt.

[15] „Freilich können Geldexporte dieses Umfangs kaum als ein dauerhaftes Mittel zum Ausgleich des Überschusses der laufenden Transaktionen angesehen werden. Auf längere Sicht bedarf es hierzu, wenn die Überschüsse anhalten, langfristiger Kapitalexporte." — Monatsberichte der Deutschen Bundesbank, 19, 11 (1967), S. 4.

[16] „Durch den Re-export von Devisenzuflüssen aus den laufenden Transaktionen und durch die Anlage von im Inland freigesetzter Liquidität auf den ausländischen Geldmärkten trugen die deutschen Banken in erheblichem Umfang dazu bei, die Rückwirkungen der deutschen Leistungsbilanzüberschüsse auf die Währungsreserven des Auslands in engen Grenzen zu halten." — Monatsberichte der Deutschen Bundesbank, 19, 11 (1967), S. 3.

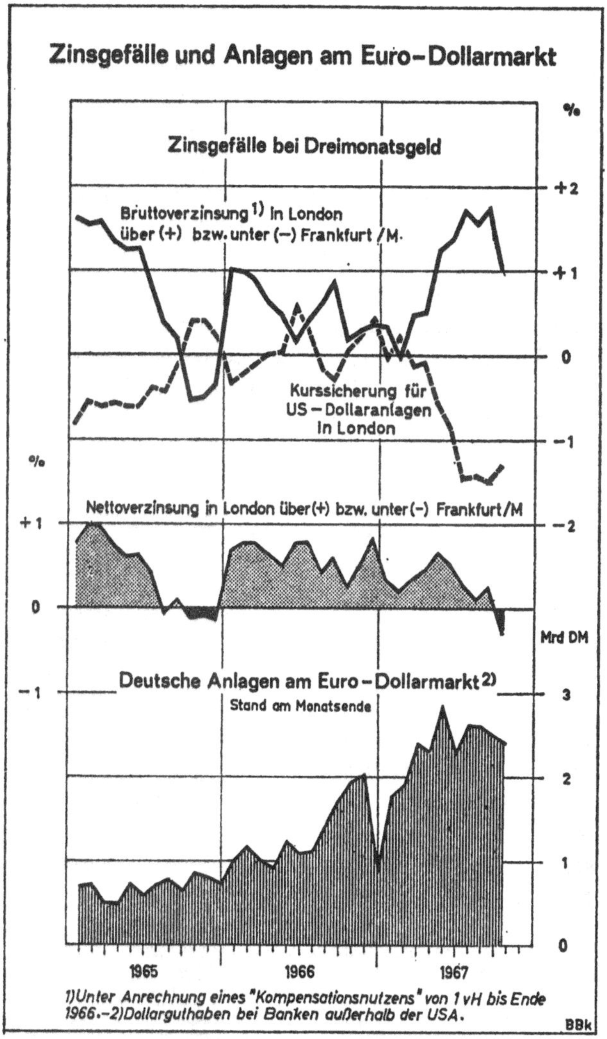

Abb. 28

Quelle: Monatsberichte der Deutschen Bundesbank, 19, 11 (1967), S. 8.

Januar bis Oktober 1967 die Devisenbilanz nahezu völlig ausglich[17], sondern förderte ihn auch, als sich im November im Zusammenhang mit der Pfundabwertung verstärkte Zuflüsse an Auslandsgeld einstellten[18]. Diese Förderung bestand in einer mit dem 24. November 1967 einsetzenden Swapsatzpolitik, die es den Geschäftsbanken ermöglichte, Swapkontrakte mit der Bundesbank abzuschließen zu Kurssicherungskosten, die unter dem sich marktmäßig bildenden Deport lagen. Für Dreimonatsgeld (US-Dollar-Anlagen) wurde statt eines marktmäßigen Deports von rund 3 % p. a. nur 1³/₄ % p. a. berechnet, vorausgesetzt, die Laufzeit der Swaps endete nicht vor dem 2. Januar 1968[19]. Es kam in den 14 Tagen nach Bekanntgabe des Beschlusses zu Swaptransaktionen der Geschäftsbanken mit der Bundesbank in Höhe von 2,4 Mrd. D-Mark, wovon neben der Absicherung der Dollarforderungen der Exporteure und bereits im Ausland angelegter Bankgelder ein Teil zur Erhöhung der Geldexporte diente.

D. Beurteilung der eingesetzten Maßnahmen unter Einbeziehung der Erfahrungen der BRD in der konjunkturellen Überhitzung 1969/70

(1) Die Bundesbank konnte im Hinblick auf die angestrebten Ziele einen Erfolg ihrer mit der Finanzpolitik kombinierten Maßnahmen verbuchen: Die Konjunktur belebte sich[20], und die Zahlungsbilanz, repräsentiert durch die Devisenbilanz, wurde nahezu ausgeglichen. Als gewünschte Begleiterscheinung schien zugleich ein Beitrag zur Überwindung der seit der Pfundabwertung (November 1967) klarer denn je zutage tretenden Schwäche des internationalen Währungssystems geleistet worden zu sein, so daß die angesichts der exorbitant hohen Leistungsbilanzüberschüsse entstandenen Gerüchte um eine Aufwertung der D-Mark zunächst verstummten.

---

[17] Der Saldo der laufenden Posten betrug + 8 Mrd. DM, der Saldo des gesamten langfristigen Kapitalverkehrs ./. 3 Mrd. DM und der Saldo des gesamten kurzfristigen Kapitalverkehrs ./. 4,9 Mrd. DM, so daß sich ein Saldo der Devisenbilanz — korrigiert um Restposten — von + 0,3 Mrd. DM ergab.

[18] Die kurzfristigen Auslandsverbindlichkeiten der Banken erhöhten sich in den ersten Novemberwochen um rund 400 Mio. DM.

[19] Am 29. November und 1. Dezember 1967 wurden die Deportsätze wie folgt geändert: Für solche Abschlüsse, die zwischen dem 2. und 31. Januar 1968 fällig wurden, wurde der Swapsatz auf 2 ¹/₂ % p.a., für nach dem 31. Januar 1968 fällig werdende Abschlüsse mit einer Laufzeit von höchstens drei Monaten wurde er auf 2 ¹/₄ % festgelegt. — Vgl. Monatsberichte der Deutschen Bundesbank, 19, 11 (1967), S. 6.

[20] Wenn auch einschränkend ergänzt werden muß, daß aufgrund internationaler Konjunkturausgleichsbewegungen der Erfolg nicht eindeutig der inländischen kombinierten Notenbank- und Finanzpolitik zugeordnet werden darf — vgl. hierzu vor allem: *Hans Besters*, Konjunktur und Außenhandel. Ein Beitrag zur dynamischen Theorie des Zahlungsbilanzausgleichs, als Manuskript vervielfältigt, Köln 1953.

Dieser Erfolg sowohl für die Konjunkturbelebung als auch für den Ausgleich der Devisenbilanz war weitgehend auf die Unterstützung der Primärmaßnahmen durch die Sekundärmaßnahmen zurückzuführen. Die Bundesbank räumte — wenn auch zögernd — ein, daß es allein mit Primärmaßnahmen — obwohl in massierter Bündelung eingesetzt — nicht möglich gewesen wäre, über einen Anstieg der ertragsorientierten Anlagen eine Wiederbelebung der Konjunktur zu erreichen: „Wenn die ... Disproportionalitäten zwischen den verschiedenen Teilmärkten [gemeint ist hier: der ertrags- und liquiditätsorientierten Anlagen; d. V.] nicht verschwanden, so sprach das auch dafür, daß sie mit weiterem Einsatz der üblichen kreditpolitischen Mittel ... nicht zu beseitigen gewesen wären[21]."

Auch der Ausgleich der Devisenbilanz (Überwindung der Schwäche der Währungsordnung, Entkräftung der Aufwertungsgerüchte) war auf eine spezielle Art der Sekundärmaßnahmen, nämlich der Förderung bzw. Duldung der Liquiditätsanlagen mit spontaner Liquidisierbarkeit im Ausland, zurückzuführen.

(2) Daran knüpft sich die Frage, inwieweit die Beurteilung des Erfolgs der eingesetzten Maßnahmen im Hinblick auf die genannten Ziele unabhängig davon sein kann, ob er mit Sekundär- oder mit Primärmaßnahmen erreicht wurde.

Sieht man davon ab, daß die Sekundärmaßnahmen aufgrund ihrer Kurzfristigkeit (bis zu zwei Jahre) im Vergleich zu den Primärmaßnahmen, die zu einem Großteil längerfristig wirken (über zwei Jahre), von Zeit zu Zeit erneuert werden müssen, um die gleiche zeitliche Wirksamkeit zu erzielen, und sieht man ferner davon ab, daß der Grad des Erfolgs je nach der gewählten Maßnahmengruppe unterschiedlich sein wird[22], so scheint eine differenzierte Beurteilung beider Maßnahmenkategorien nicht nötig zu sein. Dazu finden sich auch in den Notenbankberichten keinerlei Ansatzpunkte.

Aber ein solcher Schluß basiert auf der Vorstellung, daß die Sekundärmaßnahmen, die sich kurzfristig als mindestens ebenso wirksam erweisen wie die Primärmaßnahmen, auch langfristig zuverlässig wirken könnten und somit positiv zu beurteilen seien. Nicht immer aber müssen die Fernwirkungen kurzfristiger Maßnahmen mit ihren unmittelbaren Wirkungen im Einklang stehen. So kann — um ein Beispiel von Bombach aufzugreifen[23] — der Fall eintreten, daß wir-

[21] Monatsberichte der Deutschen Bundesbank, 19, 10 (1967), S. 6.

[22] Das trifft z. B. deshalb zu, weil es bei Sekundärmaßnahmen nicht zu einer Senkung des Kapitalmarktzinsniveaus kommt und weil eine Zurückhaltung (insbesondere der Länder und Gemeinden) gegenüber einer Anfinanzierung langfristiger Investitionen zu beobachten ist.

[23] Vgl. *Gottfried Bombach*, Taktik und Strategie in der Wirtschaftspolitik, Kyklos, XX (1967), S. 117.

kungsvolle Deflationsmaßnahmen zur Dämpfung eines Preisauftriebs langfristig über eine Drosselung des Wachstums die Inflation erhöhen, so daß sich in bezug auf das gleiche Ziel kurzfristig eine positive, langfristig aber eine negative Beurteilung ergibt. Oder aber es kann eine in bezug auf ein bestimmtes Ziel erfolgreiche Maßnahme in the long run negative Nebenwirkungen auf andere Ziele bzw. auf die Wirksamkeit von Maßnahmen zur Erreichung anderer Ziele zeigen, die den Erfolg, der ihr ursprünglich zugeschrieben wurde, nachträglich in Frage stellen. Ein Beispiel dafür wäre eine zwar erfolgreiche Politik der Einkommensverteilung zugunsten der Lohnempfänger, die aber langfristig zu Wachstumseinbußen führt, so daß im Extremfall die Maßnahmen — selbst von den Begünstigten — als ein Fehlschlag empfunden werden.

Wenn aber — wie die Beispiele zeigen — die Bedeutung einer Maßnahme in the long run nicht ohne weiteres aus ihrer momentanen Wirksamkeit abzuleiten ist, dann liegt es auf der Hand, daß die Wirkungen von Primärmaßnahmen und Sekundärmaßnahmen auch in einer längerfristigen Betrachtung miteinander verglichen werden müssen.

(a) In bezug auf das Hauptziel der konjunkturellen Belebung ist festzustellen, daß es mit Primärmaßnahmen im Wege einer Reduzierung des Liquiditätsverhältnisses (und besserer Ausnutzung des Refinanzierungsspielraums) der Geschäftsbanken erreicht werden soll, während Sekundärmaßnahmen die Ausdehnung dieser Relation zu nutzen versuchen. Dieser Unterschied wird dann bedeutsam, wenn die Notenbank ihr Instrumentarium zur Abschwächung einer konjunkturellen Überhitzung einsetzen muß.

Der Erfolg von Primärmaßnahmen der Notenbank in einer Hochkonjunktur beruht nämlich — von der Offenmarktpolitik mit Nichtbanken abgesehen — auf der Möglichkeit, über eine Erhöhung des Liquiditätskoeffizienten (durch Erhöhung der Mindestreserven, Abgabe von Offenmarktpapieren) und durch eine verringerte Ausnutzung des Refinanzierungsspielraums (Heraufsetzung des Diskontsatzes) dämpfend auf die ertragsorientierten Abflüsse und damit auf die konjunkturelle Entwicklung einzuwirken.

Das gelingt, abgesehen von den Gegenmaßnahmen der Privaten (intensivere Nutzung der umlaufenden Geldmenge, Verwendung von Geldsubstituten) und einer unzureichend steuerbaren Erhöhung der Operationsbasis durch Devisenzuflüsse, dann, wenn die Geschäftsbanken keine Gegenmaßnahmen ergreifen, in diesem Fall, wenn sie sich nicht um eine Aufrechterhaltung oder Reduzierung ihres Liquiditätskoeffizienten bemühen und darüber hinaus keine Refinanzierungsmöglichkeiten besitzen. *Neigung* und *Möglichkeit* der Geschäftsbanken zur Verringerung der Liquiditätsrelation und zur Ausnutzung eines Refinanzierungsspielraums sind somit für den Erfolg der Primärmaßnahmen der Notenbank entscheidend.

Da unterstellt werden kann, daß — in Analogie zur Rezession — die *Neigung* dazu infolge Anstiegs der Opportunitätskosten der Liquiditätsanlagen und eines unausgenutzten Refinanzierungsspielraums (einschließlich der Verringerung der Anlagerisiken) sowie aufgrund von Erwartungen hinsichtlich eines Wiederabsinkens der Zinssätze (Anstiegs der Wertpapierkurse) vorhanden ist, hängt es letztlich allein von der *Möglichkeit* ab, das Liquiditätsverhältnis aufrechtzuerhalten oder zu reduzieren und das Refinanzierungsvolumen konstant zu lassen oder zu erhöhen, ob sich der gewünschte Erfolg notenbankpolitischer Aktivität einstellt.

Die Notenbankpolitik wird in ihrer kontraktiven Wirksamkeit um so länger behindert, je besser die Geschäftsbanken einer Erhöhung des Liquiditätsverhältnisses durch kompensierende Maßnahmen entgegenarbeiten oder dieses sogar reduzieren können und je größer die noch nicht beanspruchten Refinanzierungsmöglichkeiten sind. Die Voraussetzungen dafür sind für die Geschäftsbanken um so günstiger, je stärker in einer vorangegangenen Rezession über einen Einsatz von Sekundärmaßnahmen der Liquiditätskoeffizient und der Refinanzierungsspielraum erhöht worden sind.

Diese Aussage findet ihre Bestätigung durch die Erfahrungen, wie sie in der BRD in der konjunkturellen Überhitzung von 1969/70 gemacht worden sind[24]:

Beginnend im Frühjahr 1969 ergriff die Bundesbank eine Reihe von Maßnahmen, um über eine Einschränkung der Operationsbasis der Geschäftsbanken und/oder eine Erhöhung des Liquiditätskoeffizienten die konjunkturelle Überhitzung in der Wirtschaft[25] zu dämpfen. Wie aus Abb. 29 hervorgeht, benutzte sie dazu alle wichtigen Mittel ihres Instrumentariums in wiederholtem Einsatz.

So erhöhte sie mehrmals die Mindestreserven (z. B. für Sichtverbindlichkeiten der Reserveklasse 1 an Bankplätzen von 9,25 auf 12,05 % der reservepflichtigen Verbindlichkeiten), hob in der Zeit von März

[24] Die folgenden Zahlenangaben stammen aus den Bundesbankberichten dieser Epoche.

[25] So heißt es in den Bundesbankberichten über die konjunkturelle Situation im Frühjahr 1969: „Die Daten über Kapazitätsauslastung, Auftragsbestände und Lieferfristen in der Industrie zeigen, daß die Überforderung von der Nachfrageseite her in vielen Bereichen sogar stärker ist als 1964/65, der vorangegangenen Boomperiode.“ (Monatsberichte der Deutschen Bundesbank, 21/6 [1969], S. 8.)

Abb. 29. Kreditpolitische Maßnahmen der Deutschen Bundesbank von Anfang 1969 bis Mitte 1970

Datum des Inkrafttretens	Mindestreserven	Diskont- und Lombardsatz	Abgabesätze für Geldmarktpapiere
20. März 1969 [1]	—	Erhöhung des Lombardsatzes von 3 1/2 auf 4 % [2]	—
18. April 1969	—	Erhöhung des Diskontsatzes von 3 auf 4 % und des Lombardsatzes von 4 auf 5 %	Erhöhung der Abgabesätze
1. Juni 1969	Erhöhung der Mindestreservesätze auf Inlandsverbindlichkeiten um 15 % und auf Auslandsverbindlichkeiten um 50 %	—	—
20. Juni 1969	—	Erhöhung des Diskontsatzes von 4 auf 5 % und des Lombardsatzes von 5 auf 6 %	Erhöhung der Abgabesätze
1. Aug. 1969	Erhöhung der Mindestreservesätze um 10 %	—	—
11. Sept. 1969	—	Erhöhung des Diskontsatzes von 5 auf 6 % und des Lombardsatzes von 6 auf 7 1/2 %	Erhöhung der Abgabesätze
1. Nov. 1969	Angleichung der Mindestreservesätze gegenüber dem Ausland an die Sätze für Inlandsverbindlichkeiten — Aufhebung der 100 %igen Mindestreservepflicht für den Zuwachs an Verbindlichkeiten gegenüber dem Ausland — Allgemeine Senkung der Mindestreservesätze um 10 % [3]	—	—
4. Dez. 1969	—	Erhöhung des Lombardsatzes von 7 1/2 auf 9 %	—

[1]) Im Februar 1969 hatte die Bundesbank bereits ihre Offenmarktoperationen in langfristigen Schuldtiteln eingestellt (vgl. S. 214).

[2]) Außerdem wurde ein Beschluß gefaßt, die Rediskontkontigente um 20 % zu kürzen, der im Juli 1969 wirksam geworden ist.

[3]) Sonderbewegungen im Zusammenhang mit der Aufwertung zur teilweisen Kompensation des Mittelabflusses ins Ausland.

Datum des Inkrafttretens	Mindestreserven	Diskont- und Lombardsatz	Abgabesätze für Geldmarktpapiere
8. Dez. 1969	—	—	Erhöhung der Abgabesätze (mit Ausnahme der Sätze für Schatzwechsel des Bundes und der Bundesbahn)
1. Jan. 1970	Erhöhung der Mindestreservesätze	—	—
9. März 1970	—	Erhöhung des Diskontsatzes von 6 auf $7^1/_2$ % und des Lombardsatzes von 9 auf $9^1/_2$ %	Erhöhung der Abgabesätze
1. April 1970	Zusätzliche Mindestreserven für die Zunahme von Verbindlichkeiten gegenüber dem Ausland in Höhe von 30 %	—	—
1. Juli 1970	Erhöhung der Mindestreservesätze um 15 %	—	—

1969 bis März 1970 den Diskontsatz von 3 auf $7^1/_2$ % und den Lombardsatz von $3^1/_2$ auf $9^1/_2$ % an, erhöhte die Sätze für den Verkauf von Geldmarktpapieren am offenen Markt von April 1969 bis März 1970 in mehreren Stufen (z. B. für Schatzwechsel des Bundes und der Bundesbahn mit einer Laufzeit von 30 bis 59 Tagen von $3^5/_8$ auf $6^7/_8$ %).

Die beabsichtigte Einschränkung der Operationsbasis und/oder Erhöhung der Liquiditätskoeffizienten der Geschäftsbanken trat nicht ein. Im Gegenteil: die Liquiditätsquote der Banken — freie Liquiditätsreserven (freiwillige liquiditätsorientierte Dispositionen und unausgenutzte Rediskontkontingente) in % des Einlagevolumens[26] — sank von 15,2 % (Mai 1969) auf 6,3 % (Juni 1970) (vgl. Abb. 30). Insgesamt verringerten sich die freien Liquiditätsreserven der Geschäftsbanken während dieser Zeit um rd. 22 Mrd. DM.

[26] Es ist darauf aufmerksam zu machen, daß die Bundesbank 1970 die statistische Präsentation der Entwicklung der Bankenliquidität in einzelnen Punkten verändert hat. Zu den freien Liquiditätsreserven gehören danach: inländische Geldmarktpapiere, kurzfristige Auslandsanlagen, unausgenutzte Rediskontkontingente, Überschußguthaben, reduziert um die Lombardverpflichtungen. (Vgl. Erläuterungen zur Liquiditätsanalyse der Bundesbank, a.a.O., S. 31.)

Aufgrund der liquiditätsorientierten Gegendispositionen der Geschäftsbanken und der trotz gestiegener Kosten vermehrten Ausnutzung des Refinanzierungsspielraums[27] gelang es der Bundesbank nicht, so auf die ertragsorientierten Anlagen der Geschäftsbanken einzuwirken, daß es möglich gewesen wäre, die Zunahme in der Kreditinanspruchnahme der Nichtbanken einzuschränken. Im Gegenteil: die Kredite an inländische Nichtbanken stiegen im ersten Halbjahr 1969 um 20,1 Mrd. (erstes Halbjahr 1968 19,5 Mrd.), im zweiten Halbjahr 1969 um 32,7 Mrd. (zweites Halbjahr 1968 22,6 Mrd.) und im ersten Halbjahr 1970 um 22,7 Mrd. (erstes Halbjahr 1969 20,1 Mrd.), also jeweils stärker als im entsprechenden Vorjahrszeitraum (vgl. Abb. 30).

(b) Für die Einwirkung auf das Nebenziel des Zahlungsbilanzausgleichs ist es ebenfalls von Bedeutung, ob Sekundärmaßnahmen (Geldexport) oder Primärmaßnahmen zuverlässiger wirken. Allerdings erfolgt hier die zur Beurteilung wichtige Grenzziehung nicht wie beim Hauptziel zwischen Primär- und Sekundärmaßnahmen, denn die Primärmaßnahmen können in zweifacher Weise einem Zahlungsbilanzausgleich dienen,

— indem sie über eine Erhöhung der Einkommen im Inland und damit der Importe (evtl. — falls die Konjunkturbelebung aufgrund von Engpässen von Preiserhöhungen begleitet ist — bei tendenziellem Rückgang der Exporte) auf einen gütermäßigen Ausgleich der Zahlungsbilanz hinwirken (Primärmaßnahmen des ersten Typs),
— indem sie — beispielsweise über die Schaffung eines Renditegefälles — den Ausgleich mittels langfristigem Kapitalexport begünstigen (Primärmaßnahmen des zweiten Typs).

In der Beurteilung der Wirkungen dieser Maßnahmen auf das angestrebte Ziel sind in erster Linie die Primärmaßnahmen des ersten Typs (Ausgleich der Zahlungsbilanz als Ausgleich der Leistungsbilanz) von den Primärmaßnahmen des zweiten Typs sowie den Sekundärmaßnahmen (Ausgleich der Zahlungsbilanz als Ausgleich der Devisenbilanz) zu unterscheiden[28].

Die Erwartung eines Zahlungsbilanzausgleichs von Geld- und Kapitalströmen beinhaltet eine unzulässige Isolierung der Kapitalbilanz von der Leistungsbilanz.

---

[27] „Die Banken haben ihre Rediskontkontingente bei der Bundesbank stärker denn je ausgenutzt und darüber hinaus oft und mit zum Teil hohen Beträgen den Lombardkredit der Bundesbank in Anspruch genommen." (Monatsberichte der Deutschen Bundesbank, 22,3 [1970], S. 5).

[28] Vgl. *Hans Besters*, Zahlungsbilanz, in: Staatslexikon, a.a.O., Spalten 929 ff.

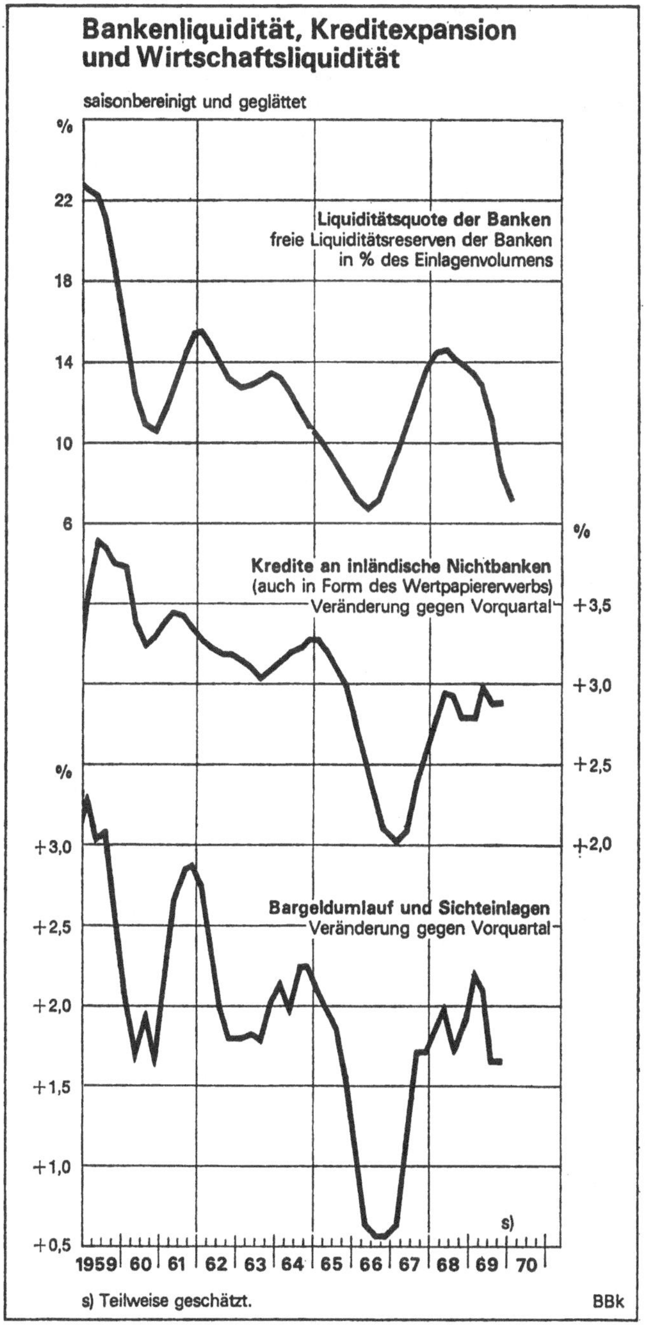

Abb. 30

Qelle: Berichte der Deutschen Bundesbank, 22, 7 (1970) S. 35.

Wie aus der Transfertheorie — von A. Hahn pointiert als Bumerangthese vorgetragen[29] — bekannt ist, werden Kapitalexporte nicht per se zu einer die Leistungsbilanz ausgleichenden Kraft. Hier muß eine differenzierte Analyse über Aufbringung und Verwendung des Kapitals erfolgen, bei der sich als durchaus denkbares Ergebnis herausstellen kann, daß es für einen ständigen Ausgleich der Devisenbilanz kumulativer Kapitalexporte bedürfte, wie es Hahn — allerdings in generalisierender Weise — dargelegt hat.

Nur in Ausnahmefällen kann von der ungleichgewichtsverstärkenden Wirkung dieser die Devisenbilanz ausgleichenden Transaktionen abgesehen werden; dann nämlich, wenn zwei Voraussetzungen erfüllt sind:

— Einerseits muß es sich um den Transfer freier Liquiditätsanlagen ins Ausland handeln, durch den in keiner Weise die Primärmaßnahmen des ersten Typs und damit die Tendenz zum Ausgleich der Leistungsbilanz beeinträchtigt werden;

— andererseits müssen die ins Ausland transferierten Gelder (z. B. zur Auffüllung der Währungsreserven) stillgelegt werden.

Während die erste Annahme, zumindest was die Sekundärmaßnahmen angeht, aufgrund der analysierten Situation als realistisch angesehen werden kann, trifft die zweite Annahme lediglich für einen Spezialfall zu. In der Regel muß von der Verausgabung der zugeflossenen Gelder ausgegangen werden. Hierbei sind eine Reihe von Annahmen hinsichtlich der das Zahlungsbilanzungleichgewicht verstärkenden Wirkungen möglich, die von einer Maximalwirkung bei liefergebundenen Krediten (Erhöhung des Leistungsbilanzüberschusses in Höhe des Kapitaltransfers) bis hin zu einer neutralen Wirkung (keine Erhöhung der Importe aus dem kapitalexportierenden Land) reichen. Dazwischen liegt die ganze Skala von realistischen Konstellationen einer positiven Importneigung (Anstieg der Importe mit den aus dem Kapitalimport wachsenden Einkommen), die besonders in den Ländern zu Importen führen, die relativ billig sind, und dazu kann ein Land mit Rezession bzw. schwächerem Preisauftrieb gerechnet werden, wie die Leistungsbilanzüberschüsse beweisen.

Damit ist die Beurteilung der Sekundärmaßnahmen (wie auch der Primärmaßnahmen des zweiten Typs) in bezug auf das Nebenziel des Zahlungsbilanzausgleichs — ähnlich wie bei Sekundärmaßnahmen in bezug auf das Hauptziel — nicht durchgängig positiv, zumal auf diese

---

[29] Vgl. *A. Hahn*, Kapitalausfuhr: Illusion und Wirklichkeit, in: Die Zeit: Nr. 3, 15. 6. 1958, wiederabgedruckt in: Geld und Kredit, Frankfurt a. M., S. 28 ff. sowie weitere Aufsätze in diesem Sammelband.

Weise ursachenadäquate Maßnahmen zum Zahlungsbilanzausgleich hinausgeschoben werden.

Auch zur Stützung der internationalen Währungsordnung leisten diese Sekundärmaßnahmen nicht den von der Notenbank erwarteten Dienst. Denn das Hauptproblem der internationalen Währungsordnung ist nicht die reichliche Bereitstellung von Liquidität an Defizitländer mit ihren negativen Folgen für Währungsstabilität, Produktionsstruktur etc., sondern die Einleitung effektiver Anpassungsprozesse bei Zahlungsbilanzungleichgewichten in Form fundamental gestörter Leistungsbilanzen. Maßnahmen zur Ausdehnung der Liquidität sind nur im Zusammenhang mit solcher Anpassung sinnvoll[30]. Die Sekundärmaßnahmen der Notenbank sind indessen eindeutig Maßnahmen der ersten Kategorie, die die Wirkung haben, die notwendige Anpassung hinauszuzögern, ohne diese aber letztlich — nachdem längere Zeit Fehlentwicklungen hingenommen worden sind — ersetzen zu können.

Diese Aussage wird durch die Entwicklung im Jahre 1969 in der BRD bestätigt: Obwohl es gelang, den positiven Saldo in der Bilanz der laufenden Posten seit der Rezession (Anfang 1967) bis zum Ende des ersten Quartals 1969 in Höhe von +22,7 Mrd. DM durch den Saldo des gesamten Kapitalverkehrs in Höhe von —25,7 Mrd. DM überzukompensieren, und der Gesamtbestand an Gold und Auslandsforderungen der Bundesbank im April 1969 nicht höher lag als Mitte 1968, kam es Ende April und Anfang Mai 1969 zu spekulativen Bewegungen in Erwartung einer DM-Aufwertung. Die Bundesbank zog danach selbst die Eignung der Sekundärmaßnahmen (sowie Primärmaßnahmen des zweiten Typs) zum Zahlungsbilanzausgleich und zur Stützung der internationalen Währungsordnung in Zweifel: „Die Basis der Aufwertungserwartung dürfte letztlich in der anhaltenden *Überschußposition* der Bundesrepublik in der *laufenden Rechnung* ihrer Zahlungsbilanz zu sehen sein. Die Tatsache, daß diese Überschüsse Monat für Monat durch *Kapitalausfuhren* überkompensiert wurden, wog demgegenüber offenbar wenig[31].“ Als auch im dritten Quartal die spekulativen Transaktionen in Erwartung einer DM-Aufwertung nicht nachließen[32], gab die Bundesregierung Ende September zunächst den Kurs der DM frei, um Ende Oktober einen um 9,3 % geänderten Außenwert gegenüber dem US-Dollar festzusetzen.

---

30 Vgl. *Bodo Steinmann*, Zur Neugestaltung der internationalen Währungsordnung, Diss. Freiburg 1964, insbes. S. 161 ff.

31 Monatsberichte der Deutschen Bundesbank, 21,6 (1969), S. 37 (Hervorhebungen vom Verfasser).

32 Nach Schätzungen der Bundesbank betrugen die Geldzuflüsse aus dem Ausland von Anfang Februar bis Ende September 1969 — gemessen an den Restposten der Zahlungsbilanz, an den im Ausland aufgenommenen Finanzkrediten und an der Zunahme der kurzfristigen Auslandsverbindlichkeiten

(3) Damit zeigt ein längerfristiger Vergleich der Primärmaßnahmen (des ersten Typs) mit den Sekundärmaßnahmen sowohl in bezug auf das Hauptziel als auch in bezug auf das Nebenziel — abgesehen von der ausgeklammerten unterschiedlichen Intensität und Wirkungsdauer beider Maßnahmenkategorien — erhebliche Wirkungsdifferenzen. Die Sekundärmaßnahmen sind nicht als vollwertiger Ersatz für die Primärmaßnahmen anzusehen, wie es das Studium der Bundesbankberichte nahelegt, wenn man ihre negativen langfristigen (Neben-)Wirkungen in das Kalkül einbezieht.

der Kreditinstitute — rd. 20 Mrd. DM (Monatsberichte der Deutschen Bundesbank, 21,11 [1969], S. 38). Zwar muß es sich dabei nicht in vollem Umfang um spekulative Zuflüsse gehandelt haben, andererseits waren ‚flottierende' Auslandsgelder, die in langfristigen DM-Werten angelegt wurden, nicht enthalten.

Verzeichnis der verwendeten Symbole

(A)	Ausland
A	Angebot an Geld seitens der Geschäftsbanken
AB	... in Form von Bargeld
AS	... in Form von Sichtguthaben
(B)	Bankensektor
C	Konsum der Haushalte
$D_{(St)}$	ertragsorientierte Dispositionen der Geschäftsbanken gegenüber dem Unternehmenssektor (Staatssektor)
$_KD_{(St)}$	... in Form von à-Konto-Krediten
$_WD_{(St)}$	... in Form von Wertpapierkäufen
$_KDe$ ($_VDe$)	Devisenkauf (-verkauf) in Höhe des Export- (Import-) überschusses
$E_{(B)}$	Änderung des ertragsorientierten Finanzvermögens der Haushalte (gegenüber den Geschäftsbanken)
$_ZE$	... in Form einer Erhöhung (Verringerung) von Zeitdepositen
$_WE$	... in Form eines Kaufs (Verkaufs) festverzinslicher Wertpapiere
$_WE_B$	... von den (an die) Geschäftsbanken
$_WE_Z$	... von der (an die) Zentralbank
Ex	Ausgaben der Unternehmungen in Form von Einkommenszahlungen an die Haushalte und Steuerzahlungen an den Staat (einschl. eines Importüberschusses)
$_EEx$	einnahmefinanzierter Anteil der Ausgaben der Unternehmen, bestehend aus Konsum der Haushalte und Ausgaben des Staates für Güter und Dienste (einschl. eines Exportüberschusses)
F	Geldabfluß aus dem Nichtbankensektor in Form von Bargeld = Bargeldzufluß bei den Geschäftsbanken (W)
G	Ausgaben des Staates für Güter und Dienste gegenüber dem Unternehmenssektor
GY	Ausgaben des Staates für Güter und Dienste gegenüber dem Unternehmenssektor (G) und Einkommenszahlungen (Y_{St})
$_TGY$	durch ordentliche Einnahmen finanzierter Anteil der Staatsausgaben
(H)	Haushaltssektor
H	Geldabfluß aus dem Nichtbankensektor in Form von Sichtguthaben

I	Kurswert des Wertpapierbestandes
$\frac{I}{P}$	Realwert des Wertpapierbestandes
$^{(e)}i$	(erwartete) Verzinsung der Anlagen des Finanzvermögens
$i_{I(A)}$	Verzinsung der Anlagen des Finanzvermögens im Inland (Ausland)
$^{(e)}_{W}i$	(erwarteter) durchschnittliche Verzinsung langfristiger festverzinslicher Wertpapiere
$^{(e)}_{Z}i$	(erwarteter) Zinsindex für Zeitdepositen
$^{(e)}_{L}i$	(erwarteter) Zinsindex für liquiditätsorientierte Dispositionen
$^{(e)}_{K}i$	(erwarteter) Zinsindex für die Vergabe von à-Konto-Krediten
$^{(e)}_{R}i$	(erwarteter) Zinsindex der Refinanzierung
(K)	Geld- und Kreditschöpfungs- sowie Kassenhaltungspol
K	liquiditätsorientierte Dispositionen der Geschäftsbanken
$\frac{K}{O}$	marginaler Liquiditätskoeffizient
^{u}K	ungewollte Liquiditätsanlagen der Geschäftsbanken
k	Barabhebungsquote der Nichtbanken (desired currency ratio of the public)
L (L_U)	Änderungen des liquiditätsorientierten Finanzvermögens der Haushalte (Unternehmen)
^{i}L ($^{i}L_U$)	... in Form indirekter Kassenhaltung
^{d}L ($^{d}L_U$)	... in Form direkter Kassenhaltung
l	Synchronisationsgrad zwischen Einnahmen und Ausgaben
M	Vermehrung der Geldmenge außerhalb des Bankensektors
MB	... in Form von Bargeld
MS	... in Form von Sichtguthaben
M_U	... durch Transaktionen der Zentralbank mit den Unternehmen
M_{St}	... durch Transaktionen der Zentralbank mit dem Staat
$_{S}m$	durchschnittlich festgelegte Mindestreservesätze für Sichtdepositen
$_{Z}m$	durchschnittlich festgelegte Mindestreservesätze für Zeitdepositen
N	Geldnachfrage gegenüber den Geschäftsbanken
$_{P}N$ ($_{St}N$)	... seitens der privaten Nichtbanken (des Staates)
^{u}N	unbefriedigte Geldnachfrage gegenüber den Geschäftsbanken
O	Operationsbasis der Geschäftsbanken durch Zufluß von Zentralbankgeld
$^{(e)}P$	(erwarteter) Index des allgemeinen Preisniveaus bzw. Preisdurchschnitts bestimmter Güter.

Q Nachfrage nach Geld insgesamt

${}_{P}Q$ (${}_{St}Q$) ... seitens der privaten Nichtbanken (des Staates)

${}_{P}Q_Z$ (${}_{St}Q_Z$) der von der Zentralbank befriedigte Teil der Geldnachfrage der privaten Nichtbanken (des Staates)

${}_{K}q$ Risiko der à-Konto-Kreditvergabe

${}_{W}q$ Risiko der Wertpapieranlage

R Vermehrung der Geldmenge im Bereich der Geschäftsbanken durch Zuflüsse an Zentralbankgeld von der Notenbank

${}^{(e)}r$ (erwarteter) Kursindex des Wertpapierbestandes

s Swapsatz als prozentuale Differenz zwischen Termin- und Kassakurs

(St) Staatssektor

T Staatseinnahmen in Form von Steuern (einschließlich Gebühren und Beiträge ./. Transferzahlungen ./. Subventionen)

T_H ... gezahlt von den Haushalten

T_U ... gezahlt von den Unternehmen

(U) Unternehmenssektor

$\ddot{U}$ Budgetüberschuß des Staates

$\ddot{U}_B$ ... gehalten bei den Geschäftsbanken

$\ddot{U}_Z$ ... gehalten bei der Zentralbank

V Änderung des Finanzvermögens der Haushalte

$\bar{V}$ akkumulierter Bestand an Finanzvermögen

W Bargeldzufluß bei den Geschäftsbanken von den Nichtbanken

X Ausgaben des Unternehmens- und Staatssektors

${}_{E}X$ aus Einnahmen finanzierbarer Teil der Ausgaben des Unternehmens- und Staatssektors (einschließlich der durch die Notenbank finanzierten Geldnachfrage)

$X-M$ $(M-X)$ positiver (negativer) Außenbeitrag

${}_{(P)}Y$ (${}^{p}Y$, ${}^{e}Y$, ${}^{v}Y$) gegenwärtiges (vergangenes bzw. erwartetes zukünftiges bzw. verfügbares Einkommen des Haushaltssektors (der nicht-staatlichen Sektoren)

Y_U gegenwärtiges Einkommen des Haushaltssektors, gezahlt von den Unternehmen

Y_{St} ... gezahlt vom Staat

Literaturverzeichnis

Abele, Hanns: Über geldwirtschaftliche Wachstumsmodelle, Zeitschrift für Nationalökonomie, 30 (1970).

Ackley, Gardner: The Wealth-Saving Relationship, The Journal of Political Economy, LIX (1951).

— Macroeconomic Theory, 3rd pr., New York 1968.

Amonn, Alfred: Die Quantitätstheorie in der älteren, neueren und neuesten Literatur, Schweizerische Zeitschrift für Volkswirtschaft und Statistik, 89 (1953).

— Der Begriff des Geldes und das Geldwertproblem, Zeitschrift für die gesamte Staatswissenschaft, 109 (1953).

Archibald, G. C., *Lipsey*, R. G.: Monetary and Value Theory: A Critique of Lange and Patinkin, The Review of Economic Studies, XXVI (1958).

Altmann, S. P.: Quantitätstheorie, in: Handwörterbuch der Staatswissenschaften, 3. A., 6. Bd., Jena 1910.

Baumol, W. J.: The Transactions Demand for Cash: An Inventory Theoretic Approach, The Quarterly Journal of Economics, 66 (1952).

Besters, Hans: Konjunktur und Außenhandel. Ein Beitrag zur dynamischen Theorie des Zahlungsbilanzausgleichs, als Manuskript vervielfältigt, Köln 1953.

— Das Revolvingsystem als Instrument der Industriefinanzierung, Gutachten 1959.

— Art. Zahlungsbilanz, in: Staatslexikon, 6. neubearb. u. erw. A., Freiburg 1962, Bd. VII.

Bienert, Kurt: Geldwert als Herausforderung für die Nationalökonomen, Der Volkswirt, 45 (1969).

Bieri, Hermann G.: Der Streit um die „klassische Dichotomie", Schweizerische Zeitschrift für Volkswirtschaft und Statistik, 99 (1963).

Bodkin, Ronald: Windfall Income and Consumption, The American Economic Review, XLIX (1959).

Bohley, Peter: Preistheorie und „Administered Price-Behaviour", Konjunkturpolitik, 10 (1964).

Bombach, Gottfried: Wirtschaftswachstum, HdSW, 12 (1965).

— Taktik und Strategie in der Wirtschaftspolitik, Kyklos, XX (1967).

Brechling, Frank, *Clayton*, George: Commercial Banks' Portfolio Behaviour, The Economic Journal, LXXV (1965).

Brehmer, E.: Struktur und Funktionsweise des Geldmarktes der Bundesrepublik Deutschland seit 1948, 2. A., Tübingen 1964.

Bronfenbrenner, M. and *Holzman*, F. D.: A Survey of Inflation Theory, in: Surveys of Economic Theory, Vol. I, London, Melbourne, Toronto, New York 1965.

Brown, T. M.: Habit Persistence and Lags in Consumer Behaviour, Econometrica, 20 (1952).

Brown, A. J.: The Great Inflation 1939—1951, London 1955.

Brunner, Karl: The Report of the Commission on Money and Credit, The Journal of Political Economy, LXIX (1961).

Brunner, Karl, *Meltzer*, Allan H.: A Credit Market Theory of the Money Supply and an Explanation of Two Puzzles in U.S. Monetary Policy, in: Essays in Honour of Marco Fanno, Vol. II, Investigations in Economic Theory and Methodology, ed. by T. Bagiotti, Padua 1966.

Deutsche Bundesbank (Bank deutscher Länder): Geschäftsberichte und Monatsberichte 1948 ff.

— Methodische Erläuterungen zur Analyse der Bankenliquidität, Monatsberichte der Deutschen Bundesbank, 17, 4 (1965).

— Gesetz über die Deutsche Bundesbank vom 26. Juli 1957, § 19, BGBl. I, Geschäftsbericht der Deutschen Bundesbank für das Jahr 1957.

— Erläuterungen zur Liquiditätsanalyse der Bundesbank, Monatsberichte der Deutschen Bundesbank, 22, 7 (1970).

Bureau of Labor Statistics and the Wharton School of Finance and Commerce of the University of Pennsylvania: Study of Consumer Expenditures, Incomes, and Savings, XVIII (1957).

Clower, Robert: Classical Monetary Theory Revisited, Economica, N.S., XXX (1963).

Commission on Money and Credit: Money and Credit, Their Influence on Jobs, Prices, and Growth, Englewood, Cliffs., 1961.

Committee on the Working of the Monetary System: Report, London 1959.

Domar, Evsey D.: Essays in the Theory of Economic Growth, 3rd pr., New York 1967.

Duesenberry, James S.: Income-Consumption, Relations and their Implications, in: Income, Employment and Public Policy: Essays in Honor of Alvin H. Hansen, New York 1948.

— Income, Saving, and the Theory of Consumer Behavior, 4th pr., Cambridge (Mass.) 1962.

Ehrlicher, Werner: Geldkapitalbildung und Realkapitalbildung, Tübingen 1956.

— Geldtheorie, Handwörterbuch der Sozialwissenschaften, 4. Bd., Stuttgart, Tübingen, Göttingen 1965.

Einzig, Paul: A Dynamic Theory of Forward Exchange, London 1961.

Ellis, Howard S.: Some Fundamentals in the Theory of Velocity, The Quarterly Journal of Economics, LII (1938).

Encarnación, José: Consistency between Say's Identity and the Cambridge Equation, The Economic Journal, LXVIII (1958).

Fand, David I.: Some Implications of Money Supply Analysis, The American Economic Review, Papers and Proceedings, LVII (1967).

Federal Reserve Board: Proposals to Maintain Prices at Fixed Levels through Monetary Action, Federal Reserve Bulletin, 25 (1939).

Fellner, William J.: Long-Term Tendencies in Private Capital Formation. The Rate of Growth and Capital Coefficients, in Long-Range Economic Projection, Princeton 1954.

— Modern Economic Analysis, New York, Toronto, London, Tokio 1960,

Fellner, William J.: Amerikanische Erfahrungen mit der Lohninflation in den fünfziger Jahren, Tübingen 1962.

Fisher, Irving: The Theory of Interest, New York 1930, repr. New York 1965.

— The Purchasing Power of Money, repr. of 2nd ed. 1922, New York 1963.

Fog, B.: Industrial Pricing Policies. An Analysis of Pricing Policies of Danish Manufacturers, Amsterdam 1960.

Forstmann, Albrecht: Geld und Kredit, Göttingen 1952.

Friedman, Milton: A Theory of the Consumption Function, 3rd. pr., Princeton 1964.

— The Demand for Money. Some Theoretical and Empirical Results, National Bureau of Economic Research, New York, London 1959.

Gallaway, Lowell E., *Smith*, Paul E.: Real Balances and the Permanent Income Hypothesis, The Quarterly Journal of Economics, LXXXV (1961).

Gesellschaft für Konsum-, Markt- und Absatzforschung e.V. (GfK): Ermittlungen, Handelsblatt, Nr. 42, 2/3/1966.

Giersch, Herbert: Probleme stabilisierungskonformer Lohnpolitik, Kyklos, XX (1967).

Goldfeld, S.: Commercial Bank Behavior, Amsterdam 1966.

Goldsmith, Raymond W.: A Study of Saving in the United States, Bd. I, Princeton 1955.

Gramley, Lyle E., *Chase*, Samuel B.: Time Deposits in Monetary Analysis, Federal Reserve Bulletin, 51 (1965).

Gurley, John G., *Shaw*, Edward S.: Money in a Theory of Finance, 3rd pr., Washington 1964.

Haberler, Gottfried: Prosperität und Depression, 2. A., Tübingen, Zürich 1955.

— Die Kaufkraft des Geldes und die Stabilisierung der Wirtschaft, Schmollers Jahrbuch 1931.

— The Pigou Effect Once Again, The Journal of Political Economy, LX (1952).

Hagenmüller, Karl Fr.: Bankbetrieb und Bankpolitik, Wiesbaden 1959.

Hahn, Albert: Kapitalausfuhr: Illusion und Wirklichkeit, in: Die Zeit, Nr. 3, 15—6—1958, wiederabgedruckt in: Geld und Kredit, Frankfurt a. M. 1960.

Hahn, Otto: Auswirkungen einer Diskonterhöhung auf die Unternehmer-Entscheidungen, in: Der Betrieb, 44 (1960).

Hall, R., *Hitsch*, C.: Price Theory and Business Behaviour, Oxford Economic Papers, 2 (1939).

Hansen, Alvin: The Pigouvian Effect, The Journal of Political Economy, LIX (1951).

Harris, Laurence: Professor Hicks and the Foundations of Monetary Economics, Economica, XXXVI (1969).

Harrod, Roy F.: An Essay in Dynamic Theory, The Economic Journal, IL (1939).

Hayek, Friedrich A.: Preise und Produktion, Wien 1931.

Heertje, Arnold: Die theoretische und empirische Bedeutung der Patinkin-Kontroverse, Kyklos XVII (1964).

— Preferences and Economic Growth, Kyklos XX (1967).

Hickman, Braddock W.: The Determinacy of Absolute Prices in Classical Economic Theory, Econometrica, 18 (1950).

Hicks, John R.: Mr. Keynes, and the „Classics“; A Suggested Interpretation, Econometrica, 5 (1937).

— Value and Capital, 2. A., Oxford 1946 (repr. 1957).

— Critical Essays in Monetary Theory, Oxford 1967.

Hill, T. P.: Expectations and Consumer Behaviour, Bulletin of the Oxford University Institute of Statistics, 19 (1957).

Hodgeman, Donald R.: The Deposit Relationship and Commercial Bank Investment Behavior, The Review of Economics and Statistics, XLIII (1961).

Janocha, Peter: Intervention und Kooperation der Zentralbanken auf den Devisenmärkten nach dem Zweiten Weltkrieg, Tübingen 1966.

Jarchow, Hans-Joachim: Von Keynes zur portfolio selection, Der Volkswirt, 23, 6 (1969).

Johnson, Harry G.: International Trade and Economic Growth, Studies in Pure Theory, London 1958.

— Monetary Theory and Policy, The American Economic Review, 52 (1962), wiederabgedruckt in: Surveys of Economic Theory, Vol. I, New York 1965.

Jöhr, Walter Adolf: Die Konjunkturschwankungen, Theoretische Grundlagen der Wirtschaftspolitik, Bd. II, Tübingen/Zürich 1952.

Jones, Robert C.: Transitory Income and Expenditures on Consumption Categories, The American Economic Review, Papers and Proceedings, L (1960).

Kane, Edward J., *Malkiel*, Burton G.: Bank Portfolio Allocation, Deposit Variability and the Availability Doctrine, The Quarterly Journal of Economics, LXXIX (1965).

Kaplan, A. D. H., *Dirlam*, Joel B., *Lanzillotti*, R. F.: Pricing in Big Business, A Case Approach (The Brookings Institution), Washington 1958.

Katona, George: Psychological Analysis of Economic Behavior, New York, Toronto, London 1951 (repr. 1963).

— The Powerful Consumer, New York, Toronto, London 1960.

Keynes, John M.: The General Theory of Employment, Interest and Money, London 1936 (repr. 1964).

Kirschen, E. S., *Benard*, J., *Besters*, H. u. a.: International vergleichende Wirtschaftspolitik, Quaestiones Oeconomicae, Bd. 3, Berlin 1967.

Klein, L. R., *Liviatan*, N.: The Significance of Income Variability on Savings Behaviour, Bulletin of the Oxford University Institute of Statistics, 19 (1957).

Köhler, Claus: Orientierungshilfen für die Kreditpolitik, Berlin 1968.

Konrad, Anton: Einkommensbewegungen bei beschränkt elastischem Geldangebot, unveröffentlichtes Manuskript einer Vorlesung an der Ruhr-Universität Bochum, SS 1968.

Koopmans, Johan G.: Zum Problem des „neutralen“ Geldes, in: Beiträge zur Geldtheorie, Wien 1933.

Kromphardt, Jürgen: Kosten- und Preisanpassungsverhalten der Unternehmer und Einkommensverteilung, Zeitschrift für die gesamte Staatswissenschaft, 124 (1968).

Lange, Oskar: The Rate of Interest and the Optimum Propensity to Consume, Economica, N.S., V (1938).

— Say's Law: A Restatement and Criticism, in: Mathematical Economics and Econometrics, ed. by O. Lange, F. McIntyre and T. O. Yntema, Chicago 1942.

Lipfert, H.: Einführung in die Währungspolitik, München 1964.

Locke, John: Some Considerations of the Consequences of Lowering the Interest, and Raising the Value of Money, in: Works, 11. A., 5. Bd., London 1812 (repr. London 1961).

Lutz, Friedrich A.: Die Nachfrage nach Geld, Jahrbücher für Nationalökonomie und Statistik, 172 (1960).

— Grenzen der Geldpolitik, in: Geld und Währung, Tübingen 1962.

Marget, Arthur W.: The Relation between the Velocity of Circulation of Money and the „Velocity of Circulation of Goods", II, The Journal of Political Economy, XL (1932).

— The Theory of Prices 1938—1942 (repr. New York 1966), Vol. I.

Mauer, Laurence Jay: The Patinkin Controversy: A Review, Kyklos XIX (1966).

Mayer, Thomas: The Empirical Significance of the Real Balance Effect, The Quarterly Journal of Economics, LXXIII (1959).

Meade, James E.: The Theory of International Economic Policy, Bd. I, The Balance of Payments, London/New York/Toronto 1951 (1963).

Means, Gardiner C.: Pricing Power and the Public Interest, New York 1962.

Meltzer, Allan H.: Discussion in ‚Topics in Money', The American Economic Review, Papers and Proceedings, LVII (1967).

Metzler, Lloyd A.: Wealth, Saving, and the Rate of Interest, The Journal of Political Economy, LIX (1951).

Mill, John Stuart: Principles of Political Economy, ed. by W. J. Ashley, repr. New York 1965.

Modigliani, Franco: Liquidity Preference and the Theory of Interest and Money, Econometrica, 12 (1944), wiederabgedruckt in: Readings in Monetary Theory, 3. A., London 1962.

— Fluctuations in the Saving-Income Ratio, A Problem in Economic Forecasting, in: National Bureau of Economic Research, Studies in Income and Wealth, Bd. 11, New York 1949.

Modigliani, Franco, *Blumberg*, Richard: Utility Analysis and the Consumption Function: An Interpretation of Cross-Section Data, in: Post-Keynesian Economics, ed. by K. K. Kurihara, London, 2nd pr. 1962.

Möller, Hans: Bemerkungen zur Bekämpfung der Wachstums-Inflation, Kyklos, XX (1967).

Montanari, G.: Della moneta trattato mercantile, ed. Custodi, Milano 1804.

Mueller, Eva: Consumer Reactions to Inflation, The Quarterly Journal of Economics, LXXIII (1959).

Mundell, R. A.: International Economics, New York 1968.

Myrdal, Gunar: Der Gleichgewichtsbegriff als Instrument der geldtheoretischen Analyse, in: Beiträge zur Geldtheorie, hrsg. von Friedrich A. Hayek, Wien 1933.

Neisser, Hans: Der Tauschwert des Geldes, Jena 1928.

Oberhauser, Alois: Probleme der Geldversorgung einer wachsenden Wirtschaft, Finanzarchiv, 25 (1966).

Oppenländer, Karlheinz: Die moderne Wachstumstheorie, Berlin - München 1963.

Ott, Alfred: Technischer Fortschritt, Handwörterbuch der Sozialwissenschaften, Bd. 10.

Patinkin, Don: Money, Interest and Prices, 2nd. ed., New York 1965.

— Relative Prices, Say's Law, and the Demand for Money, Econometrica, 16 (1948).

— Price Flexibility and Full Employment, The American Economic Review, XXXVIII (1948), wiederabgedruckt in: Readings in Monetary Theory, 3. A., London 1962.

— The Indeterminacy of Absolute Prices in Classical Economic Theory, Econometrica, 17 (1949).

Paulsen, Andreas: Allgemeine Volkswirtschaftslehre, Bd. IV, 5. A., Berlin 1968.

Peters, Hans: Sparen, Staatslexikon, 6. A., 7. Bd., Freiburg 1962.

Pigou, A. C.: The Value of Money, The Quarterly Journal of Economics, 32 (1917/18), wiederabgedruckt in: Readings in Monetary Theory, 3. A., London 1962.

— Employment and Equilibrium, London 1941.

Polak, J. J., *White*, William H.: The Effect of Income Expansion on the Quantity of Money, International Monetary Fund, Staff Papers, IV (1954/55).

Preiser, Erich: Investition und Zins, Jahrbücher für Nationalökonomie und Statistik, 170 (1958).

— Wachstum und Einkommensverteilung, 2. A., Heidelberg 1964.

Recktenwald, Horst Claus: Steuerinzidenzlehre, Berlin 1958.

Rhode, Klaus E.: Inflation, Staatslexikon, Bd. 4, Freiburg 1959.

Robertson, D. H.: Banking Policy and the Price Level, London 1926², (4th pr. 1949).

Robinson, Joan: Imperfect Competition Revisited, The Economic Journal, LXIII (1953).

Rose, Klaus: Theorie der Einkommensverteilung, Wiesbaden o. J.

— Theorie der Außenwirtschaft, Berlin/Frankfurt (Main), 1966².

Rowan, D. C.: Output, Inflation and Growth. An Introduction to Macro-Economics, London, Melbourne, Toronto 1968.

Samuelson, Paul A.: Reflections on Central Banking, in: The Collected Scientific Papers of Paul A. Samuelson, Cambridge, London 1966.

Say, Jean-Baptiste: A Treatise on Political Economy, Übers. der 4. A. von ‚Traité d'Economie Politique' v. C. R. Prinsep, Philadelphia 1880 (repr. 1964).

Scheele, Erwin: Einkommensverteilung und Wirtschaftswachstum, Tübingen 1965.

Schilcher, Rudolf: Geldfunktionen und Buchgeldschöpfung, Berlin 1958.

— Inflation und Wirtschaftswachstum, in: Wirtschaftswachstum, Beiträge zur ökonomischen Theorie und Politik, Berlin 1964.

Schmölders, Günter: Geldpolitik, 2. A., Tübingen, Zürich 1968.

Schneider, Erich: Wirtschaftlichkeitsrechnung. Theorie der Investition, 5. A., Tübingen - Zürich 1964.

— Einführung in die Wirtschaftstheorie, Bd. III, 9. A., Tübingen 1965.

Schultze, Charles L.: Study Paper No. 1 in Joint Economic Committee, Recent Inflation in the United States, Washington 1959.

Schumpeter, Joseph: Theorie der wirtschaftlichen Entwicklung, 6. A., Berlin 1964.

Scitovsky, Tibor de: Capital Accumulation, Employment and Price Rigidity, The Review of Economic Studies, VIII (1940/41).

Scott, Ira O.: The Availability Doctrine: Theoretical Underpinnings, The Review of Economic Studies, XXV (1957).

Smith, Warren L.: On the Effectiveness of Monetary Policy, The American Economic Review, XLVI (1956).

Sohmen, Egon: Preisniveau und Preiserwartungen in der makroökonomischen Theorie, Weltwirtschaftliches Archiv, 98 (1967).

Spiro, Alan: Wealth and the Consumption Function, The Journal of Political Economy, LXX (1962).

Stadlin, A. E.: Die Entwicklung der Quantitätstheorie, Winterthur 1954.

Steinmann, Bodo: Zur Neugestaltung der internationalen Währungsordnung, Diss. Freiburg 1964.

Stobbe, Alfred: Untersuchungen zur makroökonomischen Theorie der Einkommensverteilung, Tübingen 1962.

Streissler, Erich und Monika: Einleitung in: Konsum und Nachfrage, Hrsg.: Erich und Monika Streissler, Köln - Berlin 1966.

Stützel, Wolfgang: Ist die schleichende Inflation durch monetäre Maßnahmen zu beeinflussen?, Beihefte zur Konjunkturpolitik, 7 (1960).

Thomas, Brinley: The Monetary Doctrines of Professor Davidson, The Economic Journal, XLV (1935).

Timmermann, Vincenz: Wertpapierbestände und Rendite, Liquiditätsentwicklung und Kredite — Eine empirische Analyse über die Wirksamkeit des Roosa-Effektes in der BRD, Zeitschrift für die gesamte Staatswissenschaft, 124 (1968).

Tobin, James: The Interest-Elasticity of Transactions Demand for Cash, The Review of Economics and Statistics, 38 (1956).

— Liquidity Preference as Behaviour Towards Risk, The Review of Economic Studies, XXV (1957/58).

Valavanis, Stefan: A Denial of Patinkin's Contradiction, Kyklos, VIII (1955).

Viner, Jacob: Studies in the Theory of International Trade, New York 1937 (rep. London 1955).

Walras, Léon: Elements of Pure Economics, Übers. der ‚edition définitive' (1926) der ‚Eléments d'économie politique pure' v. W. Jaffé, London 1954, Part III.

Weber, Wilhelm, *Streissler*, Erich: Erwartungen, Unsicherheit und Risiko, Handwörterbuch der Sozialwissenschaften, 3. Bd., Stuttgart, Tübingen, Göttingen 1961.

Weintraub, Sidney: A Keynesian Model of the Price Level and the Constant Wage Share, Kyklos XV (1962).

Westphal, Uwe: Die importierte Inflation bei festem und flexiblem Wechselkurs, Tübingen 1968.

Whalen, E. L.: A Rationalization of the Precautionary Demand for Cash, The Quarterly Journal of Economics, 80 (1966).

Wicksell, Knut: Vorlesungen über Nationalökonomie, Theoretischer Teil, 2. Bd., Jena 1922.

— Interest and Prices, New York 1936 (Übersetzung von: Geldzins und Güterpreise, Jena 1898), repr. New York 1965.

Wieser, Friedrich v.: Der Geldwert und seine Veränderungen, Schriften des Vereins für Socialpolitik, 132 (1909), wiederabgedruckt in: Gesammelte Abhandlungen, Tübingen 1929.

Wijnholds, H. W. J.: Die heutige Lage der Geldtheorie, Zeitschrift für die gesamte Staatswissenschaft, 112 (1956).

Woll, Artur: Die Theorie der Geldnachfrage: Analytische Ansätze und statistische Ergebnisse für die Bundesrepublik Deutschland, Zeitschrift für die gesamte Staatswissenschaft, 125 (1969).

Gesetz zur Förderung der Stabilität und des Wachstums der Wirtschaft, 8. Juni 1967. BGBl. I.

Kolibri 360 GmbH
Ferdinand-Jühlke-Straße 7
99095 Erfurt, Deutschland
produktsicherheit@kolibri360.de

Druck:
CPI Druckdienstleistungen GmbH
im Auftrag der
Kolibri 360 GmbH
Ferdinand-Jühlke-Str. 7
99095 Erfurt